_____ 님의 소중한 미래를 위해
이 책을 드립니다.

길을 찾아라
아니면 만들어라

36년 실전 경험을 담은 살아있는 성공지침서

길을 찾아라
아니면 만들어라

현병택 지음

원앤원북스

원앤원북스 우리는 책이 독자를 위한 것임을 잊지 않는다.
우리는 독자의 꿈을 사랑하고,
그 꿈이 실현될 수 있는 도구를 세상에 내놓는다.

길을 찾아라. 아니면 만들어라

초판 1쇄 발행 2014년 9월 8일 | **초판 4쇄 발행** 2017년 5월 1일 | **지은이** 현병택
펴낸곳 ㈜원앤원콘텐츠그룹 | **펴낸이** 강현규·박종명·정영훈
책임편집 김현진 | **편집** 김효주·민가진·이광민
디자인 최정아·김혜림·홍경숙 | **마케팅** 김가영·김서영
등록번호 제301-2006-001호 | **등록일자** 2013년 5월 24일
주소 04591 서울시 중구 다산로16길 25, 3층(신당동, 한흥빌딩) | **전화** (02)2234-7117
팩스 (02)2234-1086 | **홈페이지** www.1n1books.com | **이메일** khg0109@1n1books.com
값 14,000원 | **ISBN** 978-89-6060-353-0 13320

원앤원북스는 ㈜원앤원콘텐츠그룹의 경제·경영·자기계발 브랜드입니다.
잘못 만들어진 책은 구입하신 서점에서 교환해 드립니다.
이 책을 무단 복사, 복제, 전재하는 것은 저작권법에 저촉됩니다.

이 도서의 국립중앙도서관 출판시도서목록(CIP)은 e-CIP홈페이지(http://www.nl.go.kr/ecip)에서 이용하실 수 있습니다.(CIP제어번호: CIP2014024853)

길이 없으면 길을 찾아라.
찾아도 없으면 길을 만들어라.

· 故 정주영(현대그룹 회장) ·

:: 지은이의 말 ::

고객의 영혼을 춤추게 하는
나만의 노하우를 공개한다!

마케팅, 나는 이 소리만 들어도 가슴이 떨린다. 마케팅이란 단어에서 나는 비로소 나의 동맥이 뛰는 소리를 듣는다. 그리고 살아 숨쉬는 고객의 열띤 호흡소리와 뜨거운 체온을 느끼곤 한다. 그러므로 마케팅이란 단어는 내가 살아 있음을 알리는 신호음인 셈이다.

나는 말발굽 소리가 진동하는 광야에서 평생을 보낸 옛 전사처럼 비즈니스 현장에서 30여 년간 고객과 희로애락을 함께해왔다. 나는 그들을 만족시키려 했다. 앉으나 서나, 꿈속에서나 깨어서나 어떻게 하면 고객을 내 편으로 만들 수 있을까에 골몰했다.

비즈니스로 시작했으나 그것이 나중에는 나의 삶의 일부분이 되었고, 마케팅으로 출발했으나 종국에는 그것이 나의 삶 그 자체가 되어버렸다. 고객이 등을 돌렸을 때 나는 하늘이 무너지는 듯했으며, 반대로 고객이 즐거워할 때 나도 떨 듯이 즐거웠다. 고객이 만족했을 때에야 나의 정서도 비로소 평안을 찾을 수 있었으니까.

고객과 오래 접촉하다 보면 결국 서로의 인간적 진실과 마주치게 된다. 인간적 진실 앞에서 비즈니스는 우정이 되었고, 40대~50대를 넘어서는 중년의 사내들이 짊어져야 하는 인생의 어두운 고뇌를 털어놓고 술잔을 기울일 때는 마케팅의 한참 저 너머에서 의기투합했다.

고객과 희로애락을 함께해온 나의 삶은 화려하거나 고상한 것과는 거리가 멀었다. 나는 지점장이 되어서도 시장 아주머니들 사이를 뛰어다녔고, 문전박대하는 우량 기업의 사장을 만나러 일부러 비에 흠뻑 젖은 초라한 모습으로 공장을 찾아가기도 했다. 나는 은행원의 상징이라고 하는 양복과 와이셔츠도 벗어던졌다. 출근하면 칙칙한 점퍼로 갈아입고 공단을 누비기도 했다.

지점장으로서의 나의 상대는 큰 회사의 사장이나 백만장자만이 아니라 시장의 장사하는 아줌마, 거래 기업의 수위 아저씨, 경리 여직원 등 모든 계층을 망라했다. 이들 모두는 나의 영업에 도움을 주는 훌륭한 아군들이었고, 나는 그들을 백만장자들과 똑같은 정성으로 챙겼다.

기실 알고 보면 남대문시장에서 만난 고객이나 호텔의 조찬회에서 만난 고객이나 모두들 나름대로의 인간적 고뇌들을 똑같이 지니고 있다. 재산과 신분의 차이는 있으나 그들에게 드리워진 고뇌의 빛깔들은 모두 고만고만한 것이 우리 인간들의 모습이다. 나는 그들의 문제를 나의 문제, 아니 솔직하게 말하면 내 일보다 더 지극 정성을 가지고 아픔을 함께했다. 그리고 힘닿는 데까지 도움을 주려고 노력했다.

"길이 없으면 길을 찾아야 하며, 찾아도 없으면 길을 닦아 나아가야 한다."라는 말은 현대그룹을 창업한 고 정주영 회장이 남기신 말씀이다. 이른바 마케팅 4.0시대에 살고 있음에도 뭔가를 하기도 전에 "안 된다." "못 하겠다."라는 말을 자주 하는 사람들을 볼 수 있다. 이 책을 통해 이런 이들이 스스로 깨우쳐서 '해보긴 해봤어?'라는 정주영 정신을 가질 수 있기를 바란다.

고객을 향한 마음으로 고객에게 필요한 것이 무엇인지를 알아 그것을 해결하면, 보이지 않던 길도 보이고, 없던 길도 새로 만들 수 있다. 우리는 서로 거미줄처럼 얽혀 있는 네트워크사회에서 살고 있다. 만일 내가 어떤 사람에 대해 알고자 한다면 5명 정도만 거쳐도 그 사람에 대한 정보를 알아낼 수 있다. 모든 직원들이 거래하기 힘든 업체라고 포기할 때, 나는 포기하지 않았다.

아무리 어려운 상대라도 노력하면 된다. 세상에 못 만날 사람은 아무도 없다. 내가 노력하지 않기 때문이고, 내가 먼저 포기하기 때문이다. 열 번 찍어 안 넘어가는 나무는 열한 번 찍고, 그래도 안 된다면 전기톱으로 잘라낸다. 그러면 반드시 넘어가게 되어 있다. 절실해야만 고객의 영혼을 20초 이내에 춤추게 할 수 있다.

사랑에도 기술이 있다 하니 마케팅에도 기술이 있을 수밖에 없다. 나는 고객과 보다 쉽게 가까워지기 위해 내 나름대로의 방법과 기술을 찾아나갔다. 고객을 만날 때는 항상 미리 전략을 세우고 만났다. 고객을 이용하자는 것이 아니라 전략이 있어야 고객의 고충과 니즈를 재빨리 해결할 수 있기 때문이었다. 그런 면에서 전략 없는 세일즈맨을 좋아할 고객은 아마 아무도 없을 것이다. 이제는 어느 정도 내 기술과 노하우에 대해서도 자부심을 갖게 되었다.

그래서인지 '그동안 쌓아온 나의 노하우를 후배들과 함께 나누는 것도 의미 있지 않을까?' 하는 생각을 자주 하게 되었다. 이런 생각에 그동안 여러 매체에 기고했던 글들을 추려보고, 여기에다 내가 직접 겪은 경험들을 빛바랜 명함첩과 나의 메모장을 뒤져가며 덧붙여 그 노하우들을 이 책에 담아보았다.

나는 학자도 아니고 컨설턴트도 아니다. 그러므로 한 시대를 온몸으로 뛰어온 세일즈맨으로서 내가 겪은 경험들만을 이야기할 수밖에 없는 한계를 미리 고백한다. 그렇지만 나는 오히려 이 한계에 충실하려고 노력했다. 지적 세련미는 없어도, 땀 냄새 나는 내 자신의 경험담(때로는 무용담)만을 소개하는 데 충실하기 위해 다른 사람의 책이나 말을 가급적 참고하지 않으려고 노력했다.

따라서 이 책은 지난 세월 나의 업무노트인 동시에 내 삶 전체에 대한 기록이라고 할 수 있다. 내 비즈니스, 내 마케팅, 그리고 내 소박한 삶이 뒤섞여 있어 부끄럽기도 하고 쑥스럽기도 하다. 하지만 이 기록들이 가감 없이 독자들에게 전달되었으면 하는 소망을 가져본다. 자칫 이 책이 나의 삶을 과장하거나 어쭙잖게 미화하는 일이 있지 않을까 여간 조심스러운 것이 아니다. 그것은 무엇보다 나와 함께 고민하고 호흡하며 희로애락을 나누었던 고객들에게 예의가 아니기 때문이다.

자료를 만들어주랴, 일 년 열두 달 돌아다니느라 언제나 비어있던 내 책상에 울리는 전화를 받아주랴, 주인 없는 방에 방문하는 고객들을 대신 챙기랴, 나같이 대책 없는 상사를 만나 운도 지지리 없다고 신세타령했을 법한데 말없이 따라주던 직원들을 잊지 못한다.

그리고 일에 정신이 팔려 가정에 온전한 정을 나누어주지 못한 남편을, 커가는 것도 제대로 지켜봐주지 못한 못난 아빠를 묵묵히 믿고 따라오며 밀어준 가족들에게 고맙다는 말을 전하고 싶다.

30여 년간의 금융인 생활을 마친 나에게 새로운 길을 개척하도록 기회를 주신 머니투데이 미디어그룹 홍선근 회장과 오텍그룹 강성희 회장께 이 자리를 빌려 뜨거운 마음을 드린다.

현병택

:: 차례 ::

지은이의 말 고객의 영혼을 춤추게 하는 나만의 노하우를 공개한다! 6

 **1장 남들처럼 하고 있으면
길은 보이지 않는다**

01 만나지 못할 사람은 아무도 없다고 생각하라 19
02 나를 알리는 나만의 메뉴판을 만들어라 26
03 차별화를 하되 상대방이 편한 명함을 만들어라 35
04 나를 각인시키는 시간은 따로 있다 43
05 비즈니스를 잘하려면 때론 배우가 되어야 한다 51
06 조직과 고객을 위해서라면 욕먹기를 두려워마라 59
07 모두가 좋아하는 사람이 되기를 바라지 마라 66
08 비빌 언덕이 있다면 더 열심히 비비자 72

2장 겸손과 감사의 마음이 있어야 길이 보인다

09 내가 그 사람보다 못한 모습을 보일 필요가 있다 83
10 스스로 낮추면 오히려 높아지는 것이 세상 이치다 91
11 겸손한 을의 자세로 사람들을 대하라 100
12 고객의 좋은 점만을 보는 사람이 되자 108
13 회사 배지는 비즈니스를 부자연스럽게 만든다 113
14 나를 만나준 고객에게 진심으로 고마워하자 119
15 출근할 때 영혼을 집에 놓고 나올 줄 안다 127

3장 고객과 같은 방향을 바라봐야 길이 보인다

16 공통분모를 자극하면 마음을 나눌 수 있다 137
17 고객으로 만들고 싶은 사람의 정보를 줄줄 꿰라 145
18 고객을 만나기 위해 모든 연결고리를 총동원하자 153
19 고객에게 필요한 것이 무엇인지 먼저 알아내라 161
20 몸 안의 나침반은 언제나 고객을 향해야 한다 168
21 칭찬을 통해 기쁜 만남을 만들어야 한다 175
22 고객을 향한 적당한 독설도 때론 필요하다 181
23 까다로운 고객의 불만을 말끔하게 처리하라 188

 ## 4장 길이 보이지 않을 땐 기본부터 다시 시작하라

24 작고 사소한 것들을 소홀히 다루면 안 된다 197
25 막막하다면 처음의 그 마음을 돌아봐야 한다 205
26 살아남기 위해 초심으로 돌아가야 한다 212
27 성공은 지갑 열리는 시간과 횟수에 정비례한다 220
28 말은 사라지지만 메모는 오래 남는다 229
29 계약을 위한 각종 서류를 가방에 넣고 다니자 238
30 사무실 문을 여는 그 순간부터 집중하자 244
31 안정적이라고 안주하다간 도태되고 만다 249

5장 진심을 전달하면
       없던 길도 만들 수 있다

32 말 한마디, 마음 씀씀이 하나에 진심을 담자 261
33 어려운 사정에 처한 사람을 진심으로 도와라 268
34 작은 선물이라도 꼼꼼히 정성스럽게 챙기자 276
35 고객이 생각하지 못한 것을 해줘야 한다 286
36 악수하면서 손으로 말하고 눈으로 느끼자 293
37 헤어질 때 좋은 기억을 남기는 사람이 되자 300
38 인연을 맺은 사람을 위해 진심을 다한다 307

에필로그 나는 고객이 좋았고, 그렇기에 고객을 만나면 행복했다! 316
『길을 찾아라. 아니면 만들어라』 저자와의 인터뷰 322

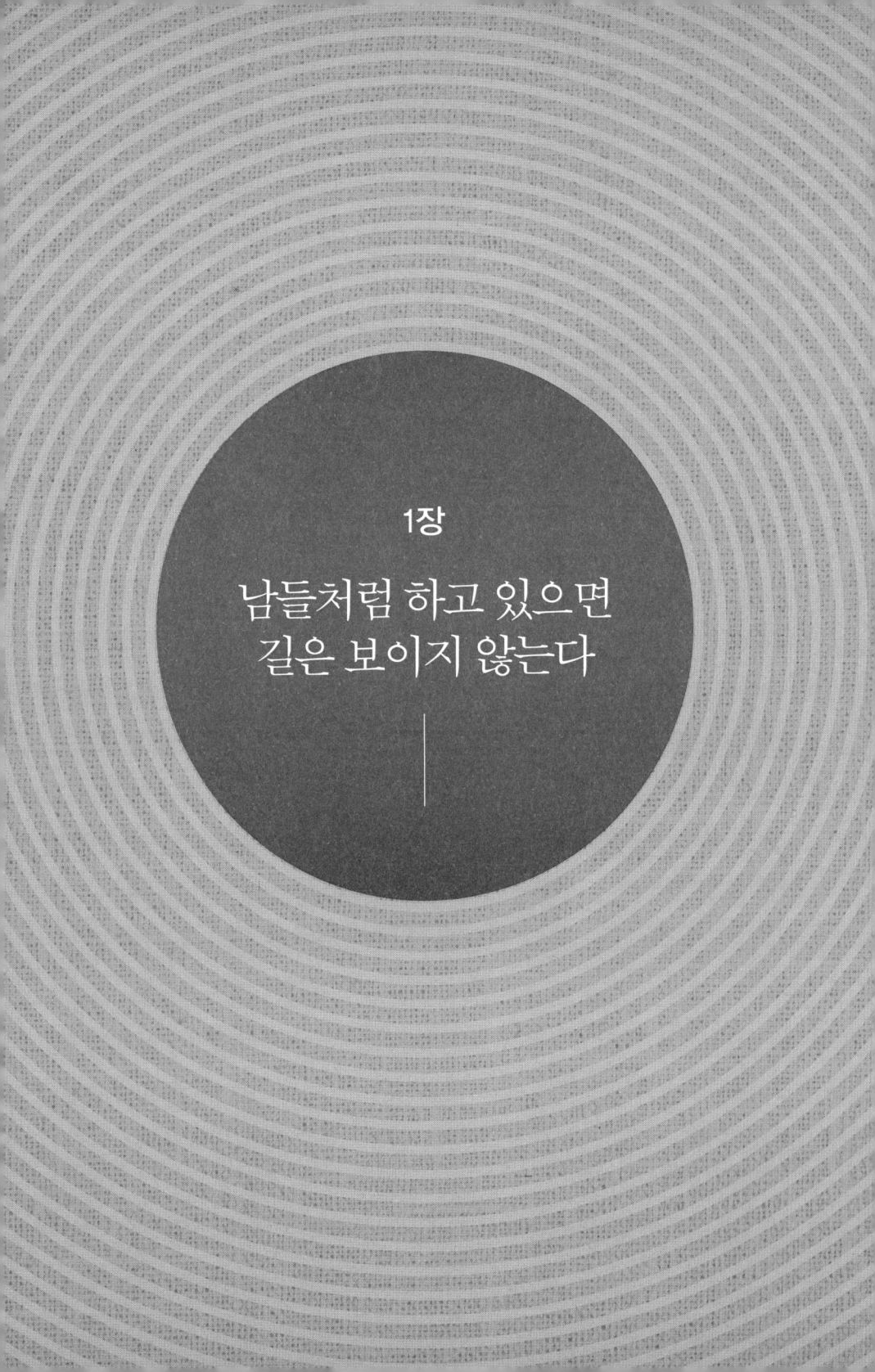

만나지 못할 사람은
아무도 없다고
생각하라

성공코드 01

> 만날 사람이 없다고 푸념만 할 게 아니라 길을 나서야 한다.
> 세상에 만나지 못할 사람은 아무도 없다고 생각하라.

● 　세상에서 가장 불쌍한 비즈니스맨은 누구일까? 만날 고객이 없는 사람이다. 잘 차려입고 다양한 이론으로 무장한 비즈니스맨이라도 만날 고객이 없다면 슬프고 처량할 것이다. 처음부터 고객이었던 사람은 아무도 없다.

　비즈니스 세계는 정글과도 같다. 무조건 고객의 문을 밀고 들어가야 한다. 약육강식의 세계에서는 내가 먹지 않으면 남에게 먹히게 되어 있다. 창피하다고 생각하는 순간, 그 영업은 죽은 것이다.

　아무리 뛰어난 아이디어로 멋진 상품을 만들어낸들 판매를 하지 못하면 소용이 없다. 내가 그의 이름을 불러주어야 꽃이 되듯이, 상품은 팔아서 수익을 남겨야 상품으로서의 가치가 있는 것이다. 그러기 위해서는 상품의 주인공인 고객을 만들어야 하고, 고객을 만들려면 그게 누구건 일단 만나야 한다.

하루 시간의
80%를 현장에서

교육도 잘 받고 옷도 제대로 갖춰 입었지만 사무실을 나서는 순간 갈 곳이 없는 세일즈맨만큼 불행한 사람이 없다. 사실 갈 곳이 없는 것은 아니다. 마음이 여려서 용기를 내지 못하는 것이다. 준비가 되지 않아 선뜻 들어가지 못하고 있는 것이다. 세상에 자기보다 높은 사람도 없지만 낮은 사람도 없다. 즉 세상엔 만나지 못할 사람이 아무도 없다는 뜻이다.

코스닥에 상장된 기업이 지점 가까운 곳에 있었다. 거액의 자금이 있다는 정보를 입수하고 그 업체와 거래를 맺어야겠다는 생각이 들었다. 그때부터 직원들을 시켜 그 업체와 접촉하도록 지시했다. 그런데 가는 직원들마다 허탕을 쳤다. 업체의 자금 담당 직원들을 만날 수 없었던 것이다.

다른 은행과 돈독한 거래 관계를 유지하고 있는 것으로 판단한 나는, 그 기업체의 모든 것을 파악하기로 마음먹었다. 정보망을 총동원해 그 기업과 관련된 자료들을 모으다가 그 업체 사장이 교회를 열심히 다닌다는 사실을 알게 되었다. 특히 새벽기도를 열심히 다닌다는 것을 알고 나도 그 교회에 새벽기도를 나가기 시작했다. 처음부터 업체 사장에게 접근하면 오해를 받을 수도 있기에 나는 먼발치에 자리를 잡았다. 나의 마음을 알게 된 직원들이 동참했다.

꽤 오랜 시간 새벽기도에 참석하고서야 그 사장과 인사를 나눌 수 있었다. 새벽기도에 나오는 나를 오랫동안 눈여겨봤다며 반가운 기색이 역력했다. 나는 이를 계기로 그분과 친분을 쌓아가기 시작했다. 그리고 마침내 50억 원을 예금으로 예치시키는 성과를 얻어냈다.

모든 직원들이 그 업체와의 거래는 어려울 거라고 쉽게 포기를 했지만 나는 굴하지 않았다. 농작물은 농부의 발소리를 들으며 자란다고 하지 않는가? 아무리 어려운 상대라도 노력하면 된다. 세상에 못 만날 사람은 아무도 없다. 내가 노력하지 않기 때문이고 내가 먼저 포기하기 때문이다. 열 번 찍어 안 넘어가는 나무는 열한 번 찍고, 그래도 안 된다면 전기톱으로 잘라내자. 그러면 반드시 넘어가게 되어 있다. 될 때까지 부딪치고 또 부딪쳐라.

방송업계에 둥지를 튼 후에도 나의 발바닥 마케팅 습관은 변함

없이 지속되고 있다. 머니투데이방송에 부임하자마자 기업은행과 IBK캐피탈 재직시에 교류가 있었던 분들부터 찾아다니기 시작했다. 고맙게도 그분들 대부분은 나를 도와주려 최대한 노력했다. 그런데 우리나라 굴지의 임플란트 회사 대표는 나와 지연과 학연으로 연결되었음에도, 지상파와 종편, 그리고 뉴스채널에만 광고한다는 회사방침을 들어 간곡히 거절하는 것이었다. 섭섭한 마음이 불같이 일어났지만 원칙을 지키며 회사경영을 한다는데 어찌하겠는가?

금년 6월 24일 예고도 없이 그 회사를 방문했다. 회사대표는 해외 출장중이었고, 나를 맞이한 사람은 홍보담당 임원과 부장이었다. "음력 5월 27일 오늘이 내 환갑날입니다. 머니투데이방송에 와서 아직 풀지 못한 숙제가 몇 가지 있는데, 그 중 하나가 ○○○임플란트 광고가 저희 방송의 전파를 타는 것입니다. 멋진 환갑 선물 부탁합니다."

나의 비장한 목소리가 그들의 마음을 움직이기 시작했다. 원칙준수가 미덕이라는 것이 직원 행동규범이었음에도, 그들은 회사 대표를 여러 번에 걸쳐 간곡히 설득했다. 드디어 7월부터 광고 방송사 목록에 우리 방송사의 이름이 올랐다. 아직도 내게 밀린 숙제가 여럿 있음을 다행이라고 생각한다. 왜냐하면 그것이 나의 건강을 지켜주는 영양제이기 때문이다.

노력하면 반드시
만나게 되어 있다

생각해보라. 그 옛날 밭에서 마(麻)나 캐던 서동이라는 가난한 시골 총각이 어떻게 선화공주를 만나 결혼까지 했겠는가. 만날 사람은 만나게 되어 있다. 만나지 못할 사람이라도 계획을 세우고 노력하면 반드시 만나게 되어 있다.

흑산도에 사는 김이수라는 이는 교통이 불편하던 조선시대에 정조 대왕을 만나기 위해 길을 나섰다. 1790년 가을, 배를 타고 뭍으로 나온 뒤에는 한양까지 온전히 두 발에만 의지해 걸어가야 하는 멀고 험한 길이었다. 이듬해 정월, 드디어 김이수는 한양 땅을 밟았고, 꿈에 그리던 정조 대왕과 만나게 되었다.

흑산도에서 고기나 잡던 가난한 어부가 눈도 마주치기 힘든 왕과 조우하게 되는 이 역사적인 스토리 속에는 만나지 못할 사람은 없다는 교훈이 담겨 있다. 모두가 불가능하다고 생각했던 일이지만 죽음을 각오하고 길을 나섰기에 우리 역사의 극적인 만남으로 기록되는 김이수와 정조 대왕의 만남이 가능했던 것이다.

초임 지점장 명을 받고 개점 준비를 하고 있을 때였다. 주변 아파트 단지에 기업은행의 개점을 알리는 안내장을 돌려야 했다. 가장 좋은 방법은 신문에 안내장을 끼워 넣는 것이었지만 비용도 만만치 않았고 성의도 없어 보였다. 결국 작은 전단지를 만들어 고객을 일일이 찾아가 전달하는 방법을 택했다.

그런데 문제는 신도시 아파트는 경비가 철저하다는 것이었다. 비밀번호가 없으면 건물 안으로 들어갈 수도 없었고, 건물 입구에서는 경비원들이 낯선 사람들의 출입을 철저히 통제하고 있었다. 직원들이 고객을 만나는 일이 쉽지 않았다. 지하철 역 앞에서 전단을 간간이 나눠주는 소극적인 방법밖에 없었다.

그러나 우리 직원들은 경비가 소홀한 경비원들의 새벽 교대시간을 활용하자고 내게 제안했다. 그 시간에 신문배달원이나 우유배달원 복장을 하고 아파트에 들어가서 '개점 안내문'을 나눠주기로 한 것이다. 그리고 안내문 상단에는 '아파트에 못을 박아 드립니다.'라는 문구를 넣었다. 아파트 특성상 낮에 못질을 해야 되는데 남편들은 출근하고 주부들이 못을 박을 수 없어 난감해하는 고객이 의외로 많다는 점에서 착안한 아이디어였다. 실제로 우리 직원들이 현장에 출동했을 때 주부들로부터 폭발적인 호응을 얻었다. 다른 은행이 비싼 돈을 들여 신문에 광고하던 것과는 다른 방법을 택한 결과였다. 우리 직원들은 아파트 입주자들을 고객으로 만들고 싶었기에 준비를 하고 노력을 한 것이다. 쉽게 포기하지 않았기에 가능한 일이었다.

영업에 성공한 사람들을 가만히 보면 그들은 사람을 두려워하지 않는다. 상대가 누구든 만날 수 있다는 자신감에 차있다. 세상에 자기가 만나지 못할 사람은 아무도 없다고 생각한다. 그리고 일단 만나면 그게 누구든지 간에 상품을 팔 수 있다는 자신감으로 넘쳐난다. 북극에서 냉장고를 팔고 아프리카에서 난로를 팔 수 있다는 자신감! 세상에 만나지 못할 사람은 아무도 없다는 믿음, 그리고 만나면 무조건 그 사람을 내 사람으로 만들 수 있다는 신념을 가진 사람이 비즈니스 현장에서도 성공할 수 있다.

만날 사람이 없다고 푸념만 할 게 아니라 일단 사람을 만나기 위해 길을 나서야 한다. 사무실에 앉아 있는 시간보다 더 많은 시간을 길 위에서 보내야 한다. 현장에서 만나는 사람은 그 누구든 내 고객이 될 수 있다는 생각으로 사람을 만나야 한다. 세상에 만나지 못할 사람은 아무도 없다.

나를 알리는 나만의 메뉴판을 만들어라

나를 아는 것이 가장 중요하다.
나를 알아야 그에 따른 대비를 할 수 있기 때문이다.

● 가장 좋은 인간관계는 말하지 않아도 서로의 숨결만으로 통하는 사이다. 오랜 친구는 사소한 행동 하나로도 내 기분이 어떤지, 어떤 상황에 처해 있는지를 이해한다. 낯선 이와 오랜 친구처럼 가까워지는 가장 좋은 방법은 내 모든 정보를 주고 상대방의 정보를 받는 것이다. 그것만이 두 사람을 좀더 짧은 시간에 가까운 사이로 만들어주기 때문이다.

자신만의 스펙을 쌓고, 그 기록들을 빠짐없이 담은 나만의 메뉴판을 만들어둘 필요가 있다. 첫 거래를 시작할 낯선 누군가를 만나기 위해 나만의 메뉴판을 준비하고 끊임없이 업데이트해야 한다.

훌륭한 사냥꾼은 쉬는 날이면 총을 닦는다. 준비된 사람만이 찾아온 기회를 놓치지 않는다. 수많은 이민자들이 몰려 있는 미국사회에서 가장 짧은 순간에 자리를 잡은 것은 교포들이었다. 이민자 사회를 선점하고 있던 화교들, 명석한 두뇌로 세력을 넓혀가던 유태인들을 제친 것은 부지런한 한국인들이었다. 특히 슈퍼마켓을 운영했던 교포들이 두각을 나타냈다. 인근 슈퍼마켓을 제치고 한인 슈퍼마켓에 손님들이 몰렸다. 미국인들이 괜히 한인 슈퍼마켓을 찾은 게 아니었다.

교포들은 장사를 앞둔 마음가짐부터 달랐다. 하루하루 성실하게 장사에 임했고, 손님들을 정성으로 대했다. 다른 슈퍼마켓이 12시에 영업을 마치면 한인 슈퍼마켓은 1시까지 영업을 했다. 손님을 기다리며 깨끗하게 닦은 과일은 누구나 사고 싶어할 만큼 반짝거렸다. 상자째 쌓아 놓고 물건을 팔던 다른 가게들과는 달랐다. 그만큼 손을 더 분주하게 움직였던 것이다. 빛깔 좋은 과일이 진열된 한인 슈퍼마켓은 손님들의 발길을 끌어들일 만큼 대비되어 있었다. 손님을 기다리며 미리 준비를 하고 있었기 때문이다. 고객을 상대하는 사람이라면 그런 준비된 자세가 중요하다.

나를 소개하는
메뉴판을 만들어라

낯선 사람을 만나 상담을 하게 된다면 준비된 메뉴판을 내밀어야 한다. 내 메뉴판이라면 프로필이 될 수도 있고, 이력서가 될 수도 있다. 이름만 다를 뿐이지 프로필이 이력서고 이력서가 프로필이다. 이력서에는 생년월일과 본적, 학력, 경력, 취미 등이 소개되어야 한다. 내가 어떤 사람인지, 어떤 삶을 살았고 어떤 일을 하면서 성장했는지를 한눈에 보여줄 필요가 있다.

이력서는 '신발을 끌고 다닌 한 개인의 역사'에 대한 기록이다. 땀이 밴 내 모든 것이 담긴 이력서 속에는 신상 털기 수준의 모든 정보들이 담겨 있다. 상대방은 내 이력서 하나만 보고도 취향이나 고향, 무엇을 좋아하는지, 그리고 어느 대학을 나왔는지 등 모든 정보를 알게 된다. 낯설게 느낀 상대방의 모든 정보를 알게 되면 그만큼 그에게 친밀감이 느껴지고 좀더 가까운 사이로 쉽게 발전할 수 있다.

인천에서 지역본부장으로 재직하던 시절, 꼭 거래를 성사시켜야 할 고객이 있었다. 자수성가한 갑부였던 그는 지역의 큰손으로 불릴 만큼 많은 현금을 보유하고 있다는 소문이 있었다. 이 때문에 고객으로 유치하려는 은행들의 물밑작업이 치열했다. 본부장으로 발령받고 얼마 되지 않은 시점이라 다른 은행보다 늦게 큰손을 잡으려는 치열한 시장에 뛰어들었다. 하지만 치열한 세상풍파를 맨몸으로 견디며 자수성가한 그의 마음은 쉽게 열리지 않았다. 오직 자기 자신만 믿으며 우직하게 일궈온 재산을 다른 곳에 맡기는 일이 선뜻 내키지 않는 눈치였다.

선물 공세를 펼친 은행도 있고 지인을 통해 연줄을 놓아 만남의 기회를 얻은 은행도 있었지만, 큰손의 마음은 좀처럼 열리지 않은 모양이었다. 그때부터 나는 지인들의 힘을 빌리고 정보를 있는 대로 끌어모아 큰손의 모든 것을 파악하기 시작했다. 그의 가족관계와 고향, 취미와 특기는 물론이고 무슨 음식을 좋아하고 무슨 술을 마시는지 모두 알아내기 시작했다.

그의 사소한 버릇까지 파악한 뒤, 그에 특화된 내 프로필을 만들기 시작했다. 낚시를 좋아하는 그의 취미에 걸맞게 어떤 낚시를 좋아하고 어느 지역으로 출조를 나가는지 적어 넣었다. 그가 좋아하는 술은 나도 좋아한다고 적어 넣었고, 그의 고향과 관련된 사소한 에피소드도 잊지 않고 꼼꼼히 적어두었다. 그리고 드디어 큰손과 만날 약속을 잡았다. 약속 장소는 낚시터로 잡았고 만남을 주선한 지인을 통해 내가 만든 프로필도 전해주었다.

약속한 날, 낚시터에 나란히 앉았다. 반드시 성사시켜야 할 고객이었기에 긴장하고 있던 내게 그는 오랜 친구처럼 다가왔다. 내 모든 정보를 속속들이 알고 있었기에 가족의 안부와 그동안 내가 잡은 물고기에 대해 먼저 물었다. 덕분에 이야기는 쉽게 풀렸다. 그는 나를 신뢰하고 있었고, 행원으로 시작해서 본부장에 오른 이력에 관심을 보였다.

그날의 만남이 바로 거래로 이어지지는 않았다. 하지만 왕래가 잦아지고 서로에 대한 신뢰가 쌓이면서 큰손은 자연스럽게 기업은행 고객으로 자리를 잡았다. 낯선 이를 경계하던 그의 마음은 내가 보낸 이력서 하나로 풀어졌고, 그 안에 담긴 정보를 통해 관심이 생겨나기 시작한 것이다. 내가 만든 메뉴판 덕분이었다.

회사를 성장시킨 음료메뉴판

신규 거래를 위해 군자동에 있는 의류 제조회사를 방문했을 때였다. 몇 군데 상담을 마치고 마지막으로 들른 상태라 많이 지쳐 있었다. 게다가 이야기도 많이 한 뒤라 사무실로 돌아가고 싶은 생각이 간절했다. 큰 기대를 하고 방문한 업체도 아니니 대충 거래의사만 타진하고 떠나야겠다는 생각으로 상담실에 앉아 있었다.

방문한 업체마다 인스턴트커피를 내미는 바람에 입 안이 텁텁해서 물 생각이 간절하던 차에 담당자가 들어왔다. 그 뒤를 따라 젊은 직원이 들어와서는 고급스러운 책자를 내밀었다. 이건 뭔가 싶어 표지를 넘겼더니 커피와 차, 그리고 몇 가지 음료 이름들을 앙증맞은 손글씨로 써놓은 메뉴판이었다. 편하게 마실 수 있는 인스턴트커피부터 녹차나 생강차는 물론이고 박카스를 비롯한 드링크류, 간단한 음료까지 메뉴판에 적혀 있었다.

심지어 쌍화차와 오미자차와 같은 한방차들의 이름도 적혀 있었고, 그 옆에는 각각의 차에 대한 효능과 마시는 방법, 원산지 등 세세한 정보들이 꼼꼼하게 적혀 있었다. 작은 아동의류 전문 회사에서 방문한 손님들을 위해 원하는 차를 골라 마실 수 있는 배려를 하고 있었던 것이다.

무심히 스쳐 지나가는 곳 중 하나가 될 수도 있던 회사였다. 사무적으로 건네는 인스턴트커피 한잔을 홀짝거리며 필요한 대화만을 나누다가 황망히 돌아설 거라는 생각으로 방문한 회사였다. 그런 회사에서 근사한 메뉴판을 받고 보니 규모가 작은 회사가 달리 보였다.

상담을 마치고 사무실에 도착해서 메일을 확인하다 보니 그 회사에서 보낸 메일이 있었다. 만나서 반가웠다는 제목으로 시작하는 메일을 열자 PDF파일로 만든 회사소개서가 첨부되어 있었다. 이미 방문했을 때 회사소개서를 받았기에 대수롭지 않게 여겼는데, 무심코 열어보니 그게 아니었다.

　회사에서 받은 회사소개서도 다른 회사와 달랐다. 구색 갖추기로 만든 게 아니라 일거수일투족을 모두 기록해둔 내밀한 일기장을 보는 느낌이 들 만큼 세세하고 꼼꼼한 회사소개서였다. 몸담고 있는 직원들 개개인의 정보도 함께 소개되어 있어서 처음 만나도 누가 누구인지 알아볼 수 있을 정도였다. 그런데 그걸로도 모자라 PDF로 된 회사소개서를 다시 보낸 것이었다. 그리고 메일에는 종이로 된 회사소개서 이후 달라진 부분들이 있어 PDF소개서로 만들었다는 것과 어떤 부분들이 달라졌는지, 그리고 새롭게 추가된 내용은 무엇이 있는지에 대한 부분도 자세히 적혀 있었다.

　그걸로 끝이 아니었다. 이후에도 업무에 필요한 자료가 있으면 미리 정리를 해서 보내주었고, 필요한 자료가 있어서 요청을 하면 10분을 넘기는 법이 없었다. 항상 준비된 자세로 대비를 하고 있었고, 필요한 매뉴얼들을 만들어 놓고 있었다. 찾아온 손님을 위해 언제든 내밀 수 있는 메뉴판을 만들었던 것처럼, 어떤 업무와 상황을 만나더라도 필요한 순간에 제시할 수 있는 다양한 메뉴판들을 미리 만들어두고 있었던 것이다.

　첫 만남 이후 작은 의류회사가 내게 손에 꼽을 수 있는 거래처가 된 것은 당연한 결과였다. 그리고 그 시작은 내게 내밀었던, 어떤 손님이 오더라도 내밀 준비가 되어 있던 음료메뉴판 덕분이었다.

영화 〈명량〉의 인기에 힘입어 이순신 장군의 리더십이 다시금 화제다. 13전 13승. 어느 전투 하나 허투루 다룰 수 없는 이순신 장군의 해전들 속에는 수많은 가르침들이 존재한다. 그리고 그 전투 하나하나를 모두 승리로 이끈 요인들을 가만히 들여다보면 이순신 장군의 빛나는 리더십을 발견할 수 있다. 하지만 그 모든 전투를 완승으로 이끈 배경에는 이순신 장군의 리더십만 있었던 것은 아니다. 치밀한 분석과 철저한 대비가 승리의 한 요인으로 작용했다.

이순신 장군은 상대에 대한 치밀한 분석 없이는 전투에 나서지 않았다. 바다의 상황과 그날의 날씨, 왜군의 규모, 심지어 상대 장수가 누군지를 알고 난 뒤에야 전략을 세웠다. 승리를 위해 전투를 치르기에 가장 좋은 날과 장소를 확인하고 이길 수 있는 최적의 장소를 확인한 다음, 왜군을 그곳으로 유인하는 치밀한 전략까지 펼쳤다. 철저히 이기는 전투를 했던 이순신 장군 병법의 기본은 완벽한 준비였지만, 그 안에는 조선 수군의 상황을 아는 것이 전제되어 있었다.

나를 아는 것이 가장 중요하다. 나를 알아야 상대를 만났을 때 내가 할 수 있는 정도를 알게 되고, 그에 따른 대비를 할 수 있기 때문이다. 비즈니스 현장에서는 나를 아는 것과 상대를 아는 것이 전투 현장 이상으로 중요하다. 전투와 다른 점은 내가 나를 아는 것 이상으로 상대방에게 나를 알려야 한다는 점이다. 내가 상대를 알고 상대가 나를 안다면 두 사람의 관계는 급진전된다. 언제든 나를 알릴 수 있는 메뉴판을 준비하고 때를 기다릴 필요가 있다.

차별화를 하되
상대방이 편한
명함을 만들어라

내 명함 문구는 지금은 '전공분야를 바꾼 사람'이다.
작은 명함 한 장으로도 나를 제대로 알릴 수 있는 방법을 찾자.

● 사람을 처음 만나면 제일 먼저 주고받는 것이 명함이다. 명함은 모르는 사람 사이에 주고받는 첫 징표이자 상대방을 확인하는 첫 얼굴이다. 따라서 명함을 주고받는 단순한 행위 하나로도 상대방의 됨됨이가 평가된다. 명함을 건네는 자세, 명함을 받는 모습에서 상대방의 품성이 드러난다.

받은 명함에 눈길 한번 주지 않고 주머니에 넣어버리는 사람을 만날 때가 있다. 그런 사람을 만나면 내 이름을 다시 한 번 물어보고 싶어진다.

상대방의 명함으로 장난을 치는 사람은 더욱 가관이다. 내가 건넨 명함을 꼬깃꼬깃 접는 사람과 만난 적이 있다. 심심풀이 삼아 버릇처럼 그냥 종이를 접었을 수도 있다. 아니면 하찮은 사람이니 무시해도 된다고 생각했을지도 모르겠다. 하지만 접힌 명함을 보는 심정은 내 자존심이 접히는 느낌이었다. 접은 면을 몇 번이나 되풀이해 꼭꼭 눌러대기라도 하면 뱃속 깊은 곳에서 올라오는 울렁증을 견디기 힘들었다. 과연 상대방의 이름이 적힌 명함 한 장 귀하게 여기지 않는 사람이 상대방을 귀하게 여길 수 있을까.

나를 나타낼 수 있는
문구를 새겨 넣어라

명함은 작은 종이에 불과하다. 하지만 상대방의 손에 전해졌을 땐 나를 알리는 최적의 수단이다. 이름 석 자나 연락처 몇 줄 적힌 명함으로는 나를 제대로 알리기 힘들다. 기왕이면 그 작은 명함 한 장으로도 나를 제대로 알릴 수 있는 방법을 연구해보는 것이 어떨까? 돌아서면 던져지는 명함보다 명함첩에 고이 간직되는 명함을 만들어보는 것은 어떨까? 명함을 주고받았을 때, 한 번쯤 명함이 화제의 중심에 올라오는 그런 명함을 만들어보는 것은 어떨까?

반짝이는 코팅종이에 인쇄된 명함이 처음 나왔을 때 이야깃거리가 되었다. 얼굴이 들어 있는 명함도 화제였다. 너도나도 만들다 보니 지금은 신기하지도 않지만 뭐든 처음엔 신기한 법이다. 신기한 명함은 이야기의 주제가 되고 나를 기억하게 하는 첫 번째 소재가 된다.

지점장으로 있던 시절, 나 역시 내 명함도 특별하게 만들었다. 색다른 명함으로 나를 기억시키고 싶었기 때문이다. 내 명함의 이름 앞에 '마라톤 풀코스 완주를 준비하는 사람'이라는 문구를 적어 넣었다. 마라톤 열기가 뜨거웠던 시절, 아침저녁으로 조깅하며 마라톤 풀코스를 준비하고 있을 때였다. 내 명함을 받은 고객들은 나의 명함을 신기해하기도 하고 그 끈기와 도전정신을 부러워하는 듯했다. 그들은 지점장이란 직책보다 마라톤이란 단어에 더 큰 관심을 가졌다. 그들은 그 작은 문구 하나로 나를 쉽게 기억했고, 내 명함을 쉽게 버리지 못했다. 물론 그들은 내 이름을 오래도록 간직했다.

그 일을 계기로 직원들에게도 특별한 명함을 만들도록 했다. 본인을 나타낼 수 있는 자기만의 문구를 새겨 넣도록 했다. 무엇을 넣어야 할지 망설이던 직원들이 하나둘 자기만의 문구를 꺼내놓기 시작했다. 명품 자산관리사, 외환킬러, 지리산 뚜벅이, 성수동 뚱보, 월척 낚시꾼 등 본인의 자격증, 주특기, 성격, 취미 등이 담긴 문구들이 이어졌다. 그래도 없으면 '성수동 이쁜이'라는 웃음 짓게 만드는 애칭도 나왔다. 작은 문구들은 자신을 알리는 데 일조했다. 처음엔 망설이던 직원들도 얼마 지나지 않아 효과가 나타났다며 반가워했다.

나는 거기서 그치지 않았다. 부행장 시절이었다. 나는 다른 사람과는 차별화되는 또 다른 명함을 만들고 싶었다. 고심하던 끝에 내가 만든 것은 점자명함이었다. 우리나라는 10가구 중 1가구는 자녀나 친척이 장애인이라는 통계가 있다. 작은 노력이라고 생각했던 그 명함의 효과는 얼마 지나지 않아서 나타났다. 의료보험공단을 방문해 그곳 직원들을 만났을 때였다.

서로의 명함을 주고받던 그 자리에서 각자의 명함에 점자가 새겨진 공통점이 있음을 알고 반가워했다. 나는 마케팅의 수단으로, 상대방은 직업의 특수성으로 모두 점자명함을 가지고 있었던 것이다. 점자명함이 일반화되지 않았던 시절이었다. 그 일로 우리는 서로의 눈높이와 마음의 깊이를 확인했다. 금세 가까워졌음은 말할 것도 없다. 그 일로 의료보험공단 직원들과는 아직도 좋은 관계를 유지하고 있다.

30여 년간의 금융인 생활을 마치고 경제방송 대표로 옮겨오면서 내 명함에 적힌 '전공분야를 바꾼 사람'은 광고주와 나를 가깝게 만드는 촉매 역할을 하고 있음은 물론이다. 또한 프로필을 인쇄해 가지고 다니다가 나에 대해 더 알고 싶어하는 사람들에게 보여준다. 생년월일, 본적, 학력, 경력, 자격증, 표창, 취미와 저서 등 신상털기 수준으로 내 인생 프로필을 알게 된 그들은 금세 마음의 옷을 벗어 던지게 된다.

좋은 관계를 만들기 위해서는 내가 상대방이 되어봐야 한다. 내가 상대방이 되었을 때 무엇이 가장 아쉽고, 무엇이 가장 필요할지를 알고 행한다면 그 관계의 반은 이미 성사된 셈이다.

차별화된 명함을 만들어 기억에 남겨라

지금은 명함에 자기 얼굴을 넣는 것이 흔해졌다. 자동차 세일즈맨들 중에 그런 사람이 많은 듯하다. 그런데 나는 그걸 지점장 시절부터 하고 다녔다. 내가 얼굴에 자신이 있었다기보다 사람들에게 친숙한 지점장이 되고 싶었기 때문이다. 한 번 보고 얼굴을 기억한다는 것은 쉬운 일이 아니다. 그럴 때 명함에 얼굴이 새겨져 있다면 명함만 보고도 사람들은 내가 누군지 쉽게 기억할 수 있다.

명함을 양면으로 제작하는 기업들이 많다. 뒷면에 영어로 이름을 적어 앞뒤로 인쇄하는 업체들을 보면 낭비를 하고 있다는 생각이 든다. 돈 들여가면서 그렇게 만들 필요가 있을까? 무역업을 하거나 해외 업무를 담당하는 사람이 아니라면 굳이 비싼 돈 들여가며 양면 명함을 만들 필요가 없다. 오히려 그 돈으로 한 면이라도 알차게 꾸민다면 그게 더 명함을 제대로 활용하는 방법이다.

요즈음 성공한 사람들은 명함 관리를 체계적으로 하고 있음을 보게 된다. 명함을 받은 날짜와 상대방의 인상, 고향, 학교 등을 적어 명함첩에 보관하는 사람들은 네트워크를 잘 활용한다. 이들을 위해 명함을 주고받을 때 날짜를 미리 기록해두면 어떨까? "뵙기를 학수고대한 오늘이기에 날짜를 적어 놓았습니다."라는 인사는 상대방으로 하여금 경계심을 느슨하게 만들기 때문이다. 연필이나 볼펜과 만년필 등 어느 필기구라도 손쉽게 사용할 수 있는 재질로 명함을 만들어야 함은 말할 나위 없다. 명함첩에도 안 들어가는 사이즈의 명함을 만드는 사람도 있다. 그건 절대 안 될 일이다. 명함첩에 들어가지 않는 명함은 아무렇게나 나뒹굴기 십상이다. 명함첩에 들어가지도 않을 만큼 큰 명함은 내버려질 뿐이다. 내 이름이 적힌 명함이 아무렇게나 버려진다는 것은 서글픈 일이다.

명함의 귀퉁이를 둥그렇게 만들어보자. 상대방은 나를 융통성이 있고 부드러운 사람으로, 이야기 나눌 수 있는 사람으로 이해하게 될 것이다.

명함에 한자를 쓰는 사람도 많다. 명함에 한자를 쓰면 유식해보인다고 생각하는 것 같다. 하지만 요즘 젊은 친구들 중에는 한자를 잘 모르는 사람들이 의외로 많다. 보기도 힘들고 읽기도 힘들다. 일

일이 설명해야 하고, 상대방이 듣고도 쉽게 잊어버린다. 좋은 우리말 두고 왜 한자를 써야 하는가?

다른 사람과 차별화된 명함을 만들어서 기억에 남겨야 한다. 차별화를 하되 상대방이 보거나 관리하기 편한 명함을 만들어야 한다. 크기가 불만이라면 차라리 작게 만들면 된다.

우리나라에서 사용한 지 어느새 100년이 다 되어가는 명함. 손바닥보다 작은 크기에 간단한 개인정보가 적혀 있는 종잇조각에 불과하지만, 명함 한 장은 입사를 위해 취업준비생이 회사에 제출하는 자기소개서와 같은 역할을 한다. 그 작은 종잇조각에는 기본적인 '나'가 들어 있다. 내가 몸담고 있는 회사와 내 이름, 내 연락처말이다. 문제는 명함 하나가 모든 것을 말해주진 않는다는 점이다.

명함을 주고받는 자세 역시 중요하다. 예의와 격식을 차려 주고받았을 때, 명함은 온전한 자기가치를 가지게 된다. 건네받은 명함에 눈길 한번 주지 않고 가방에 넣어버리거나 상대방에게 무슨 대단한 하사품을 주듯 말없이 건네는 명함은 상대방에게 불쾌감을 줄 수 있다.

상대방으로부터 명함을 받았다면 그 자리에서 이름은 무엇이고,

회사의 정확한 상호는 무엇이며, 그 사람의 직책이 무엇인지 정도는 꼼꼼히 읽어볼 필요가 있다.

건넬 때 글자의 방향을 고객에 맞추지 않거나 무성의하게 던져놓은 명함은 차라리 주지 않느니만 못하다. 명함을 받아들고 간단한 인사를 건네면 효과적일 수 있다. "성함이 독특하시네요." "이름이 참 예쁩니다." 등의 말을 건네면 고객은 나를 다시 보게 된다.

명함을 건넬 때 스스로를 각인시키는 유머를 던지는 것도 하나의 방법이다. "개그맨 ○○○를 닮았습니다." "마라톤은 누구에게도 지지 않을 자신이 있습니다." 등의 말을 건네면 고객은 나를 좀더 쉽게 기억할 수 있을 것이다.

명함 뒷면을 잘 활용하는 사람들은 만나면 더 친근감을 갖게 된다. 자기가 취급하고 있는 제품 이름이나 알파벳보다 "수양산 그늘이 강동 80리를 갑니다."라는 문구가 상대방의 마음을 더 움직이게 하기 때문이다.

나를 각인시키는 시간은 따로 있다

말에는 시기가 있고 만남에는 때가 있다.
가장 좋은 시기는 스스로 만드는 것이고 기회를 놓쳐선 안 된다.

● 　칭찬은 사람을 기분 좋게 만드는 힘이 있다. 생각을 바꾸고 없던 능력도 이끌어내며, 긍정적인 생각을 만들어주는 것이 칭찬이다. "칭찬은 고래도 춤추게 한다."라는 말도 그래서 나온 것이다. 하지만 칭찬도 방법이 있다. 무조건 칭찬만 한다고 좋은 것이 아니다. 때와 장소가 있고, 절차와 방법이 있다.

좋은 말도 여러 번 들으면 싫증이 난다. 칭찬은 고래도 춤추게 하지만, 그것도 한두 번이다. 기쁜 맘으로 춤추던 고래가 침 한번 뱉고는 깊은 물속으로 사라져버릴 수도 있다. 좋은 말도 적당히 해야 하며 때와 장소를 가려야 한다. 좋은 말도 그럴진대 하물며 나쁜 말이라면 더욱 때와 장소를 가려야 한다.

말 한마디로 천 냥 빚을 갚는다. 말 한마디의 위력은 위기에 빠진 나라를 구하기도 하고 내정된 총리직에서 끌어내리기도 한다. 80만 대군을 이끌고 고려에 항복을 요구하던 거란군의 발길을 돌린 것은 날카로운 창과 칼이 아니라 서희의 말 한마디였다. 기세등등하던 소손녕을 어르고 달래 고려 땅에서 순순히 물러나게 했을 뿐 아니라 빼앗긴 영토의 일부를 되돌려 받은 것도 그의 입에서 나왔다. 역사는 두고두고 그 일을 회자한다.

최근 주변의 상황을 보면 한마디의 말이 운명을 바꿔놓는 경우를 자주 볼 수 있다. 무심코 던진 말 한마디에 충신이 역적으로 내몰리기도 하고, 여론의 뭇매를 맞기도 한다. 심지어 오래전 내뱉은 말 한마디가 비수가 되어 되돌아오는 경우도 종종 보게 된다.

상갓집은
밤늦게 찾아가라

슬픔은 나누고 기쁨은 더하라는 말이 있다. 슬픈 일은 위로해주는 사람의 수에 따라 강도가 나눠지지만, 기쁨은 나누는 사람의 수가 많으면 많을수록 규모가 커지는 법이다. 피치 못할 사정이 생겨 도저히 시간을 낼 수 없을 때, 결혼식은 축의금을 보내고 전화로 축하인사를 대신할 수 있지만, 장례식은 무리를 해서라도 찾아가 얼굴을 비치는 것이 예의다. 경사는 내가 아니라도 찾아오는 사람이 많고, 일일이 그들을 기억하지 못하는 경우도 많다. 하지만 흉사에 찾아오는 사람은 오랫동안 기억된다.

그런데 경사와 흉사에도 찾아가야 할 적기는 따로 있다. 아무 때나 찾아간다면 함께한 많은 사람 가운데 하나로 기억될 뿐이다. 심지어 나중에 방명록에 쓰인 이름 하나로 다녀간 것이 확인될 수도 있다.

기왕이면 오랫동안 기억되는 사람으로 남는 것이 좋다. 어차피 찾아야 할 경조사라면 당사자에게 또렷이 각인되어야 한다. 결혼식이나 칠순 잔치와 같은 경사스러운 일이라면 제일 먼저 찾아가는 것이 좋다. 다른 누구보다 먼저 찾아가서 제일 먼저 축하해주면 오랫동안 기억에 남는다. 기쁜 일에 가장 먼저 달려와서 축하해주는 사람만큼 고마운 사람도 없다.

하지만 슬프고 안타까운 일이라면 상황이 조금 다르다. 특히 장례식 같은 경우라면 제일 먼저 찾아가는 일에 큰 의미는 없다. 슬픔에 빠진 상주가 찾아온 사람을 일일이 기억할 겨를이 없기 때문이다. 게다가 상을 당한 첫날이라면 황망함에 넋을 놓은 경우가 대부분이다. 빈소를 꾸리는 것만으로도 정신없는 시간에 찾아가봐야 스쳐가는 문상객 중 하나가 될 뿐이다. 그럴 때는 밤늦게 찾아가는 사람이 더 기억에 남는다.

모두가 돌아간 썰렁한 빈소를 밤늦게 찾아온 사람은 상주의 머릿속에 오랫동안 각인된다. 모든 문상객들이 돌아가고 난 뒤 썰렁해진 빈소를 찾아온 사람은 기억하지 않으려야 않을 수가 없다. 문상을 마친 뒤에도 상주 곁에서 슬픔을 함께 나누며 자정을 넘기는 사람이라면 오랫동안 고마운 사람으로 기억된다. 그리고 그때 상주와 마주앉아 속 깊은 대화를 나누는 일도 가능해진다. 11시쯤 찾아가서 자정을 넘기고 온다면 이틀간 문상한 격이 된다. 다른 사람처럼 단지 얼굴을 내밀고 조의금을 내는 것보다 몇 배 이상의 효과를 거둘 것이다.

심지어 발인을 함께하거나 장지까지 따라가서 모자라는 손을 보태는 사람이라면 잊으려야 잊을 수 없는 은인으로 기억될 것이다. 장지가 멀어서 하루를 꼬박 다녀와야 하는 길이라면 상대방에게 감동으로 다가온다.

중요한 사람이라면, 사업파트너로 삼고 싶거나 중요한 계약을 앞둔 사람의 장례라면 삼우제 때 한 번 더 찾아가는 것도 좋다. 생각지도 못한 사람이 삼우제 때 찾아온다면 가족 같은 정을 느끼게 될 것이다. 그런 사람이 사업의 파트너가 되려 한다면 더 쉽게 손을 잡을 것은 당연한 일이다. 탈상 날까지 잊지 않고 챙겨준다면 금상첨화다.

나를 알리는 것도
타이밍이다

언론사로 자리를 옮긴 초기에는 모든 것이 낯설었다. 금융회사에 신입사원으로 입사해서 지점장, 본부장, 부행장을 거치는 동안 한눈팔지 않고 오직 한길만을 걸어왔기에 다른 직업은 생각해본 적도 볼 틈도 없었다. 그러다가 방송사로 자리를 옮기니 모든 것이 낯선 신입사원의 심정이었다. 하지만 결국 일의 성격만 다를 뿐 사람을 만나는 일이고, 그들의 마음을 움직이는 일이라는 점은 다르지 않다는 것을 발견했다.

그때부터 내가 가진 장점을 최대한 살리고 그 안에서 내가 할 수 있는 일들을 찾아가기 시작했다. 당장 TV부터 샀다. 최근 인기있는 방송 프로그램이 무엇인지도 몰랐고, 잘 보지도 않아 오래전에 TV를 없애버려 횅했던 거실에 2대의 TV가 놓였다. 한 대의 TV는 머니투데이 방송에 고정되었고, 다른 한 대는 경쟁사의 프로그램들을 모니터링하는 데 사용되었다.

방송사 대표로 재직하면서 가장 시급하게 해결해야 할 문제들이 시청률을 높이는 것과 광고량을 늘리는 일이었다. 종합경제채널인 머니투데이방송은 시청자층이 확고했다. 그러나 지상파 방송이나 종편채널 등과 달리 지역케이블이나 위성방송, IPTV에 따라 서로 다른 채널 번호를 가지고 있었다. 게다가 케이블채널이라는 한계까지 겹치면서 시청자층이 폭넓게 확대되지 못하고 이에 따라 광고 수주하는 데 어려움을 겪고 있는 상황이었다.

가장 먼저 인맥을 동원한 시청자 늘리기에 정성을 쏟았다. 지인들에게 중요한 방송 시간을 문자 메시지로 알려주고, 도움이 될 만한 방송들은 미리 요약해서 알려주었다. 광고가 가능한 업종의 CEO들과 자주 만났고, 그들에게 머니투데이방송을 알리고 새로운 CEO를 소개받으며 시청자 범위를 넓혀갔다.

사실 CEO와의 만남에는 광고수주라는 더 큰 목적이 있었지만, 그 앞에서 광고에 대한 이야기는 하지 않았다. 대부분의 시간을 머니투데이방송의 꿈과 비전을 알리는 데 사용했고, 상대방의 사업과 일상 이야기로 대화를 마치는 경우가 대부분이었다. 몇 번을 만나도 광고에 대한 이야기는 하지 않았다. 오히려 최근 방송 프로그램을 소개하고 새로 시작하는 프로그램의 장점들을 홍보했다.

그리고 돌아와서는 고객이 꼭 시청했으면 좋을 법한 프로그램에 표시를 해놓은 방송 편성표를 보냈다. 편성표에는 지역케이블, 위성

방송, IPTV 등 방송 플랫폼별로 다른 채널번호도 꼼꼼히 기록해두었다.

그런 정성 덕분인지 주변에서 머니투데이방송을 본다는 사람이 늘어났고, 방송 프로그램이 자연스럽게 대화의 주제로 자리 잡았다. 심지어 방송을 보지 못한 사람이 대화에 소외되는 일도 생겨나기 시작했다. 이쯤 되자 일부 CEO들은 자연스럽게 광고에 대해 물어왔다. 말하지 않아도 자청해서 광고를 하고 싶다는 뜻을 전해왔고, 만나는 동안 자신에게 광고하자는 말을 안 한 것이 서운했다는 타박도 자주 들었다.

언론사에 들어온 뒤로는 수요일 이후 모든 시간을 사람 만나는 날로 정했다. 주말을 앞둔 시간일수록 마음이 열리고 의사결정에 이성보다는 감성이 더 큰 힘을 발휘하는 시기이기 때문이다.

낯선 사람이 언론사에 들어오니 잘 만나주려 하지 않았다. 하늘을 봐야 별을 딴다는데 하늘을 볼 기회조차 없었다. 궁여지책으로 생각해낸 것이 만나고 싶은 사람의 주변 사람을 공략하는 것이었다. 바쁜 CEO들과 약속을 잡기 위해 비서실 직원들과 친해졌고, 그들을 통해 시간 약속을 잡았다. 언제나 나는 프로필을 지니고 다녔다. 생년월일, 본적, 학력, 경력, 자격증, 표창, 취미와 저서 등 신상털기 수준에 이를 정도로 충실한 프로필이 메신저 역할을 했다.

만나고 싶다고 함부로 덤비지 않았다. 때를 기다리고 기회가 오면 절대 놓치지 않았다. '전공분야를 바꾼 사람'이라는 큼지막한 수식어를 이름 위에 새긴 명함을 들고 다니면서 단 10분이라도 만날 기회를 기다렸다. 전공분야를 바꾼 사람이라는 수식어는 상대방을 궁금하게 만들었다. 그 궁금증은 대화의 단초가 되었다. 이후부터 대화는 술술 풀려나갔고, 호기심은 나를 향한 호감으로 변해갔다.

말에는 시기가 있고 만남에는 때가 있다. 가장 좋은 시기는 스스로 만드는 것이다. 그리고 만들어진 기회는 절대 놓쳐선 안 된다. 나를 각인시키는 시간은 따로 있다. 짧은 시간을 만나더라도 나를 충분히 각인시켜야 한다. 가장 적절한 말로 상대방을 설득하고 최적의 상황을 통해 고객을 내 편으로 만들어야 한다.

비즈니스를 잘하려면
때론 배우가
되어야 한다

비오는 날은 만나기 힘든 사람을 만날 수 있는 절호의 기회다.
내가 움직이기 싫은 그런 날은 고객도 움직이기 싫어하는 날이다.

● 고객을 만나는 일이 많다 보니 고객의 눈치를 볼 일이 많다. 고객이 좋아하는 일을 하게 되고, 고객이 만족하는 일이라면 목숨이라도 걸게 된다. 사업을 하는 사람이라면 당연한 일이다. 요즘 기업들이 고객만족이나 고객우선을 외치는 것도 같은 맥락이라 보면 된다.

하지만 고객을 만나는 일은 생각처럼 쉽지 않다. 모두가 내 마음과 같다면 오죽 좋으련만, 사람의 유형이 천차만별이어서 애를 먹기 마련이다. 똑같이 잘해줘도 누구는 만족하지만 누구는 불평을 한다. 우리나라에서는 까마귀가 불길한 징조의 날짐승이지만 일본에서는 행운의 상징으로 받아들여지는 것처럼 말이다.

현장에 있을 때 늘 직원들에게 주창했던 말이 "고객을 최우선으로 생각하라. 고객의 영혼을 춤추게 하라."는 것이었다. 고객이 하고 싶어하는 일을 미리 알고, 고객에게 필요한 것을 미리 알아내는 사람이 성공하는 사례들은 아주 많다. 그 중에서도 고객이 생각하지 못했던 것을 생각해내는 것, 그것은 하나를 가지고 대여섯을 얻을 수 있는 최고의 방법이다.

비오는 날이야말로 기회다

비오는 날이나 춥고 눈이 오는 날은 성격이 까다롭거나 만나기 힘든 사람을 만날 수 있는 절호의 기회다. 우선 늘 외근 중이던 고객이 사무실을 지키고 있을 가능성이 많다. 많은 약속들이 취소되기 때문이다. 나도 그런 날을 골라 찾아간 덕에 평상시 만나기 힘든 고객을 만난 경우가 자주 있었다.

비 오는 날이면 고객을 만나러 갈 때 일부러 장화를 신고 나간 적도 있다. 나는 중요한 상담이 있거나, 그 사람을 꼭 내 사람으로 만들어야 한다면, 비 내리는 날이나 눈 오는 날을 골라 찾아갔다. 머리엔 하얀 눈이 쌓인 채, 또는 젖은 옷에 물이 뚝뚝 흐르는 상태로 고객을 만났다. 어둑어둑하고 궂은 날이면 일부러 고객을 찾아갔다. 부슬부슬 가랑비가 내려 몸이 움츠러드는 날, 사무실에 웅크린 채 빨리 하루가 가기만을 바라는 그런 날을 나는 비즈니스의 기회로 오히려 더 반겼다. 머리엔 물기를 머금고, 옷에 군데군데 흙탕물을 묻힌 채 고객을 찾아갔다. 비즈니스를 잘하려면 때론 배우가 되어야 한다. 물론 악역이어서는 안 된다.

"지나가는 길에 잠깐 들렀습니다. 근처를 지나는데 비도 피할 겸 얼굴도 뵐 겸, 그래서 들어왔습니다."

그렇게 너스레를 떨면서 머리의 물기를 턴다. 고객들은 그런 나를 안쓰럽게 바라봤다. 그리고 그런 내게 오히려 더 쉽게 마음을 열어줬다. 측은지심을 불러일으킨 걸까. 빗물에 온몸이 젖어 다소 흐트러진 모습으로 자신을 찾아온 사람을 매정하게 내칠 사람은 세상에 철천지원수 말고는 없을 것이다. 게다가 따뜻한 차 한잔을 내오면 이제 본격적인 스토리가 시작된다.

내가 움직이기 싫은 그런 날은 고객도 움직이기 싫어하는 날이다. 그러면서 왠지 감성적이 되어 누군가를 만나고 싶어지기도 하는 것이 인지상정이고, 또 도와주고 싶은 마음이 생기게 되어 있다. 뜬금없이 찾아온 사람이 반가워지지 않을 리 없다. 골프도 취소되고 점심

약속도 미뤄놓은 그들은 옷이 젖건 말건 찾아온 나를 반겼다.

좀처럼 만나기 힘든 고객이 있었다. 찾아가면 늘 자리에 없었다. 언제나 '사장님은 외출중'이었다. 전화를 하면 출장중이라는 말만 되풀이했다. 일 년 열두 달 출장을 가는 고객이었지만 허탕을 칠 것을 알면서도 근처에 갈 일이 있으면 일부러 들르곤 했다. 다른 은행에서도 그 고객과 만나는 일이 쉽지 않은 모양이었다. 오기가 생겨 그 고객을 꼭 기업은행 가족으로 만들고 싶었다.

있는 것을 뻔히 아는데도 "안 계신다."라는 직원들의 말을 뒤로하고 문을 나설 때는 괜한 짓을 하고 있나 싶기도 했다. 그러던 어느 날이었다. 공장지대를 마케팅하던 때라서 옷은 늘 작업복이었고 신발은 갈색 가죽 캐주얼화였다. 장마철이라 비가 오다 말다를 반복해 날은 후덥지근했다. 몇 군데 업체와 상담을 마치고 한숨 돌리는데 비가 내렸다.

하루가 멀다 하고 비가 쏟아져 고객들은 모두 사무실에 죽치고 있을 수밖에 없었다. 외근중이던 고객들도 사무실로 돌아와야 했다. 그때 만나기 힘든 그 고객이 떠올랐다.

내리는 비를 일부러 맞아가면서 그 고객의 사무실을 찾아갔다. 머리엔 녹색 클로버가 새겨진 '새마을 모자'를 쓴 상태였다. 누가 봐도 은행원 행색이 아니었다. 문을 열고 "안녕하세요." 인사를 하는데, 직원들에게 업무 지시를 하던 그 고객이 눈에 들어왔다. 비가 내리는 날이라 있던 약속이 취소된 사장은 직원들과 업무와 관련된 이야기들을 나누고 있었던 것이다.

비를 맞아가면서 회사 문을 열고 들어오는 나를 본 그 고객은 당황하는 기색이 역력했다. 나는 성큼성큼 다가가서 큰소리로 "기업은행 현병택 지점장입니다. 반갑습니다."라고 인사를 한 후 악수를 청했다. 사장은 놀란 눈으로 나를 보다가 자기도 모르게 손을 내밀었다. 3개월에 걸친 긴 프로포즈가 결실을 맺은 날이었다.

상대를 내 편으로 만드는
나만의 노하우

출퇴근 시간에 지하철을 타는 일은 전쟁과도 같다. 콩나물시루 같은 지하철은 비집고 들어갈 틈도 보이지 않는다. 그런 지하철 속으로 날쌔게 비집고 들어가는 사람들이 있다. 그걸 못하고 망설이다 보면 목적지에 늦게 도착한다. 출근 시간, 잠깐의 망설임이 지각으로 연결된다. 지각을 면하려면 아무리 복잡한 지하철이라도 일단 발을 들여놓아야 한다.

어린 시절 버스에는 안내양이 있었다. 승객들에게 요금도 받고 복잡한 버스 안으로 사람들을 구겨 넣는 실력이 뛰어난 사람이다.

더이상 탈 수 없을 것 같은 버스 안으로 사람들을 밀어 넣고 발 하나를 걸친 채 "오라이."를 외치면 기사가 의도적으로 'S'자 턴을 한다. 좁은 버스 안으로 그 많은 사람들이 모두 빨려 들어감을 확인한 후 차 입구에 발만 걸쳐놓았던 안내양은 버스 속으로 들어온다.

비즈니스도 마찬가지다. 첫발을 들여놓는 것이 중요하다. 어떻게든 만나야 한다. 처음 만나는 일, 그래서 고객의 소중한 뜰에 첫발을 들여놓는 일이 거대한 비즈니스의 시작이다.

서울 성수동에서 전자부품을 제조해 납품하는 회사가 있었다. 말수가 적고 성격이 꼼꼼한 사장은 모든 업무를 일일이 챙기면서 회사를 알차게 꾸려가는 사람이었다. 덕분에 그 회사는 규모가 크지는 않아도 내실이 튼실했다. 그 회사와 거래를 하고 싶었다. 그런데 문제는 사장의 그 꼼꼼함이었다.

업무에서의 꼼꼼함은 사람과의 관계에서도 변함이 없었다. 한 번 고객은 평생 고객이었고, 거래처를 정하면 잘 바꾸지 않았다. 몇 번 찾아가 거래를 하고 싶다는 뜻을 비쳤지만 요지부동이었다. 지금 거래하는 은행만으로도 충분하다는 것이었다.

여직원의 귀띔으로 사장이 낚시를 좋아한다는 정보를 입수했다. 그때부터 만나면 은연중에 낚시 이야기를 하기 시작했다. 내 입에서 낚시 이야기가 나오자 사장의 얼굴이 밝아졌다. 자신의 낚시 입문기부터 시작해 월척 이야기들을 자랑하기 시작했다. 나도 아는 지식을 총동원해 맞장구를 쳤다. 그동안 다닌 많은 강과 바다, 그가 잡은 고기들의 이름이 그의 입에서 줄줄 흘러나왔다. 급기야 얼마 전에 잡았다는 37cm짜리 붕어 사진까지 보여주었다.

첫 사업에 실패하고 무작정 찾아들어간 섬에서 비바람과 맞서며 고기를 잡은 그의 이야기는 감동적이었다. "그때 낚은 것은 고기도 세월도 아닌 힘차게 펄떡이는 강인한 심장이었다."라는 말을 할 때는 눈물마저 글썽거렸다.

나는 헤밍웨이가 쿠바에서 낚시를 즐기며 집필한 명작『노인과 바다』를 이야기했다. 그리고 넌지시 0원짜리 통장을 만들어달라고 그에게 청했다. 좋은 인연을 오래 이어가고 싶은 의미에서 그냥 0원짜리 통장을 하나 만들자는 제안이었다. 그러고는 예산군청에서 근무하는 친구에게 부탁해 '예당저수지'의 사진을 공수해왔다.

예당저수지는 필자의 고향에 있기도 하지만 낚시꾼들이 좋아하는 낚시터 중 한 곳이기도 하다. 그 예당저수지의 풍경사진을 큰 액자로 만들어 0원짜리 통장과 함께 사장에게 전달했다.

그날 이후 낚시 예찬론자인 그는 나의 고객이자 친구가 되었다. 몇 년이 흐른 지금도 나는 낚시를 잘 모른다. 하지만 그를 만나면 여전히 우리는 낚시 이야기로 시간 가는 줄 모른다.

도저히 고객을 설득할 수 없다며 하소연하는 직원이 있다. 그 고객을 포기하는 것이 어떠냐며 울상을 짓는 직원도 있다. 그들은 다른 은행도 포기한 고객이라는 말로 스스로를 위로한다. 프로 은행원들은 그렇게 직원이 포기한 고객을 자청해서 만난다. 모두가 안 된다고 말하는 고객을 어떻게 자신의 가족으로 만드는지를 몸으로 보여준다.

'포기'는 배추를 세는 단위일 뿐이라고 설득하고, 어떻게든 발을 들여놓으라고 권한다. 안 된다고 쉽게 말하는 것은 버릇이다. 완벽하다는 것은 보이지 않는 큰 허점이 있다는 말이다. 어느 사람이든 틈새가 있기 마련이다.

조직과 고객을 위해서라면 욕먹기를 두려워마라

성공코드 06

> 비즈니스에 성공하는 사람들은 아닌 일에 아니라고 할 줄 안다.
> 조직과 고객을 위해서라면 욕먹기를 두려워해서는 안 된다.

● "모두가 '예' 하더라도 '아니오'라고 할 줄 아는 사람이어야 한다."라는 광고 카피가 유행했던 적이 있다. 사실 직장인들에게 이는 쉽지 않은 일이다. 사람들은 자신이 아니라고 생각하는 일이어도 모두가 맞는 일이라고 주장하면 대부분 거기에 따라간다.

그런데 비즈니스에 성공하는 사람들은 아닌 일에 아니라고 할 줄 안다. 비록 욕을 먹는 일이 있더라도 당당하게 자기주장을 펼치고, 남이 싫어하는 말도 필요할 땐 할 줄 안다. 잘못한 직원을 단호하게 질책하는 사람, 공과 사를 철저하게 구별하는 사람, 때로는 다소 야박하다 싶은 사람, 그런 사람들이 정상에 서 있는 것을 보는 일은 그리 어려운 일이 아니다.

필요하다면
당돌한 놈이 되어야 한다

1978년 2월 대학 졸업과 동시에 기업은행에 출근했다. 당시 우리나라는 무역이 활발하던 시절이었다. 나는 전공이 무역이었던 터라 가뜩이나 인력이 부족하던 외환 업무를 맡도록 되어 있었다. 그런데 나는 예금계를 자원했다. 당시에는 온라인 시스템이 구축되기 전이라 모든 업무가 수작업으로 이루어졌다. 불특정 다수 고객들의 입출금 업무, 이자 계산 등을 모두 수작업으로 처리해야 하니 예금계는 업무량이 어마어마하게 많았다.

특히 고객의 통장에 이자를 넣어주는 결산기가 되면 수만 개의 고객 계좌의 이자를 계산하느라 전 직원들은 초주검이 되기 일쑤였다. 그래서 예금계는 서로 미루던 자리였다. 하지만 나는 일부러 그 자리를 자청했다. 일을 배우기엔 예금계만 한 곳이 없다고 생각했기 때문이다.

예금계 창구는 섬세한 여직원 중심이었다. 그런데 좋은 자리(?)를 마다하고 힘든 입출금 업무를 자청했으니 직원들에게도 내가 꽤 별나고 신선한 인물이었던 것 같다.

학창시절 일찍 다녔던 버릇은 은행에 출근하면서도 여전했다. 덕분에 다른 직원들의 출근이 빨라졌다. 다른 직원들이 꺼리는 일들을 자청해서 해결했고, 여직원들이 힘들어하는 일은 모조리 가져다 했더니 여직원들이 하나 둘 내 편이 되었다. 창구에서도 까다로운 고객은 내가 먼저 맞이했다. 고객에게 입소문이 나면서 나를 찾는 고객들이 많아졌고, 다른 직원들에게 자극제가 되었다. 예금계 직원들이 일찍 출근하고 심지어 업무마감 후에도 점주 활동을 하는 것을 본 대부계·외환계·당좌계 직원들까지 전염되었다. 결국 달라졌다.

이동재 지점장(후에 기업은행 부행장과 감사 역임)은 내게 체육부장이라는 비공식 직책을 맡겼다. 당시 지점은 1층과 2층으로 나뉘어 있어 따로따로 어울리는 분위기였다. 나는 내가 맡은 체육부장 자리를 활용하기로 했다. 1·2층 직원들을 뒤섞어 팀을 만든 다음 축구와 배구 시합을 개최했다. 격렬한 운동이지만 선수들 사이에 여자 행원들도 여러 명을 끼워넣었다. 직원들은 함께 몸을 부딪치며 운동을 하는 동안 친밀해져서 하나로 뭉치기 시작했다. 1·2층의 구분이 사라진 것이다.

거래처 직원들과의 시합도 주선했다. 거래처 직원들과의 축구시합을 계기로 은행과 고객의 거리도 좁혀졌다. 고객의 호응이 커지면서 우리 지점이 은행 전체에서 1위를 차지했다. 그해 10월 31일 군입대를 하는 나를 위해 직원들은 성대한 환송잔치를 마련해준 것은 물론이다.

실패의 기억을 긍정적인
생각으로 밀어낸다

성공한 사람들의 장점 중 하나가 실패를 빨리 잊는다는 것이다. 실패에 얽매이기보다 실패한 원인을 분석해 두 번 다시 실패하지 않으려고 노력하는 데 익숙하다. 실패의 기억을 긍정적인 생각으로 밀어내는 것이다.

초임 지점장으로 발령받았을 때 내 나이는 43살, 당시로선 젊은 지점장이었다. 나이 어린 지점장답게 눈에 띄는 돌출 행동을 많이 했다. 그때 내가 한 마케팅 활동들 중에는 지금에 와서야 빛을 보는 것들이 많다. 지금 생각해보면 그 당시 나와 함께 일했던 직원들은 상당히 피곤하고 힘들어했을 것이다. 남들이 하지 않을 일들만 골라서 하라고 당부했기 때문이다.

당시 지점이 소재하던 지역은 개발이 되면서 대규모 아파트 단지가 들어서는 곳이었다. 고급 아파트들이 많이 들어서면서 강남에 살던 주민들이 많이 이사를 왔다. 사무직에 종사하는 사람들이 많았고, 교육 수준도 높았다. 풍부한 해외여행 경험으로 넓은 시야를 가진 사람들도 많았다. 그런 사람들을 상대로 마케팅을 하려니 다른 곳보다 몇 배로 힘이 들었다. 더욱이 기업은행은 기업만을 상대하는 곳이라고 인식되던 시절이었다. 그런 인식을 가진 똑똑한 사람들의 생각을 바꿔야 했다. 그래서 생각한 것이 와이셔츠 색깔을 바꾸는 일이었다.

당시 은행 복무규정에 와이셔츠는 흰색만 입도록 정해져 있었다. 그럼에도 불구하고 나는 직원들에게 색깔 있는 와이셔츠를 권했다. 직원들은 절대 이해할 수 없다는 표정이었다. 지금은 오히려 튀는 색깔을 찾지만, 그 당시만 하더라도 파격을 넘어 일종의 문화 충격이었기 때문이다. 지시하고 강조하고 타일러도 직원들은 달라지지 않았다. 결국 나는 특단의 조치를 내렸다. 근처에 있던 백화점에서 와이셔츠 상품권을 사서 직원들에게 나눠준 것이다. 색깔 있는 와이셔츠로 갈아입으라는 특별 지시이자 특별 선물이었다. 그리고 화장실에 향수와 헤어크림을 갖추어 놓았다.

그러자 직원들의 옷차림이 바뀌었다. 와이셔츠 색깔이 바뀌자 제일 먼저 반긴 것은 직원의 부인들이었다. 흰색 와이셔츠에 비해 빨래가 쉬웠다. 색깔 있는 옷을 입으니 넥타이가 변했다. 직원들이 패션에 눈을 뜨기 시작했고 헤어스타일이나 양복 색깔까지 신경을 쓰게 되었다. 부인들은 남편의 충실한 코디네이터가 되었다.

화목해진 가정 분위기는 근무 현장에 고스란히 반영되었다. 부인의 내조가 좋아지면서 업무 능력 또한 향상되었다. 고객들의 반응도 호의적이었다. 흰색이 가진 권위적인 모습이 사라지면서 은행을 편안하게 생각했다. 그런 모든 것들은 실적에 반영되었다. 와이셔츠 하나가 직원들의 어깨에 신바람의 날개를 달아준 셈이다.

성공 뒤에는 적들도 많은 법이다. 앞서 가다 보면 시기와 질투도 끊이지 않는다. 하지만 비즈니스 세계에서는 실리가 최고의 가치다. 성과 앞에선 정적(?)들도 목소리를 내지 못한다. 고객들 속으로 부지런히 뛰어든 덕분에 나는 기업은행에서 몇 안 되는 부행장 자리까지 올랐다. 고객평가에서 늘 1등을 하던 지점장이었기에 가능했던 것 아닐까?

당시 나와 함께 일하던 직원들과는 지금도 연락을 한다. 당시엔 나를 어려워하던 직원들이 이제는 나를 그리워한다. 나와 함께 일하던 시절이 행복했다며 자랑스럽게 말한다. 조직의 발전을 위해서라면, 그리고 고객을 위해서라면 욕먹기를 두려워해서는 안 된다. 예전에는 조직 관리를 잘하는 직원을 최고로 삼았지만 이제는 달라졌다. 요즘 시대에 최고의 직원은 상사를 최우선하는 사람이 아니라 고객을 최우선으로 대하는 사람이다.

모두가 좋아하는 사람이 되기를 바라지 마라

나와 함께 갈 50%의 동료들만 있다면 무언가를 한번 해볼 만하다.
모두가 찬성하는 일, 모두가 좋아하는 사람이 되기를 바라지 마라.

● 옛날 어른들은 "사람 좋다."라는 말을 최고의 칭찬이라 여겼다. "법 없이도 살 수 있는 사람"이라는 소리를 들으면 행복해했다. 그런데 이제는 그런 평가와 가치관에 변화가 오고 있는 것 같다. 사람이 좋다거나 법 없이도 살 수 있다는 것은 경쟁사회에서는 소신이 없다는 뜻으로 비춰질 수도 있기 때문이다. 아닌 게 아니라 사람이 좋다는 소리는 착하다는 말이기도 하지만 세상 물정을 모른다는 말이기도 하다.

10명이면 10명 모두 칭찬하는 사람은 그 환경 자체에 만족한다.

10점 만점에 10점이면 변화할 필요가 없다. 그 환경에 안주하면서 그것을 지키려는 노력만 하면 된다.

나는 50%의 동료만이 좋아하는 사람을 선호한다. 남들로부터 절반의 칭찬을 받는 사람을 눈여겨본다. 그들은 남은 50%를 메우기 위해 노력하는 사람이기 때문이다. 변화하고 혁신하려는 노력을 하는 사람은 50%만 좋은 소리를 듣는 사람이다. 이런 사람은 다른 사람들로부터 100%의 칭찬을 듣기 위해 꾸준히 노력한다. 나는 나와 일하는 직원들이 더도 말고 덜도 말고 딱 절반의 동료들에게만 좋은 사람이라는 평가를 받길 바란다.

함께 갈 50%의 동료들만 있으면 충분하다

내가 지점장으로 근무하던 시절, 대부분의 직원들은 나를 부담스러워했다. 때에 따라서 싫은 소리나 아픈 소리를 다소 심하게 했기 때문이다. 그러다 보니 인기 없는 지점장이 되고 말았다. 하지만 직원들에게 사적인 감정을 가지고 대한 경우는 단 한 번도 없다.

요즘 와서 예전에 같이 일했던 직원들을 만나면 그런 내 진정성을 이제야 알게 되었다는 고백을 듣곤 한다. 진작 알았더라면 더 잘 배웠을 거라는 말로 내게 완곡하게 사과한다. 나는 인기 있는 지점장이 되진 못했지만 무능력한 지점장은 아니었다.

지점을 운영하는 중심에는 언제나 고객이 있었다. 업무를 진행하면서 남에게 손해보게 하는 일은 절대 하지 않았다. 투덜거리는 직원들이 많았지만 그래도 밀어붙였다. 나중에 직원들에게 도움이 되는 일이라면 당장은 불만이 있어도 무시하거나 때론 묵살했다.

뭐든 분명한 목표가 있으면 된다. 일의 중심에 고객이 있고, 그 일을 함께할 직원들만 있으면 다른 것은 아무것도 문제되지 않는다. 나와 함께 갈 50%의 동료들만 있다면 한번 해볼 만하다. 모두가 찬성하는 일, 모두가 좋아하는 사람, 그런 일과 사람이 반드시 성공하는 것은 아니다.

비즈니스 세계에선
놀부가 필요하다

하루는 거래처의 사장이 이메일을 보내왔다. 직원들을 평가해 승진을 결정해야 하는데, 거래처 고객들의 평가를 반영하겠다는 내용이었다. 이메일에는 여러 가지 평가항목이 들어 있었는데, 크게 나누면 사람 됨됨이를 묻는 항목과 능력을 평가하는 항목이었다.

사장의 의도는 기왕이면 많은 거래처의 여론을 하나로 모아 직원을 평가해보겠다는 것이었으며, 이를 통해 직원이 거래처로부터 어떤 평가를 받고 있는지도 파악해보겠다는 뜻이 포함되어 있었다. 그런데 직원을 평가하는 방식은 독특했다. 업무 능력을 평가하는 항목에서 높은 점수를 받으면 좋은 직원으로 인정했지만, 사람 됨됨이를 평가하는 항목에서는 그와 반대로 평가하고 있었다.

나중에 업체의 사장과 식사를 하는 자리에서 그 이유를 물어보았다. 듣고 보니 사장의 지론이 내 가슴에 와 닿았다. 거래처로부터 좋은 소리를 듣는다는 것은 자기 회사에 좋은 일은 아니라는 것이었다. 상대 회사에 해야 할 말을 못하거나 문제가 생겨도 싫은 소리를 못하는 경우가 많기 때문에, 회사 입장에선 오히려 손해를 볼 수도 있다는 것이다. 상대 회사로부터 독하다는 소리를 듣거나 인간성이 별로라는 소리를 듣는 사람이 회사 입장에선 더 좋은 사람일 수 있다는 것이다.

덧붙여 흥부와 놀부의 사례를 이야기했다. 고전에서 흥부는 칭찬받아 마땅하지만 '경쟁이 전제가 되는 비즈니스 세계에서 흥부가 꼭 적합한 인간형인가' 하는 물음이있다. 농경사회에서는 착한 사람이 좋은 사람이었다. 변화가 필요 없었고 순리대로만 살면 되던 시절이었다. 하지만 지금은 혁신이 필요한 시대다. 남이 하기 싫은 일도 해야 하고, 남에게 싫은 소리도 해야 하는 시대다.

때론 남에게 미움을 받더라도 자기 몫은 다하는 사람, 그런 사람이 성공하는 시대다. 아프리카에 가서 난로를 파는 사람, 알래스카에서 냉장고를 파는 사람을 최고의 세일즈맨으로 치는 것도 그런 까닭이다. 불가능을 가능하게 만들었던 사람들이 결국 세상을 바꾸었다.

찬성율이 100%가 되는 것은 공산국가에서나 가능하다. 민주주의는 다수결의 원칙이 지배하는 곳이다. 많은 사람들이 원하는 일, 많은 사람들이 찬성하는 일이 선택되는 것이 민주주의다. 하지만 다수결의 원칙에도 허점은 있다. 자기중심이 없는 사람, 눈치나 보면서 우왕좌왕하는 사람이 많으면 잘못된 결정을 할 수 있는 것이 다수결의 원칙이다.

강력한 여론의 지지를 받으면서도 잘못된 결정이 내려질 수 있다. 그래서 소수의 의견도 무시하면 안 되는 것이 민주주의 사회다. 모두가 좋아하는 사람, 많은 사람들로부터 환영받는 사람은 물론, 좋아하는 사람이 많지 않은 사람에게도 관심을 가져야 한다.

이순신 장군과 함께 거북선을 만든 나대용이라는 사람이 있는데,

그를 알아본 사람은 이순신 장군뿐이었다. 대한민국을 넘어 아시아의 자랑인 박지성은 축구선수가 될 수 없다는 소리를 들었던 만년 후보 선수였다. 거스 히딩크는 그를 놓치지 않았다.

비빌 언덕이 있다면 더 열심히 비비자

손을 잡을 곳이 있다면 적극적으로 솔직하게 다가가야 한다.
말 한마디면 되는 일을 망설이고 포기하면 나만 손해다.

● 남에게 부탁하는 일은 항상 어렵다. 하지만 그런 것들을 극복해야 한다. 말 한마디면 많은 것들이 달라지기 때문이다. 어려운 일은 부탁하긴 힘들고, 거절의 뜻을 받는 것은 더더욱 당혹스럽다. 그러나 힘들고 어렵다고 망설여선 안 된다. 고기는 씹어야 맛이고 말은 해야 보배다.

내 말을 들어줄 사람이 있다면 망설이지 말고 쏟아내보기라도 해야 한다. 처음 입에서 뱉어내기가 힘들지, 한 번 입에서 나오면 그만큼 쉬운 것이 없는 게 '말(言)'이다. 좋아하는 여인이 앞에 있다면 사랑한다고 고백이라도 해봐야 거절을 당하든 승낙을 얻든 할 것 아닌가?

"같은 기업이니 도와달라."는 한마디면 된다

현재 기업은행은 24만 개의 중소기업과 대출거래중에 있고, 예금거래만 하는 중소기업을 포함하면 107만 개의 기업을 고객으로 확보하고 있다. 2007년 12월 부임한 윤용로(외환은행장 역임) 은행장은 중소기업과 적극적으로 소통하기 위해 타운미팅 등을 여러 곳에서 수시로 진행했다. 현장의 목소리를 확인한 그는 이듬해 2008년 1월 중순, 임원회의에서 중소기업의 인력난 해소가 가장 시급한 문제인데 이 일은 중소기업 전담은행인 기업은행이 앞장서서 해결해야 할 사회적 책무라고 설명했다. 평소 경영진들도 같은 생각을 가지고 있었기에 기업과 구직자를 연결하는 프로젝트는 쉽사리 그해 역점사업으로 결정되었다. 나는 기업고객 본부장으로 이일을 맡게 되면서 말이 중소기업일 뿐 대기업 못지않은 근무환경과 복지수준을 가지고 있음에도 구직자들이 이를 정확히 알지 못하고 있다는 점을 해결하는 것부터 시작해야 한다고 생각했다.

2008년 4월 은행권 최초, 그리고 은행 단독으로 'IBK우수기업 채용박람회'를 서울과 부산에서 개최했다. 예상을 크게 넘어 400개 기업과 2만 명의 구직자가 참여하는 것을 본 뒤, 8월 청년일자리창출 TF팀을 결성하고 10월에 중소기업중앙회(회장: 김기문)와 공동으로 '대한민국 일자리 박람회'를 서울광장과 청계천 일대에서 개최했다. 이명박 대통령과 국회의원, 그리고 각 부처 장관들의 격려방문이 이어졌다.

한편 TF팀은 외부 전문가를 포함한 4명이 복도 휴게실을 개조한 열악한 곳에서 작업을 수행했다. 일자리 창출 업무에 대해 별다른 지식이 없던 그들은 취업 유관기관을 방문해 업무 노하우를 벤치마킹하고 1만 3천여 개 중소기업에 구인 수요조사를 실시했다. 그 후 내게 "중소기업은 일할 사람이 부족한데도 청년 구직자들은 중소기업에 대한 믿을 만한 정보가 없어 중소기업을 막연히 기피한다. 그래서 취업 미스매칭이 발생되는 것이기 때문에 중소기업 전문 취업 포털 사이트를 개설해야겠다."라고 보고한다. 5억 원의 전산비용을 투입하며 밤낮없이 연구한 결과 '기업은행 잡월드'가 10월 탄생했다. 내가 IBK캐피탈 대표로 자리를 옮긴 지 3개월이 지난 2009년 2월, '청년취업 1만 명 프로젝트'가 출범하게 되는데, 불과 8개월 만에 취업자 수 1만 명을 달성하고 지금은 10만 명 프로젝트를 진행한다고 하니 감사할 따름이다.

IBK기업은행 계열사인 IBK캐피탈 대표로 취임하고 보니 같은 이름과 경영철학을 가지고도 IBK캐피탈은 기업은행과 별개의 회사처럼 행동하고 있었다. 내가 보기에 그건 바보 같은 짓이었다. 나는 직원들에게 어떻게 해서든 시너지가 생길 수 있도록 기업은행과 연합하라고 말했다. "수양산 그늘이 강동 80리를 간다." 하지 않았는가? 큰 곳에 기대면 얻을 게 있다고, 기업은행과 협력해야 한다고 주문했다. 직원들이 연수를 받으려면 돈이 많이 든다. 나는 기업은행에 연수 프로그램이 있을 때 우리 직원들도 그곳으로 보냈다. 경비 절감은 물론 모행의 경영방침을 알 수 있기 때문이다.

IBK기업은행은 제1금융권, IBK캐피탈은 제2금융권에 속한 금융회사다. 우리는 또다시 기업은행의 도움을 받기로 했다. 기업은행 거래 업체 중 사업성과 성장성은 좋으나 담보 부족이나 충당금 적립 등 이런저런 사유로 고객의 대출 요청을 수용할 수 없어 고객들이 부득이 다른 은행으로 떠나야 하는 경우, 기업은행 직원들이 우리들에게 '중소기업 융자추천서'를 보내주면 신속하게 심사해 지원하기로 한 것이다. 우리 IBK캐피탈이 기업은행 거래 고객의 '하숙집' 역할을 하고 이들 기업이 어려움을 슬기롭게 극복한 후 다시 기업은행으로 돌아가도록 하는 일종의 'Incubating Partnership with IBK'를 시행했다. 이를 위해 광주·대구·안산·인천·창원·천안 등 6개 중소기업 밀집지역에 지점을 설치했다. 결과는 대성공이었다. 한 번 떠난 고객을 다시 불러모으는 것이 얼마나 어려운가를 알고 있는 기업은행 직원들이기에 가능했다.

서로 윈-윈 하려면 소통해야 한다

요즘은 금융 회사들이 자회사들을 많이 만든다. 최근 금융의 추세가 칸막이를 제거하는 유니버설 뱅킹이 주류를 이루고 있기 때문이다. 사업의 다각화라는 측면도 있고 고객의 니즈를 만족시키려는 의도도 있다. 은행들도 금융 지주회사를 만들면서 다양한 자회사들이 생겨나는 추세다. 하지만 대부분의 자회사들이 처음의 의도와 달리 제대로 된 성과들을 내지 못하고 있다. 경제 상황이 좋지 않은 최근의 현실도 큰 이유겠지만, 계열사들끼리 소통하지 못하는 것도 중요한 이유 중 하나다. 계열사들끼리 교류하지 않거나 아름다운 동행을 꺼리는 것은 서로에게 득이 되지 못하는 일이다.

IBK캐피탈 직원들이 그랬다. 와서 보니 IBK기업은행을 어려워하고 있었다. 교류하기를 꺼렸고 정보를 나누지도 않았다. 서로 교류하면 윈-윈 할 수 있는데 왜 못 그러는지 궁금했다. 그러다가 한 가지 원인을 발견했다. 직원들에게 기업은행은 을의 입장에서 항상 부탁해야 하는 어려운 곳, 갑이라는 인식이 자리 잡고 있었다.

자회사를 만들고 계열사를 늘리는 것은 시너지 효과를 내기 위한 것이다. 그런데 서로 교류하지 못하고 서로 윈-윈 하지 못하면 자회사를 만든 의미가 없어진다. 그런 상황들을 지켜보다가 서로에게 도움이 되는 일을 해야겠다는 생각을 하게 되었다.

고민에 고민을 거듭하다가 시도한 것이 'IBK캐피탈 제휴카드'다. 우리 회사와 거래중인 고객들을 기업은행 가족으로 만들어야겠다는 생각에서 시작한 사업이다. 직원들에게 사업의 취지를 설명하고 '2천 좌 만들기 운동'을 전개하도록 다독였다. 사업을 좀더 세밀하게 이끌어가기 위해 본사의 카드 담당 직원을 불러 우리 회사 직원들을 교육하는 자리도 만들었다.

카드 담당자의 교육은 기대 이상의 효과를 불러일으켰다. 우리 직원들의 경우 은행의 업무를 자세히 아는 계기가 되었고, 기업은행에서는 우리 회사가 어떤 일을 하는지 알게 되었다. 성과 면에서도 기대 이상이었다. 2천 좌 만들기 운동은 5천 좌에 육박하는 성과를 올리면서 우리 회사와 기업은행 금융그룹을 더욱 가깝게 만들었다.

우리 회사의 책임자 워크숍 역시 기업은행 연수원에서 진행했다. 그동안의 연수는 대부분 다른 곳에서 비싼 값에 진행했다. 모행母行인 기업은행 근처에 가는 것을 부담스러워했고, 가까운 곳에 기업은행 연수원이 있었음에도 활용할 줄 몰랐다.

이러한 일을 거치면서 자연스레 직원들은 많은 것을 깨닫게 되었다. IBK금융그룹 조직의 일원임을 느꼈고, 조직을 살리는 데 힘쓰는 방법을 알게 되었다. 서로 어울리면서 시너지 효과를 낼 수 있는 방법을 연구하기 시작했다. 서로 시너지 효과를 내기 위해서는 소통해야 한다. 자주 만나야 한다.

적들과도 같은 배를 타야만 하는 어려운 시기다. 이합집산을 거듭하면서도 때로는 경쟁자와 동거하기도 해야 하는 경쟁의 시대다. 기왕이면 계열사끼리, 자회사끼리 힘을 보탠다면 더 많은 성과를 낼 수 있다.

"맨땅에 헤딩한다."라는 우스갯소리가 있다. 아무것도 없는 곳에서 성과를 내려고 발버둥치는 것보다 기왕이면 만들어진 토대 위에서 좀더 빨리, 좀더 큰 성과를 낸다면 서로의 힘을 더는 일이 될 것이다. 비빌 언덕이 있다면 더 열심히 비비고, 손을 잡을 곳이 있다면 좀더 적극적이고 솔직하게 다가가야 한다. 말 한마디면 되는 일을 망설이고 포기하면 나만 손해다

2장
겸손과 감사의 마음이 있어야 길이 보인다

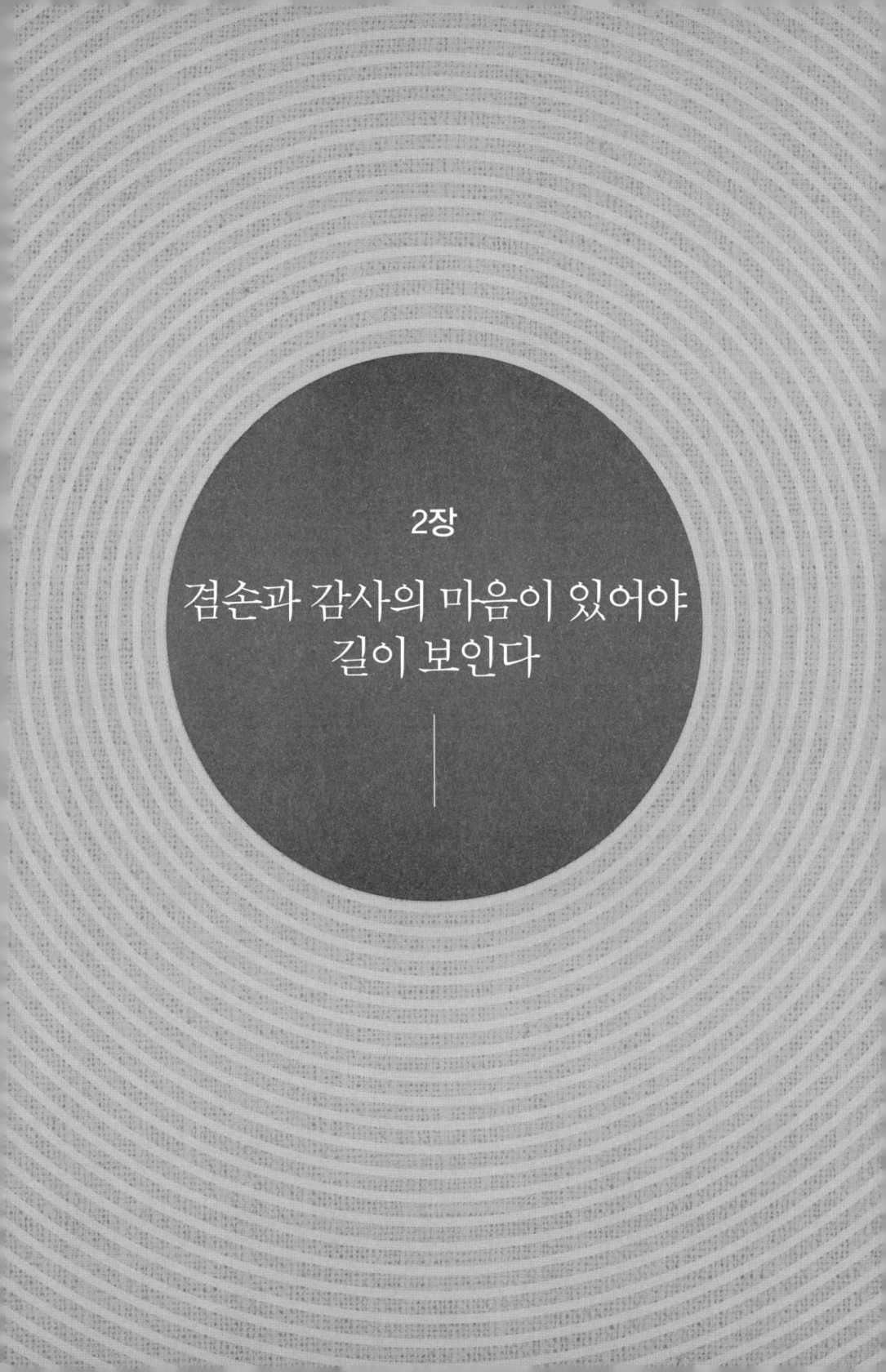

내가 그 사람보다 못한 모습을 보일 필요가 있다

나는 사람을 만날 때 말끔한 정장 차림으로만 만나지는 않는다.
만나야 할 사람에 따라 내가 어떤 복장을 해야 할지 결정한다.

● 요즘도 은행에 다닌다고 하면 어디 가서 무시당하지는 않는다. 예전만큼은 아니지만 아직도 은행원이라는 직업을 선망하는 사람들이 적지 않다. 내가 처음 은행에 들어왔을 때는 많은 사람들이 부러워했다. 지금이나 예전이나 은행원은 신랑감 후보에 항상 상위권이다. 대기업에 다니는 것 못지않은 자부심을 가질 수 있었기에, 나는 입사 초기 양복 상의에 '은행 배지'를 늘 당당하게 달고 다녔다.

그런데 어느 날 나는 충격적인 경험을 하게 되었다. 춥고 늦은 밤

술을 한잔 걸치고 택시를 탔다. 막차가 끊어진 시간이라 택시를 잡는 일이 만만치 않았다. 몇 대를 놓치고서야 어렵게 택시를 탈 수 있었다. 기사와 이런저런 이야기를 나누게 되었다.

그런데 그 택시기사가 가장 태우고 싶지 않은 승객의 하나로 은행원을 지목하는 것이 아닌가? 그 순간 내 옷에 달려 있는 자랑스러운(?) 배지에 슬그머니 손이 갔다. 행여 날 그 미운 은행원으로 생각할까 봐서였다. 물론 택시기사는 내가 은행원인 줄 모르고 한 소리였을 것이다.

택시기사 말이 은행원들은 거스름돈을 쫀쫀하게 잘 따지고, 골목 깊은 곳까지 막무가내로 들어가자고 하는 일이 많아서 선호하지 않는 승객이라는 것이다. 그때 나는 뜨끔했다. 내가 택시를 타면서 혹 그런 일을 하지 않았는지 돌아보게 되었다. 매일 돈을 만지고 결산을 하면서 금액을 맞춰야 하기에 10원 하나 소홀히 하지 못하는 직업적 특성이 다른 사람에겐 쩨쩨하고 좀스럽게 비춰질 수도 있겠다는 생각이 들어서였다.

사람들이 선망하는 직업이라고 모든 사람들이 다 선망하는 것은 아니라는 생각에 이르자, 은행에 다닌다고 우쭐대던 자신을 돌아보게 되었다.

때로는
꾀죄죄하게 입어라

비즈니스를 하다 보면 옷차림에 대한 이야기를 자주 듣는다. 실제로 비즈니스 파트너로 만나는 사람의 옷차림이 중요한 역할을 하는 경우를 자주 보게 된다. 요즘은 개량 한복을 입는 등 파격적인 옷차림으로 비즈니스 현장에 나타나는 사람들도 있다. 일부 회사들 중에는 내근 직원에 한해 자유로운 복장을 허용하는 회사도 있고, 주말에는 평상복으로 출근하도록 권장하는 회사도 늘고 있다.

하지만 아직도 비즈니스 현장에서 정장은 일의 성패를 결정하는 기본적인 옷차림으로 받아들여진다. 깔끔한 와이셔츠에 넥타이와 양복, 반짝거리게 닦은 구두는 사람을 처음 만날 때 갖추어야 하는 비즈니스 복장의 대명사가 되곤 한다. 그래서 업체를 방문하기 전에 꼼꼼히 자신의 복장을 점검하고 구두를 깨끗이 닦는 등의 성의를 보이는 것이다.

그런데 가만히 생각해보자. 깔끔한 정장과 복장이 정답일까? 모두가 은행원을 좋아하지는 않는 것처럼 모두가 말끔한 옷차림을 선호하지 않는 것은 아닐까? 때론 헐렁헐렁한 옷차림에서 매력을 느끼고, 김치국물이 묻어 있는 와이셔츠와 넥타이에서 인간적인 매력을 느끼기도 하는 고객이나 상황이 있지는 않을까? 그런 의문을 한 번쯤은 가져볼 필요가 있다.

나는 사람을 만날 때 무조건 말끔한 정장 차림으로 만나지는 않는다. 내가 만나야 할 사람에 따라서, 내가 방문해야 할 업체의 성격에 맞춰서 어떤 복장을 해야 할지 결정한다.

은행 직원들은 공장지대를 방문할 일이 많다. 더욱이 내가 두 번째로 지점장 생활을 한 곳은 소규모 공장이 밀집한 공장지대였기에 만나는 고객들 대부분이 기름때를 묻혀가면서 일하는 기업의 사장과 직원들이었다. 사장들은 고급차를 타고 다니지도 않았고, 사무실에서 빈둥거리지도 않았다. 오히려 기름에 찌든 옷을 자랑스럽게 여기며 생산 현장에서 일을 했다.

가끔 공장을 방문해 사장을 찾을 때면 직원인지 사장인지 모를 사람이 나를 맞이하기도 했다. 기름때가 묻은 장갑을 벗고 손을 내미는 사장과 악수를 하면 내 손에도 기름때가 묻었다. 이들이 우리 경제의 한 축을 지탱하는 중소기업체의 사장들이다.

기름때가 번들거리는 장갑을 벗고 손을 내미는 사장들, 뽀얀 먼지가 자욱하고 시끄러운 소음이 귓전을 때리는 사무실, 기업은행 지점장들은 너 나 할 것 없이 그런 사람들을 만나야 했고, 그런 곳들을 찾아다녀야 했다. 악수를 하면 손에 기름때가 묻는 그곳이 내가 마주해야 하는 비즈니스 현장이었다.

그런데 공장에서 만나는 사장들은 나를 부담스러워했다. 처음에는 내가 그들보다 나은 자리에 있어서 그런 것이려니 했다. 그런데 한두 달 지나고 보니 그게 아니었다. 그들이 부담스러워한 것은 내가 아니라 내 옷차림이었다. 와이셔츠에 깨끗한 정장을 차려입은 내가 그곳에 나타난 것이 부담스러웠던 것이다. 옷에 기름이라도 튀면 어쩌나 싶어 조심했던 것이다.

배운 대로 최대한의 격식을 차리느라 깨끗한 와이셔츠에 넥타이를 매고 나타난 내가 그들에게는 부담스러운 존재였다. 깨끗한 방에서는 휴지 한 장도 쉽게 눈에 띄지만, 어지러운 방 안에는 몇 장의 휴지가 떨어져 있어도 그다지 눈에 띄지 않는 법이다. 그들에게 나는 역설적이게도 깨끗한 방 안에 떨어진 한 장의 휴지와도 같은 존재였다.

나는 돌아와 결심했다. 정석과도 같은 옷차림이 모두에게 올바른 예절이 되는 것은 아니라는 것을 깨달은 것이다. 상황과 처지에 맞게 입는 것이 오히려 더 상대방을 편안하게 만든다는 사실을 깨달았다.

그때부터 공장지대에 갈 일이 있으면 일부러 편한 복장으로 갈아입었다. 어두운 색의 와이셔츠를 입거나 양복 상의 대신 작업복을 입었다. 일부러 넥타이를 하지 않고 찾아가기도 했고, 어떤 날은 아예 청바지를 입고 찾아갔다. 그리고 구두를 작업화로 바꾸었다. 그

제서야 그들은 나를 반겼다. 그들과 비슷한 복장으로 나타난 내게 호감을 나타냈다. 적당히 때와 기름이 묻은 복장을 하고 나타나면 오히려 더 편안해했다. 27년 전 성남 모란시장에서 구입한 칙칙한 작업복과 모자는 나의 직장생활 보물3호다.

상대방에게
나를 맞춰라

이런 적도 있었다. 식사 약속이 있어 거래처 사장을 만나는 자리였다. 당시 중견 기업을 운영하던 사장은 식사자리에 영업부 직원들이 업무용으로 쓰던 프라이드 자동차를 타고 나타났다. 뒷자리는 물건을 실을 수 있게 밴으로 개조되어 있는 불편한 차량이었다. 그런데 그 사장이 늘 타고 다니던 고급 승용차를 두고 다닌 데는 이유가 있었다.

당시 이 회사의 주거래처는 규모가 있는 대기업 계열 의류 회사였다. 거래 규모도 크고, 이름만 대면 알 만한 업체였기에 그 회사만큼은 사장이 직접 관리를 하고 있었다. 일주일에도 서너 번씩 담당자들을 만나고 식사를 하다 보니 그 업체를 방문할 일이 많았다. 그런데 사장의 고급 승용차가 문제였다.

업체를 방문하면서 타고 들어갔던 사장의 승용차가 거래 기업인 의류 업체 사장의 승용차와 같은 급이었던 것이다. 의류 업체 사장은 하루가 멀다 하고 들어오는 고급 차량의 소유주를 물었다. 자기와 같은 승용차를 타고 정문을 당당하게 들어오는 사람이 누군지 궁금했던 것이다. 나중에 그 차량이 하청 업체 사장의 차라는 말을 듣자 의류 업체 사장은 불쾌해했다. 그걸 문제 삼아 거래 관계를 재고하려는 눈치였다.

그 사실을 전해들은 사장은 결국 의류 업체를 방문할 일이 있으면 영업부 직원들이 타고 다니던 업무용 프라이드를 이용했다. 혹 다른 곳에 일이 있어 고급 승용차를 타고 가는 날은 차에서 내려 걸어 들어갔다. 상대방에게 나를 맞춘 것이다. 누군가 그랬던가? "업무상의 거짓 행동은 하나님까지 용서하신다."라고.

손에 기름때가 묻는 것도 마다하지 않고 턱석 손을 잡는 나를 보고 그들은 자연스럽게 친구로 받아들였다. 단지 옷차림 하나 바꿨을 뿐인데 그들은 쉽게 마음의 문을 열었다. 이처럼 그 사람과 내가 다른 사람이 아니라는 것을 깨닫게 하는 것, 동료의식을 느끼게 하는 것이 가장 중요한 비즈니스 비결이다. 자세를 낮추면 높일 때보다 훨씬 더 많은 것을 얻을 수 있다. 왜냐하면 사람의 마음은 위에서 아래로 흐르기 때문이다.

장관에 임명되자마자 세월호 참사가 일어났고 팽목항에서 유가족들의 격렬한 항의를 받던 이주영 해양수산부장관이 지금 여러 사람들로부터 칭찬을 듣고 있는 것은 수염도 깎지 않은 채 현장에 상주하며 유가족들과 아픔을 같이 나누었기 때문이다.

운동경기를 관람하는 사람들에겐 묘한 심리가 작용한다. 특별히 선호하는 팀이 없을 경우 대부분 약자를 응원하게 된다. 이기는 편이 내 편인 듯하지만, 마음 한 켠에선 자신도 모르게 지는 편이 내 편이라는 묘한 동정심이 작용하게 된다. 도움은 상대보다 못할 때 받을 확률이 높아진다. 비즈니스 현장에서 고객과 만난다면 내가 그 사람보다 못한 모습을 보일 필요가 있다.

스스로 낮추면 오히려 높아지는 것이 세상 이치다

만나려는 사람과 관련된 모든 사람을 소중하게 생각해야 한다.
정문의 경비원에게도, 음료를 건네는 여직원에게도 친절해야 한다.

● 일본의 화장품 회사 시세이도는 약국에서 출발해 화장품 사업으로 영역을 넓히며 성장해온 기업이다. 1991년 패션의 일번지 프랑스 파리에 진출할 때 창업자의 증손자 후쿠하라 요시하루는 직원들에게 이렇게 선언한다. "우리는 이제 익숙한 대지를 벗어나 미지의 대륙으로 갑니다. 지도는 없습니다. 오직 별을 보고 갈 뿐입니다. 그 별은 바로 우리의 고객입니다."

비즈니스의 최우선은 사람이다. 일을 만드는 것도 사람이고, 결정하는 것도 사람이다. 일의 중심에는 사람이 있어야 하고 일의 끝은 사람을 향해야 한다.

고객만족^{CS}을 강조하는 것 역시 일의 중심에 사람이 있다는 자각이 만들어낸 결과물이다. 이제는 고객만족에 머무르지 않고 고객감동, 그것도 무한감동으로 가는 추세다. 만족시키는 데 그치는 것이 아니라 감동하고 감격하게 만드는 것이다.

그런데 비즈니스 현장에서는 아직도 세상 돌아가는 것을 모른 채 순리를 거스르는 사람들이 있다. 일의 중심에 사람이 있다는 사실을 망각한 사람들, 정작 중요한 것이 무엇인지 모르는 사람들을 종종 만나게 된다.

그들이 존중하는 것은 돈이고 명예다. 자기보다 높은 지위에 있는 사람이다. 돈의 그림자를 쫓아다니며 빨리 성공하기 위해 몸부림친다. 높은 지위에 있는 사람에게 잘 보이려고 눈물겨운 노력을 하던 사람이 아랫사람에겐 막 대하는 것을 보면 씁쓸하다.

식당에서 종업원들을 하대하거나 나이가 조금만 어려도 함부로 말하는 사람들을 보고 있으면, 그 사람이 아무리 번듯한 옷을 입고 있어도 부럽지 않다. 벼는 익을수록 고개를 숙이고 색은 고울수록 은은하다. 자기를 낮추고 상대방을 존중하는 사람이 남에게 존중을 받는다. 높아지려 하면 오히려 낮아지고, 스스로 낮추면 오히려 높아지는 것이 삶의 이치다.

고객과 관련된
모든 사람을 소중히 여겨라

　　　　　업체를 방문할 일이 있을 때, 만나려는 그 사람만이 목표물이어서는 안 된다. 그 사람과 관련된 모든 사람들을 소중하게 생각해야 한다. 정문에서 만나는 경비원에게도 친절해야 하며, 음료를 건네는 여직원에게도 친절해야 한다. 정문이나 지키는 경비원이라고 무시해서는 절대 안 된다. 그 사람에게도 명함을 주고 공손하게 인사하면 그는 반드시 내 편이 되어준다.

　그들마저 내 사람으로 만들면 내게 도움은 못 주더라도 절대 피해를 주진 않는다. 오히려 그 사람이 내게 의외의 정보를 줄 수도 있다. 내가 만나러 간 사람에 대한 정보를 나보다 조금이라도 더 알고 있는 사람이기 때문이다.

　사무실에서 만나는 제일 어린 직원, 전화를 받고 잡무를 보는 아르바이트 여직원이라 하더라도 친절하게 대해야 한다. 오히려 그런 직원들을 우대할 필요가 있다. 규모가 작은 회사일수록 여직원의 힘은 막강하다. 중소기업에서 경리 업무를 보는 여직원은 사장의 복심일 가능성이 아주 높다.

　실제로 지점장 시절 방문했던 회사에서 경리 업무를 보던 여직원 중 상당수가 사장의 딸이거나 친인척이었다. 소규모 기업이 밀집한

공단지역은 특히 그렇다. 그렇지 않더라도 회사에 오랫동안 근무해 회사 사정에 밝은 경우가 많았다. 보유자산을 정확히 파악하고 있었고 자금 흐름의 중심에 있는 경우가 많았다. 사장의 비서 역할까지 1인 2역을 하는 경우도 많다 보니 사장의 개인적인 취향도 잘 알고, 사장의 가정사와 경조사에 대한 정보도 많이 가지고 있었다. 그런 직원을 내 사람으로 만든다면 그 회사와의 거래는 성사될 가능성이 커진다. 사장의 취향에 맞는 선물을 하기도 쉽고 취미에 맞는 대화를 이끌어낼 수도 있다.

회사의 경비원, 사무실의 신입사원, 경리 업무를 보는 여직원, 그런 사람들과도 명함을 교환하고 인사를 나누는 것은 물론 돌아와서는 그들에게도 감사의 편지나 이메일을 보내야 한다. 만난 것만으로도 감사하다는 짧은 편지를 보내는 것 하나로도 그들의 마음을 움직일 수 있다. 그것이 비록 인쇄된 엽서라도 말이다. 나중에 다시 그곳을 찾아갔을 때 그들은 내게 가장 먼저 인사를 건네주는 사람이 될 것이다. 도움을 요청하는 그 순간 가장 먼저 도움을 주는 사람도 그들일 것이다. 특히 경비원은 회사에 출입하는 경쟁업체들을 꿰뚫고 있다.

만나기 힘든 고객일수록 그런 직원들의 도움은 절대적이다. 경리 직원이 알려준 정보를 활용해 새로운 계약을 체결할 수도 있고, 여직원이 알려준 사장의 동선에 따라 내 일정을 잡을 수도 있다. '우연'을 가장한 만남이랄까. 하지만 만나야 할 이유는 내게 절박하고 '필연'적인 것이었다. 같은 취미를 연결고리 삼아 만남의 횟수를 늘려갈 수도 있다.

골프를 치러간 고객을 찾아 필드에 일부러 나갈 수도 있다. 타이거 우즈의 우승 소식이나 골프의 자세 등을 다룬 신문기사를 스크랩해서 보낼 수도 있다. 낚시를 좋아하는 고객에게 낚시 정보나 물때 정보를 보내면서 생색을 낼 수도 있다. 함께 낚시를 가자고 권할 수도 있다. 그런 취미생활을 통해 어려운 고객과도 쉽게 만남을 지속할 수 있다. 내 경험으론 중요한 고비에 그런 정보를 준 사람들이 바로 인사를 나눈 경비원이고 경리 직원이었다.

영업을 잘하는 직원들을 자세히 살펴보면 거래처 직원들 모두와 친하다. 거래처 여직원들과도 허물없이 대화를 하고, 고객의 동료 직원들과도 스스럼없이 인사를 나눈다. 거래 당사자 이상으로 다른 직원들을 챙긴다. 직접적인 거래가 없는 직원이라고 결코 무시하지 않고, 모른 척 외면하지도 않는다. 직접적인 거래 고객도 아닌데 쓸데없는 일을 하고 있는 것 같이 느껴져도, 결국에는 다 도움이 되어준다.

도움을 받았다면
반드시 감사의 인사를 하라

고객과의 거래가 성사되는 과정에서 다른 직원의 도움을 받았다면 반드시 고마움을 표시해야 한다. 그들에게 도움을 받았다면 반드시 그에 상응하는 감사의 인사를 해야 한다. 가벼운 선물로 감사의 뜻을 전하면 더욱 좋다.

사장을 만났을 때 그 직원에 대한 칭찬을 아끼지 않는 것도 필요하다. 직원들이 보는 앞에서 칭찬하는 것이 더 효과적이다. "친절한 직원이 곁에 있어서 좋으시겠습니다." "직원들의 애사심이 투철한 것이 부럽습니다." "유능한 직원과 함께 일하시니 얼마나 좋습니까?" 등의 말로 직원을 칭찬하면서 부러운 기색을 역력하게 드러내면 사장도 좋아하고 칭찬받은 직원의 기분도 좋아진다. 칭찬받은 사람의 마음은 쉽게 열린다.

자주 방문하던 가구 회사가 있었다. 규모가 크지는 않아도 내실이 튼실했던 그 회사는 경쟁 은행을 주거래 은행으로 두고 있었다. 기업은행을 주거래 은행으로 만들고 싶었던 나는 열심히 그 회사를 드나들었다.

그런데 그 회사에 참 부지런한 배달사원이 있었다. 무더운 날에도 땀을 뻘뻘 흘리면서 무거운 가구를 나르는 직원이 대견해 자주 음료수를 사주곤 했다. 그 회사에 갈 일이 있을 때면 그 직원이 신경 쓰여 일부러 차가운 음료수를 골라 사갔다. 작은 아이스박스 안에 차가운 물수건을 담아가 전해주기도 했다. 자기 부하 직원에 대한 마음 씀씀이를 눈여겨보던 사장이 조금씩 내게 마음을 열었다. 나는 갈 때마다 그 직원을 칭찬했다. 회사를 위해 몸을 아끼지 않는 직원이었기에 사장도 자랑스러워했다.

그러던 어느 날, 그 직원이 결혼을 한다며 내게 주례를 요청했다. 40대 중반의 나이에 주례는 가당치 않다고 손사래를 쳤지만 막무가내였다. 내가 베푼 호의가 감사했다는 인사와 함께 "제가 닮고 싶은 분은 지점장님입니다."라고 채근했다. 몇 번은 더 고사하다가 결국은 수락을 하고 말았다. 이른 나이에 갑자기 맡게 된 최초의 주례였다.

결혼한 뒤에도 그 직원은 열심이었다. 가정이 생기자 오히려 더 열심히 일했다. 높아진 애사심은 소문이 났다. 그러던 중에 사장이 병으로 쓰러지는 일이 발생했다. 더이상 회사를 꾸려갈 수 없다고 생각한 사장은 회사를 그 배달사원에게 맡기겠다는 폭탄 선언을 했다. 회사를 맡을 만한 간부급 직원들도 많았다. 그만큼 반대도 많았지만 사장은 단호했다. 사장의 믿음은 확고했고, 결국 그 배달사원은 회사 사장으로 취임했다. 사장이 된 뒤에도 그 직원은 한결같았고, 회사를 열성적으로 꾸려나갔다.

지금은 그 배달사원이 회사를 아예 인수해 제법 규모가 있는 가구 회사로 만들었다. 현재 그 회사는 기업은행의 우수 고객이 되어 나와의 인연을 이어가고 있다.

세상엔 나보다 높은 사람도 없지만 낮은 사람도 없다. 나보다 좋은 자리에 있는 사람도 언젠가는 내게 도움을 요청해오기 마련이다. 비즈니스 현장은 손바닥 뒤집듯 쉽게 변하는 곳이다. 나보다 낮은 자리에 있는 사람이라고 무시했다가도 갑자기 도움을 요청할 일이 생기는 것이 비즈니스다. 어느 순간 누군가에게 도움을 주게 될지는 아무도 모른다. 어떤 도움을 받게 될지도 물론 모를 일이다. 인생의 왕복표는 절대로 자기 혼자 만들 수 없다.

내가 도움을 받아야 할 그 순간, 상대방으로부터 도움을 받고 못 받고는 내가 그동안 쌓은 덕에 달려 있다. 성현들은 "일의 만듦은 사람의 몫이되 이룸은 하늘의 몫"이라 했다. 그것을 이루기 위한 노력은 각자의 몫이라는 뜻이다. 급박한 순간에 내가 도움을 청해야 할 사람이 예전에 내게 문전박대를 당했던 사람일 수도 있다. 세상에 나보다 낮은 사람은 단 한 사람도 없다.

기왕 사람을 만난다면 좋은 향기를 남기는 사람이어야 한다. 나중에라도 좋은 인상을 남기는 사람, 꼭 필요한 사람이라는 인상을 강하게 심어주는 사람, 그런 사람이 비즈니스에서도 성공한다. 단 한 번을 만나더라도 강한 기억을 남기는 사람이 되어야 한다.

"술 향기는 백 리 가고 꽃향기는 천 리 가지만 사람 향기는 만 리까지 간다."라고 하지 않는가?

겸손한 을의 자세로 사람들을 대하라

겸손한 자세로 사람들을 대할 때, 그들이 내게 다가온다.
물이 끓는 마지막 1°C는 평생 내 편이 되어주는 사람이 만든다.

● 부자가 되고 싶은 청년이 동네에서 이름난 갑부의 집을 찾아간다. 하루 벌어 하루 먹기에도 벅찬 삶을 살았던 청년은 누구보다 많은 돈을 벌고 싶었다. 그래서 갑부가 그 많은 돈을 어떻게 벌어들였는지 궁금했고 알고 싶었다. 몇 번의 문전박대 끝에 드디어 갑부와 독대를 할 기회를 얻었다. 청년은 갑부가 돈을 벌 수 있었던 방법을 간절하게 물었다. 그러자 갑부는 조용히 청년을 데리고 연못으로 갔다.

연못가에는 아름드리 소나무가 자라고 있었다. 갑부는 청년에게 나무에 올라가도록 했다. 청년이 군말 없이 나무에 오르자, 갑부는 연못으로 난 가지를 가리키며 저기에 매달리면 답을 알려주겠다고 말했다. 청년이 가지에 매달리자 발아래 맑은 연못이 보였다. 연못은 깊지 않았으나, 나무에서 내려다보니 꽤 높았다.

청년은 두려운 생각에 이제는 답을 알려달라고 소리쳤다. 그러자 갑부는 그럼 한 손을 놓으라고 명했다. 황당했지만 답을 알고 싶었기에 한 손을 놓았다. 견디기 힘든 고통이 남은 손에 전해졌다. 갑부는 흐뭇한 미소를 짓더니 남은 한 손도 마저 놓아보라고 명했다.

청년은 답은 안 주고 이 무슨 해괴한 짓이냐며 여기서 떨어지면 다치거나 죽는다고 아우성을 쳤다. 그제야 갑부는 그게 답이라며 나무에서 내려오도록 했다. 청년이 나무에서 내려오자 갑부는 그렇게 죽음이 두려워 나무를 꼭 잡았듯, 내게 온 기회를 꼭 잡으면 부자가 된다고 말하고는 갑부는 등을 돌렸다.

겸손하게
친구를 만들어라

성공한 사람들에게는 그들이 성공할 수밖에 없는 분명한 이유가 있었다. 들어온 재물을 죽을 각오로 잡고 놓지 않았거나,

내게 필요한 사람에게 진정으로 대하고 그 마음을 잡아 온전히 자기 사람으로 만들었을 것이다.

비행기 좌석의 3%라는 1등석은 안락한 의자에 간격도 넓고 서비스도 남다르다 보니 이코노미 클래스에 비해 비싼 가격에 판매된다. 퍼스트 클래스를 성공한 사람들을 위한 좌석으로 인식하는 경우가 많다.

일본의 국제선 승무원 이즈키 아키코는 퍼스트 클래스 승객들을 담당하면서 그들에게서 공통점들을 발견했다. 그것은 사소한 공통점이었지만, 성공한 사람 대부분에게서 비슷하게 나타났다. 그 중 첫 번째가 항상 메모하는 습관을 가졌으며 펜을 빌리는 사람이 없었다는 점이다. 대부분 전기나 역사서를 읽었으며 바른 자세를 유지했다. 특히 승무원을 대하는 태도가 겸손하고 부드러웠다. 부탁할 일이 있을 땐 "미안하지만"이라는 말로 대화를 시작했다.

그들의 이러한 태도는 길지 않은 비행 시간에 승무원들을 자기 편으로 만드는 힘이 되었다. 물론 가끔은 기내식으로 나온 라면이 입맛에 맞지 않다며 폭언과 폭행을 서슴지 않았던 '라면상무'와 같은 사람도 없는 것은 아니지만 말이다. 주변 사람들을 내 편으로 만드는 친화력은 성공의 원동력이다.

물살이 센 강을 건널 때, 혼자 건너면 미끄러지고 떠내려가지만 친구가 던져준 밧줄이 있다면 미끄러지더라도 떠내려가진 않을 수 있다. 든든한 친구 두어 명이 잡아주고 밀어준다면 강을 건너는 일은 더 수월해진다. 빈손으로 건너는 것보다 무거운 것을 짊어지고 건넌다면, 그 역시 쉽게 강을 건너는 방법이 된다. 세상은 혼자 살 수 없고, 성공은 혼자 이루어가기 어렵다. 조력자가 필요하고 동행이 있어야 한다.

친구를 만들고 조력자를 만들고 동행을 만드는 능력은 성공하는 능력과 같은 힘을 지녔다. 사람을 내 편으로 만드는 능력, 세상에 혼자 내버려져도 친구들이 다가와 도와줄 수 있게 만드는 능력, 그 능력은 겸손함에서 나온다.

방송사에 부임한 이후, 사무실과 복도 등에서 만나는 모든 사람들에게 일일이 빠짐없이 인사했다. 무조건 머리 숙여 인사하는 일을 잊지 않았다. 직책은 대표였지만, 그들은 경험 면에서는 모두 나보다 선임인 사람들이다. 미리 방송사에 입사를 했고, 나보다 더 풍부한 방송 경험을 가진 사람들이다.

심지어 청소하는 분과 경비하는 분들에게까지 먼저 허리를 굽혔다. 나는 부임한 그 순간부터 신입사원처럼 행동하려 노력했고 겸손하게 그들의 가르침을 배워나갔다.

을의 마음으로
살아라

물이 끓는 온도는 100℃다. 99℃에선 물이 끓지 않는다. 그 마지막 1℃가 중요하다. 마지막 순간 1%가 부족해서 성공하지 못하는 경우를 종종 보게 된다. 땅속 깊숙이 묻힌 보물을 찾던 사람들이 10년 삽질을 하고도 마지막 한 삽이면 발견될 보물을 두고 지쳐 포기하기도 한다. 마지막 순간이 중요하다. 끝이 좋아야 모든 것이 다 좋은 것이다. 인생의 마지막은 은퇴다. 은퇴가 화려할수록 인생농사는 풍작이 되는 것이다.

나는 은행에서 30여 년간 일했다. 행원으로 시작해서 지점장, 본부장을 거쳐 부행장에 이르는 동안 많은 사람들을 만났다. 그들 중에는 승승장구하며 동료들보다 빠르게 승진한 직원도 있었고, 일찍 은퇴하고 사회로 나간 동료도 있었다. 또 일부 직원들 중에는 좀더 좋은 직책을 제안받고 경쟁회사로 옮겨가기도 했다.

수많은 사람들이 떠나는 것을 지켜보면서 한편으론 부러웠고 또 한편으론 안타까웠다. 특히 사직을 하고 사회로 나가는 동료들을 바라보는 마음은 간절했다. 사회는 거센 풍랑이 이는 바다와 같은 곳이다. 격랑 속으로 떠나가는 동료의 뒷모습은 당당했지만, 지켜보는 시선은 안쓰러움이었다.

그들이 성공을 하고 당당히 자신의 자리에 선 뒤에 만났다면 당연히 부러운 일이고 축하해줘야 할 일이다. 하지만 사업에 실패를 하고 재정적으로 어려움을 겪는 모습을 보는 일은 안타까울 수밖에 없다. 그들이 사회에 나가서 자리를 잡는 과정들을 지켜보니 성공한 사람과 실패한 사람들에게는 분명한 차이가 있었다.

성공한 사람들은 대부분 을의 맛에 익숙한 사람들이었다. 과거의 화려함에 연연하지 않는 사람, 어떤 직책이었건 어떤 대학을 나왔건 중요하게 여기지 않는 사람들이 무엇을 하건 성공했다. 은행에 근무했던 사람들도 마찬가지였다. 지점장을 끝으로 퇴직을 하고 개인사업을 하다가 실패한 동료들은 퇴직 후에도 지점장으로 살아가는 경우가 많았다.

지점에서 떵떵거리던 그 맛을 버리지 못하고, 지점장이었던 영화로운 시절만을 기억한 채 고객들을 대하다 보니 싸늘한 냉대와 사업 실패로 이어졌다. 이른바 '은퇴크레바스'를 경험하게 되는 것이다. 빙하지대에서 그 틈이 갈라지면서 만들어진 좁고 깊은 벼랑인 크레바스가 은퇴한 삶에 드리우면서 사업의 실패가 심리적인 상처가 되고 우울증에 빠지거나 삶의 회의로 연결되기도 하는 것이다. 실패를 모르고 살았던 삶이 마침표를 찍기 직전의 실패로 모두 망가져버리고, 잘 살았다고 자부했던 삶을 의심하고 자책하게 되는 것이 은퇴크레바스를 경험하고 난 다음이다.

자신의 은퇴를 걱정하면서 연금을 준비하거나 재테크에 열을 올리는 사람들을 자주 만나게 된다. 시골에 그림 같은 집을 짓고 연금을 받으면서 여유 있는 노후를 보내겠다는 꿈에 부풀기도 하고, 도심 한복판에 건물 하나를 사서 평생 임대료를 받으며 살겠다는 희망을 떠올리기도 한다.

하지만 끝까지 나와 동행하는 것은 연금도 건물도 재테크에 열을 올려 끌어모은 재산도 아니다. 대접만 받던 갑으로 살다가 평생 끌어모은 재산을 사기꾼의 감언이설에 속아 한순간에 날린 사람도 많고, 더 많은 재산으로 불리려다가 몰락한 경우도 자주 보게 된다. 끝까지 나와 함께 가는 것은 내가 을이었을 때 만난 사람들이라고 보면 틀림없다.

사람들은 혹시 모를 불행에 대비하고자 보험에 가입한다. 불행이 모든 사람에게 찾아오는 것은 아니지만, 불행이 나를 급습할지도 모른다는 두려움 때문이다. 그래서 매달 적지 않은 금액이 보험금으로 빠져나가는 안타까운 상황을 감수한다. 그런데 사람들은 정작 비싼 돈을 들여가며 보험에 가입하면서 어려울 때 내 곁에서 나를 도와줄 가까운 사람에게는 보험을 들지 않는다.

손을 뻗으면 닿을 만한 곳에 나를 도와줄 사람이 많아야 한다. 그런 사람들이 많으려면 평상시에 그들이 어려움을 겪었을 때 내가 도와줘야 한다. 내 어려운 상황에 대비해서 미리 보험에 들어야 한다.

가까이 사는 이웃이 먼 곳에 사는 친척보다 나은 경우가 많다. 그래서 가까이 사는 이웃을 두고 이웃사촌이라 하는 것이다. 손을 뻗으면 닿을 수 있는 거리를 안전거리라고도 하고 개인거리라고도 한다. 안전거리에 내가 믿고 의지할 수 있는 사람들이 많으면 많을수록 삶은 행복해진다. 노후는 안전거리에 있는 지인의 숫자와 비례해서 풍족해진다. 보험금은 오래 납입할수록 수령액이 많아지듯 사람에 드는 보험도 오래될수록 내가 누릴 수 있는 것들이 많아진다.

우리 몸에 하나가 있는 게 있고, 두 개씩 있는 게 있다. 코와 입은 하나지만 눈과 귀, 손, 발은 각각 두 개다. 한 개씩 있는 것은 조심하라는 뜻이고, 두 개씩인 것은 많이 사용하라는 뜻이 담겨 있다. 인간관계에서 중요한 역할을 하는 것들은 대부분 두 개씩 있다. 두 개씩 있는 것은 많이 사용할수록 좋다.

두 개씩 달린 발로 많이 돌아다니고 두 팔로 많은 사람들을 끌어안으며, 두 눈으로 많이 보고 두 귀로 많이 들어야 한다. 사람들을 향해 귀를 열고 그들의 말을 들어주는 여유를 가져야 한다. 겸손한 을의 자세로 사람들을 대할 때, 그들은 내게 갑이면서도 을이 되어 다가오게 되어 있다. 물을 끓이는 마지막 1°C는 결국 내 곁에서 평생 내 편이 되어주는 사람이 만드는 것이다.

고객의 좋은 점만을 보는 사람이 되자

고객의 장점에 칭찬을 아끼지 말아야 고객이 끊이지 않는다.
내가 믿어주는 고객이라면 그들도 든든한 신뢰를 보낼 것이다.

● 남의 단점만 콕콕 집어내는 사람이 있다. 그런 사람들은 아무리 짧은 시간임에도 상대방이 가진 단점을 귀신같이 집어낸다. 반면에 장점만을 찾아내는 사람도 있다. 상대의 좋은 점만 보고 그것을 상대방의 전부라고 생각한다. 역설적이지만 상대를 무조건 좋게만 보는 사람들은 그만큼 상처받기도 쉽다. 이를 역으로 이용하는 사람들이 많기 때문이다. 하지만 비즈니스의 세계에선 그런 사람들이 성공한다.

고객의 좋은 점만을 보는 사람, 고객의 장점에 칭찬을 아끼지 않는 사람은 고객이 끊이지 않는다. 비즈니스에서 성공한 사람들은 단점이 많은 고객에게서도 장점을 발견할 줄 알고, 단점을 장점으로 승화시킬 줄도 안다.

외면받는 고객에게도 장점은 있다

외면받는 고객은 분명한 이유가 있다. 하지만 그런 고객이라도 무조건 외면하면 안 된다. 그 고객에게도 남모를 장점이 있기 마련이다. 성공하는 비즈니스맨은 그런 장점을 발견할 줄 아는 사람이다.

덩치 좋은 동료들에 가려 빛을 보지 못하던 여린 박지성을 찾아낸 것은 고등학교 시절 그의 은사였다. 아무도 눈여겨보지 않던 어린 선수의 장래성을 발견한 그의 눈은 정확했다. 비즈니스맨으로 성공하려면 그런 눈을 가져야 한다.

나는 심지어 경로당도 방문했다. 사람들은 경로당에는 나이 드신 분들만 있다며 기피한다. 세일즈맨의 입장에서 보면 그다지 큰 수익을 낼 수 있는 곳이 아니다. 그런데 잘 생각해보면 경로당에는 모두 인근에 사시는 분들이 온다. 그 지역에 오래 사셨던 분들이 많아 그 지역에 대한 정보를 너무나 잘 알고 있다. 나이도 많고 큰 영향력이 없는 분들이라고 생각할 수 있지만, 그분들이 정보를 주기도 하고 자녀들을 은행 고객으로 만드는 데 일조하기도 한다.

경로당의 노인 분이 전해준 정보로 새로운 고객을 유치한 적이 있다. 당시 그 할머니의 아들이 다른 은행에 예금을 하고 있었는데, 꽤 큰 금액이었기에 그 은행 직원도 신경을 많이 쓰고 있었다. 그때 아들을 설득한 것이 그 할머니셨다. 또한 내게 아들의 예금 만기 소식을 귀띔해주셨다. 만기 연장을 고민하던 아들은 내 전화를 받고 우리 지점을 방문했고, 마침내 우리 지점의 고객이 되었다.

고객 자신마저도 모르는
장점을 이야기하라

고객들을 자주 만나다 보니 사람을 보는 눈이 생겼다. 고객과 얼굴을 마주하는 것이 일이기에 객장 문을 열고 들어서는 모습만 보고도 어떤 기분으로 은행을 방문하는지 아는 정도가 되었다. 자주 만나는 고객들에게서는 장점들을 많이 발견하게 된다. 그런 고객들을 만나면 내가 발견한 장점들을 스스럼없이 이야기해준다.

이름만 대면 알 만한 침구 회사 여사장이 그런 경우다. 1970년에 창업한 회사는 홈패션이라는 말조차 생소하던 시절에 현대화된 디자인으로 침구류를 만들면서 유명해졌다.

그 회사의 디자이너로 일하던 여직원이 우리의 고객이었다. 긍정적으로 일하던 그 고객 주변에는 사람들이 몰렸다. 언변도 좋았고 실력도 뛰어나 어디를 가더라도 눈에 띄는 고객이었다.

그런데 그 고객을 눈여겨본 사람은 나뿐만이 아니었던 모양이었다. 1998년 사장이었던 창업자가 회사의 경영권을 그 여직원에게 물려주고 은퇴했다. 2대 사장이 된 여직원은 당차게 회사를 운영하면서 창업자의 뜻을 계승해나갔다. 회사는 발전을 거듭했고, 사장은 창업자에게 고마움의 뜻으로 사례를 잊지 않았다. 가르쳐주신 선생님에 대한 '수업료'라는 이름의 로열티였다.

그 사장은 은행에 올 때마다 자신의 성공사례를 소개했다. 그 이야기가 얼마나 재미있었던지 귀 기울이는 사람들이 많았다. 그것은 그 고객이 가진 장점이었다. 언젠가는 그 장점을 활용할 수 있는 기회를 만들어주고 싶었다. 그러던 차에 기회가 왔다. 은행 여직원들을 상대로 한 강연 기회를 만들어준 것이다. 강연은 인기가 좋았다. 덕분에 그 사장은 회사의 성공사례를 이야기하는 강사로도 이름을 알리게 되었다. 사장의 이름이 알려지자 회사도 덩달아 유명해졌다. 결국 회사도 커지고 사람도 커졌다.

사람을 상대하는 일은 결코 만만치 않다. 비즈니스는 사람을 상대로 하는 일이다. 내게 성공을 안겨주는 것도 사람이고, 나를 절망하게 하는 것도 사람이다. 기왕 만날 사람이라면 좋은 느낌으로 만나는 것이 좋다.

그 사람에게서 단점을 찾아내다 보면 힘들어지는 것은 결국 자기 자신이다. 어차피 만날 사람이라면 장점을 발견하고 그것을 더 큰 장점으로 만드는 것이 중요하다. 자기를 믿어주는 사람을 위해 모든 것을 다할 수 있는 것 역시 사람이다. 내가 믿어주는 고객이라면 내게도 든든한 신뢰를 보낼 것이다. 장점은 더 많은 장점을 만들어 낸다.

성공코드 13

회사 배지는 비즈니스를 부자연스럽게 만든다

자랑스러운 회사에 다니지만 회사 배지는 잘 달지 않는다.
배지가 긍정적인 역할보다 부정적인 역할을 하기 때문이다.

● 나는 복이 많은 사람이다. 은행에 근무하면서 과분한 복을 누리며 살았다. 기업은행은 내게 최고의 은행이다. 지금도 내게 자부심을 안겨주는 은행이다. IMF 외환위기의 어려움 속에서도 다른 은행과의 통폐합 없이 단일 은행으로 지금까지 굳건히 한길을 걸어왔다.

단일 은행이라는 자부심은 기업은행에 근무하는 모든 직원들을 하나로 만드는 든든한 연결고리다. 은행 간의 통폐합 과정을 거치지 않았기에 직원들은 무슨 일이건 똘똘 뭉친다. 나는 그런 은행에서 행복한 삶을 살았다.

기업은행은 처음부터 중소기업을 위해 생겨났다. 그래서 원래 기업은행의 이름은 중소기업은행이다. 이름 때문에 개인고객들에게 오해도 많이 받았다. 개인고객들은 기업은행이 기업들만 상대하는 은행인 줄 알고 거래를 꺼렸다. 상대적으로 기업의 거래가 많았다. 은행에 찾아오는 고객 대부분은 중소기업의 사장이거나 경리 직원이었다. 개인고객들도 대부분 중소기업에 근무하는 직원이었다.

기업고객들은 개인고객보다 부침이 많은 법이다. 잘나가던 기업이 하루아침에 부도가 나기도 하고, 사장의 사업적인 수완이 빛을 발하면서 갑자기 승승장구하는 일도 많았다. 잘되는 기업과 안되는 기업이 금세 표가 났다.

중소기업 사장들을 주 고객으로 삼다 보니 회사 사정을 들여다볼 기회가 많았다. 잘되는 회사와 안되는 회사를 많이 봤다. 왜 잘되는지, 그리고 왜 안되는지를 제3자의 눈으로 바라볼 수 있었다. 그때의 경험이 지금 와서 잘되는 회사와 안되는 회사에 대한 글을 쓸 수 있는 바탕이 되고 있다.

직원들의 자부심이 대단한 은행, 끈끈한 결속력으로 서로가 서로를 격려하는 은행, 그런 은행이었기에 나는 오랫동안 기업은행에서 근무할 수 있었다. 그런데 나는 아이러니하게도 그 자랑스러운 기업은행에 다니면서 은행 로고가 새겨진 배지를 잘 달지 않았다.

회사는 자랑스럽지만
회사 배지는 달지 않았다

은행은 앉아 있을 수만은 없는 직장이다. 객장에 앉아 고객을 기다린다는 것은 옛날 이야기다. 이젠 은행도 직접 고객을 찾아 나서야 한다. 집과 사무실에서 은행 일을 보는 것이 확대됨에 따라 영업점의 과잉 논란까지 일고 있을 정도다.

기업은행에 다니는 것을 자랑스러워하면서도 나는 고객을 만나러 갈 때 배지를 달지 않았다. 기업은행에 다니는 것이 부끄러워서가 절대 아니다.

내가 만나는 고객은 내게만 필요한 고객이 아니다. 내게도 중요하지만 다른 은행 직원에게도 꼭 필요한 고객인 경우가 대부분이다. 그 고객은 하루에도 몇 번씩 은행 직원들을 만날 것이다. 은행 직원들의 방문이 잦은 고객이라면 그 고객은 은행에 꼭 필요한 고객이다. 회사가 탄탄하거나 많은 예금을 예치할 수 있는 고객일 것이다. 어떤 식으로든 은행에 수익을 안겨줄 수 있는 고객일 가능성이 크다.

사람에게 배지는 완장과 같은 역할을 한다. 완장 하나로 다른 모습을 보였던 저수지 관리인이 주인공인 소설 『완장』에서처럼, 배지는 사람을 변화시킨다. 배지는 소속감을 나타내기도 하지만 자신을 과시하는 도구로 쓰이기도 한다. 부지불식간에 어깨에 힘이 들어가게 만들고, 자기보다 작은 회사에 다니는 사람들을 깔보게 만든다.

고객을 만나다 보면 이름만 들어도 알 만한 직장에 다니는 사람도 만날 수 있고, 그저 그런 직장에 다니는 사람과 만날 수도 있다. 그럴 때면 배지가 긍정적인 역할보다 부정적인 역할을 하게 되고, 상대방에게 나쁜 이미지를 남길 가능성이 더 커진다. 거만하게 보이거나 도도하게 보일 수도 있다. 대부분 거래고객이 중소기업인 기업은행의 경우는 특히 그런 것 같다.

정보전 시대에 배지는
독이 될 수도 있다

게다가 내 배지가 상대방의 경계심을 자극해 자기방어에 나서게 할 수도 있다. 고객을 만나는 자리에 다른 은행 직원이 있을 때는 특히 그렇다. 내가 한 일을 경쟁자가 모르게 해야 하는 치열한 비즈니스 현장에선 상대방에게 나를 숨겨야 하는 것이다. 은행에 꼭 필요한 고객을 만나는 자리에 다른 은행 직원이 합석해 있다면 이는 죽느냐 사느냐의 게임이다.

이런 상황에서는 나는 철저히 숨기되 다른 사람에 대한 정보는 완벽하게 파악해야 한다. 그런 순간에 배지를 달고 경쟁 은행에 내 모습을 다 드러내는 것은 어리석은 일이다. 고객을 만나러 온 상대 은행 직원에게 경쟁자가 누구라는 것을 알린다면 적에게 등을 보이는 것과 같다.

공단에 있는 지점장 시절엔 새마을 모자를 쓰고 다녔다. 허름한 작업복에 운동화를 신고 다니는 나를 은행 지점장으로 보는 사람은 거의 없었다. 그런 복장으로 거래처를 방문해보면 번듯하게 차려입은 다른 은행 직원들을 자주 만나게 된다.

그들의 상담이 끝나기를 기다리며 근처에 앉아 커피를 마시다 보면, 다른 은행 직원은 내가 기업은행 지점장인 것도 모른 채 자기 은행의 고급 정보들을 줄줄 흘리곤 했다. 심지어 거래처 사장과 자기 은행의 거래 현황까지도 거침없이 쏟아냈다. 나를 알고 있던 거래처 사장은 그 은행 직원의 입에서 정보들이 흘러나올 때마다 당황하는 기색이 역력했지만, 나는 시치미를 뚝 떼고 그 자리에 앉아 있었다. 나중에 거래은행 직원이 돌아가고 나면 나는 '씨익' 웃으면서 거래처 사장을 놀리곤 했다. 상대 은행과 거래가 많을 때는 정색을 하며 거래를 늘려달라고 큰소리를 쳤다. 이미 정보가 모두 노출된 거래처 사장은 어쩔 수 없이 거래를 늘려주었다.

나중에 그 사장으로부터 내 정체를 전해 들은 거래 은행 직원이 땅을 치고 후회했지만 이미 늦은 일이었다.

은행원 시절 나는 배지의 필요성을 부정한 사람 중 하나였다. 그 생각은 지금도 여전하다. 그래서 지금도 나는 회사 배지 없이 다닌다.

지금 글을 쓰고 있는 이 순간에도 우리 회사 배지는 내 책상 위에 가지런히 놓여 있다. 공식적인 중요 회의와 같이 아주 가끔 필요한 순간엔 어쩔 수 없이 배지를 달지만, 대부분은 책상 위에 덩그러니 혼자 놓여 있다.

배지는 사람을 부자연스럽게 만든다. 내가 부자연스러우면 상대방도 부자연스러울 수밖에 없다. 상대방이 나로 인해 불편해한다면 비즈니스 현장에선 실패했다고 봐야 한다. 배지를 없애야 한다는 내 생각은 단호하다.

나를 만나준 고객에게 진심으로 고마워하자

나를 만나줬다는 그 자체만으로도 상대에게 진심으로 감사한다.
시간을 내줘서 고맙다고 인사하는 사람은 환영받게 되어 있다.

● "우리 만남은 우연이 아니야."라는 노래 구절이 있다. 수많은 사람 중에 그 고객과 내가 만난 것이 단지 우연이었을까? 하필이면 그 회사의 많은 직원들 중에 어떻게 그 사람과 만났을까? 세상에는 만나지 못할 사람도 있겠지만 어떤 경로를 통해 만났건 일단 만난 사람이라면 그 인연을 소중하게 간직해야 한다.

나는 사람과 사람이 만나는 그 인연의 가치를 소중하게 생각한다. 그래서 한 번 맺은 인연은 끝까지 가길 원하고, 그 인연을 소중하게 간직하려고 노력한다. 그래서 하는 일 중 하나가 사람을 만나고 나면 곧바로 감사편지를 보내는 일이다.

만난 사람들에게 보내는 감사편지에 많은 내용들을 담는 것은 아니다. 그저 만난 그 인연의 소중함을 기억하기 위해 '만난 것만으로도 감사합니다.'라는 짤막한 내 감동의 기록을 적는 정도다. 나는 누구를 만났건, 만난 그 자체만으로도 감사한다. 많고 많은 사람들 중에 어떻게 내가 그 사람을 만났는지, 태어난 곳도 자란 곳도 다른데 어떻게 만날 수 있었는지 생각해보면 너무나도 신기하고 소중하기 때문이다.

그런데 내 편지를 받은 사람들은 그 짤막한 편지 한 통에 감사해한다. 그리고 그들은 그렇게 편지를 보내준 나와 친구가 되는 데 망설이지 않는다. 나는 지금도 편지를 보낸다. 만난 것만으로도 감사하다는 내 편지는 고객은 물론 고객의 입을 통해 다시 다른 고객에게 전해진다.

비즈니스는
마라톤과 같아야 한다

나는 아침마다 6km씩 달린다. 내가 마라톤을 시작한 뒤로 하루도 거르지 않는 일과다. 달리는 시간은 하루 중 가장 소중한 시간이다. 나는 달리면서 생각하고 또 생각한다. 어제의 일을 점검하고 내가 보내야 할 하루를 계획하며 머릿속에 새로운 아이디어들을 차곡차곡 채운다.

건강을 위해 시작한 마라톤이 결국 내 인생을 바꿔 놓았다. 처음에는 '10km 코스'로 시작했지만 결국 마라톤의 매력에 빠졌고, 조선·동아·중앙일보 마라톤 대회 등 여러 곳에 참가해 '풀코스'를 완주하기도 했다. 그때부터 마라톤은 내 인생의 소중한 한 부분이 되었다. 마라톤을 주제로 한 금융상품도 만들었고, 은행 내에 마라톤 동호회도 만들었다. 마라톤을 좋아하는 고객들과 함께 달리는 일도 많아졌다. 방송국 대표가 된 뒤에는 마라톤 대회도 개최했다. 덕분에 많은 사람들을 만났고 그들과 가까워졌다.

마라톤을 시작하고 나서 나의 첫 목표는 완주였다. 하지만 출발할 때의 다짐과는 달리 여러 번 결승선을 밟지 못하고 포기하곤 했다. 그 힘겨운 자기와의 싸움에서 이기는 데 꽤 긴 시간이 필요했다.

대회에 자주 나가다 보니 많은 사람들을 만났다. 스치듯 만났지만 여러 번 만나면서 낯이 익은 사람들이 생겼다. 이름도 모르고 직장도 모르지만 함께 길 위에서 자기와의 싸움을 하고 있다는 동질감 때문에 쉽게 친구가 되었다.

마라톤은 남녀노소가 평등하게 즐길 수 있는 운동이다. 사회적 지위나 가진 재물의 크기에 관계없이 정해진 코스를 따라 정해진

거리를 자신의 능력만으로 뛰어야 하기 때문이다. 또한 출발선에서는 같이 달리지만 시간이 지날수록 차이가 나기 시작한다. 평상시 운동을 게을리한 사람에게는 절대 완주를 허락하지 않는 정직한 스포츠다.

뛰는 동안 천차만별의 사람들을 만난다. 그런데 모두 서로의 친구가 된다. 지쳐 보이는 사람에게 격려의 말을 건네면서 나도 위로와 힘을 얻는다. 그럴 때면 낯선 이와 친구가 될 수 있는 마라톤을 시작했다는 사실에 뿌듯함을 느낀다.

비즈니스는 마라톤과 같아야 한다. 낯선 이와 친구가 될 수 있어야 하고, 낯선 이를 만났다는 사실에 고마워해야 한다. 나를 만나준 고객에게 감사할 줄 알아야 한다. 내게 힘내라고 말해주는, 이름도 모르는 그 낯선 사람에게 보답해야 한다. 비즈니스는 길 위를 혼자 달리는 외로운 마라톤과 닮았다.

나에게 시간을 내준
모든 고객에게 감사하라

가끔 친구가 그리워 휴대전화를 열어 저장되어 있는 친구 목록을 처음부터 끝까지 몇 번을 뒤져본다. 그런데 문득 내 전화를 따뜻하게 받아줄 친구가 없다는 생각이 들 때가 있다. 그때의 외로움은 평상시보다 배가된다. 홀로 외딴 무인도에 내버려진 느낌, 아무도 나와 친구가 되어주지 않을 것 같은 느낌, 그 느낌이 싫어 자꾸만 전화기를 만지작거리게 된다. 비즈니스 현장에서 만날 고객이 없다는 것은 그런 경우에 해당한다.

전화할 친구가 없고 내게 위로를 건넬 친구가 없는 상황, 모두가 유쾌하게 놀다 사라진 자리에 혼자 내버려진 느낌, 그럴 때 아무리 친하지 않은 친구라도 내게 다정히 말을 건네준다면 그것만큼 고마운 것이 없다. 나를 만나준 것, 내게 위로의 말을 건네준 것, 그것 하나로도 그 친구가 고맙고 감사한 법이다.

비즈니스 현장에선 나를 만나준 것만으로도 고객에게 더욱 감사해야 한다. 수없이 많은 경쟁자들이 한꺼번에 몰려드는 냉혹한 정글과도 같은 그곳에서 나를 위해 시간을 내준 고객이야말로 나와 친구가 될 준비가 되어 있는 사람이다.

지금도 기억에 남는 고객들이 있다. 신도시에 있던 초임 지점장 시절이었다. 허허벌판과도 같은 그곳에 아파트가 들어서고 사람들의 입주가 시작되면서 시끌벅적해졌다. 신흥 부촌을 형성하며 자리를 잡기 시작한 고객들을 유치하려는 은행들의 경쟁은 치열했다. 이미 주거래 은행이 있던 VIP 고객들을 상대로 전개되고 있던 마케팅 경쟁 속에서 다른 은행보다 늦게 영업점을 개점한 우리로서는 새로운 고객을 찾아 나설 수밖에 없었다.

그때 내가 관심을 가진 것은 인근에 있던 고물상 주인들이었다. 신도시가 형성되면서 자연스레 고물상들이 많이 생겨났다. 고물상이라는 이유로 다른 은행들은 그들에게 눈길조차 주지 않았지만 나는 그들을 찾아나섰다. 나는 고물상을 새로운 성장동력 산업으로 보았다.

그분들 중에는 고물상을 하고 있음을 당당히 드러내지 못하는 사람들도 있었다. 명함에 있는 회사 이름도 자신들의 정체성을 애매하게 표기하고 있었다. 나는 그들을 찾아가 "같이 성장하자."고 말했다. 모두가 어렵다는 IMF 외환위기 시절, 그들은 자원을 재활용하고 낭비를 줄이는 녹색 산업의 선두에 서 있었다. "그렇게 좋은 사업을 하고 있는데 왜 당당하지 못하느냐?"라며 그들에게 힘을 불어 넣었다. 명함과 문패에 '녹색기업'이란 글자를 넣도록 권유했다. 팻말을 만들어 정문에 달아 드렸다. 시간이 지나자 기업은행에 계좌를 만들고 금융 거래를 시작하는 고객이 늘어났다.

첫 거래 고객에게 깨끗한 지폐로 대금을 지급하라며 신권新券을 들고 매일 아침 업체를 찾아갔다. 저녁에는 하루 동안 벌어들인 수익을 입금할 수 있도록 이동 은행을 운영하고, 은행이 문을 열지 않는 주말에도 업체를 방문했다. 직원들은 돈을 사무실에 두고 다녀야 하는 고객의 불안감을 해소시키기 위해 자신들이 조금 더 고생을 하겠다고 발 벗고 나섰다.

아파트가 들어서면서 이전을 해야 하는 기업을 위해 대출도 하고 세금 상담도 도와주었다. 이후에는 이사를 간 업체들조차 근처에 기업은행이 없더라도 먼 길을 마다하지 않고 변함없이 거래를 계속했다. 고물상 사장들은 아무도 눈길을 주지 않는 자신들을 위해 일부러 업체를 찾아와준 직원들의 노고를 잊지 않고 있었다.

비즈니스의 최종 목표는 많은 수익이다. 하지만 당장의 수익만을 위해 고객을 대해서는 안 된다. 순간의 손익을 따지다 보면 큰 성과를 기대할 수 없다. 당장은 손해를 보더라도 먼 미래를 봐야 한다. 나중을 생각해야 한다.

각 보험 회사의 보험왕들에게는 일회성 고객이란 없다. 그들은 상품을 팔았다고 해서 금방 돌아서지 않는다. 그렇게 해서는 절대 보험왕이 될 수 없다. 그들은 고객을 상품이나 파는 대상으로 생각하지 않는다. 고객과 마음을 터놓는 친구로 지낸다. 언니, 동생의 관계로 만들고 서로의 속내를 흉허물 없이 털어놓는다. 그런 관계를 통해 지속적으로 상품을 판매하는 것이다. 또한 그 고객을 통해 다른 사람들을 소개받고, 소개받은 고객과도 친구가 된다. 어느 한순간도 고객을 헛되이 대하는 법이 없으며 만나는 순간순간을 감사해

한다. 만난 것만으로도 감사해하는 사람을 내가 어찌 좋아하지 않을 수 있겠는가?

어려운 일이 있을 때 자청해서 챙겨주는 비즈니스맨을 싫어할 고객은 아무도 없다. 만나고 돌아서면 그것으로 끝나는 것이 아니라 시간을 내줘서 고맙다고 인사하는 비즈니스맨은 환영받게 되어 있다. 만난 것만으로도 감사하고, 만나줘서 고마워하는 비즈니스맨이 되어야 한다.

출근할 때 영혼을 집에 놓고 나올 줄 안다

좋은 고객을 만나면 즐겁지만 나쁜 고객을 만나면 나도 힘들다.
하지만 나에게 나쁜 고객이 다른 이에게는 좋은 고객일 수 있다.

● 중국 한나라 때 한신이라는 사람이 있었다. 집안이 가난해 불우한 어린 시절을 보내야 했던 그였지만 가슴에는 늘 큰 꿈을 품고 살았다. 어느 날 인근 건달들이 일부러 시비를 걸며 자기 가랑이 밑으로 기어가면 용서해주겠다고 으름장을 놓았다. 한신은 두말 않고 건달의 가랑이 밑을 기었다. 한신은 그 일로 많은 사람들의 비웃음을 샀지만 개의치 않았다. 남의 가랑이 사이를 기는 수모를 당했지만 마음속의 큰 꿈을 위해 참고 견뎠다.

비즈니스 현장에서도 마찬가지다. 고객과 만나다 보면 간도 쓸개도 다 빼줘야 하는 일들이 빈번하게 일어난다. 몇 년 전 개봉한 〈핸드폰〉이라는 영화를 보면 그런 사람이 등장한다. 대형 쇼핑몰의 고객센터 직원으로 나오는 주인공은 개념 없는 고객들을 상대하느라 힘든 하루하루를 보낸다. 부서진 물건을 고쳐내라며 으름장을 놓거나 말도 안 되는 일로 사과를 하라며 반말에 욕설도 서슴지 않는 고객들이었지만 그는 단 한순간도 웃음을 잃지 않는다.

비즈니스에서 성공하는 사람들은 출근할 때 영혼을 집에 놓고 나올 줄 안다. 용궁에 끌려온 토끼처럼 언제든 뺐다 넣었다 할 수 있는 간을 가진 사람들이다.

이 세상에
나쁜 고객은 없다

나도 사람인데 화나는 일이 없겠는가? 속에서 부아가 치밀거나 울컥할 때가 한두 번이 아니다. 좋은 고객이 10명이면 나쁜 고객은 100명이다. 좋은 고객을 만나면 즐겁지만 나쁜 고객을 만나면 나도 힘들다. 하지만 나에게 나쁜 고객이 다른 사람에게는 좋은 고객일 수도 있다. 또한 모두가 외면하는 고객이 내겐 최고의 고객일 수도 있다.

지점장 시절, 고객 중에 부동산투자로 큰돈을 번 사장이 있었다. 작은 중소기업을 운영하던 그는 오래전 은행 직원의 귀띔으로 주식 펀드에 투자했다가 큰 손실을 본 뒤로는 은행 직원들에 대한 불신이 대단했다. 모아놓은 많은 돈을 직접 보관한다는 소문이 있을 만큼 은행을 불신하고 있었다. 나는 그 사장과 거래를 해야겠다는 욕심이 생겼다.

어느 날 작정하고 그 사장을 만나러 갔다. 어린 시절부터 자수성가한 사장은 전형적인 독재자 스타일이었다. 부하 직원들을 함부로 대했고, 학력에 대한 열등의식도 강해서 배운 사람들에게 거친 말도 가리지 않았다. 그 사장을 만난 사람들 중엔 상처받은 사람들도 많았다. 그는 특히 은행 직원들을 더 혹독하게 대했다. 지난날의 손해를 모두 은행 직원들의 탓으로 돌리고 있었다.

내가 찾아갔을 때도 마찬가지였다. 반말에다가 거친 말까지 내뱉는 그 사장 앞에서 수없이 많은 참을 인忍 자를 그려야 했다. 이미 다른 은행 직원들이 상처를 받고 물러난 뒤였다. 나도 별반 다르지 않을 거라 믿은 그 사장은 내 앞에서 막무가내로 아무 말이나 가리지 않고 내뱉었다. 나는 참고 또 참았다.

몇 번을 찾아가도 사장의 마음은 열릴 기미가 보이지 않았다. 그래도 계속 찾아갔지만 그는 내게 여전히 단단한 벽을 쌓고 있었다. 그렇지만 나는 사장 앞에서 웃음 띤 얼굴을 계속 잃지 않았다. 그 사장이 하는 말은 무슨 말이든지 다 들어주었다. 얼굴 근육이 경직되고 목이 뻣뻣할 지경이었지만 참았다.

말이 많으면 실수가 생기고, 그 말속엔 빈틈이 있기 마련이다. 그 사장의 말을 들어주다 보니 사장의 개인적인 일들을 알게 되었다. 부인과 일찌감치 사별하고 새로운 삶을 시작했는데, '그 부인(?)'이 바로 그 회사의 경리담당 직원이었다. 회사의 실질적인 권한은 경리 직원이 가지고 있었다. 처음부터 경리 직원을 살뜰히 대했던 나는 오히려 잘되었다고 생각했다.

그때부터 그 회사에 갈 일이 있으면 경리 직원을 먼저 만났다. 그 직원 앞에서 사장을 끊임없이 칭찬했다. 썩 내키지 않은 이야기도 뱃속에 꾹꾹 밀어넣고 웃으면서 그가 가진 장점들을 한껏 이야기해 주었다. 내 말은 경리 직원의 입을 통해 사장에게 전해졌다. 이를 테면 '베갯머리송사'였던 셈이다. 그들이 나누는 일상의 대화중에 내 이야기가 많이 나왔던 것이다.

물론 사장 앞에선 경리 직원에 대한 칭찬을 아끼지 않았다. 괴팍하던 그 사장도 서서히 마음을 열었다. 사장의 행동에 변화가 나타나기 시작했다. 내게 호감을 보이기 시작한 것이다.

정식 부부가 아니었지만 두 사람을 부부로 대했고, 여직원을 사장 부인으로 대우했다. 사장 앞에서 내 자존심도 버렸다. 결국 그는 경계심을 풀었다. 내게 고민을 털어놓기 시작했고 서로 흉허물 없는 사이로 발전했다. 사장은 마침내 기업은행과 거래를 시작했다. 심지어 결혼식을 앞두고는 내게 주례를 구해달라고 부탁할 정도였다. 간도 쓸개도 모두 빼놓고 다닌 덕분에 이루어낸 값진 성과였다.

발톱을 숨기고 선처를 호소하는 눈빛으로 고객을 만난다면 좀더 손쉬운 거래를 할 수 있다. 귀가 두 개고 입이 하나인 이유는 많이 듣고 적게 말하라는 의미다. 상대방의 말을 열심히 듣다 보면 반전의 기회를 찾을 수 있다. 귀는 나를 위해 열린 창이다.

우리가 사용하는 말訁의 왼쪽에는 소리가 있고 오른쪽에는 말씀이 있다. 말이 말씀으로 이어질 때 비로소 비즈니스가 성공하게 된다. 좋은 말은 천천히 멀리 퍼지고 오래도록 남기 때문이다.

자신을 낮추는 것은
이익이 되어 돌아온다

넉살 좋은 친구가 있다. 식당에 가면 종업원에게 '이모'라 부르며 애교까지 부렸다. 나이가 어려 보이는 종업원 앞에서도 거침없이 이모라는 말이 튀어나왔다. 특히 주문하거나 반찬을 추가할 때 이모라는 호칭은 위력을 발휘했다. 조금 더 양이 많은 반찬을 주거나 없던 것도 하나 더 주곤 했던 것이다.

지금도 내가 '형'이라고 부르는 양말 공장 사장이 있다. 처음 그곳을 방문하던 날은 무더운 여름이었다. 땀을 흘리면서 주변 거래처를 돌다가 마지막으로 찾아간 곳이 양말 공장이었다. 여느 공장처럼 소음이 심한 기계들 사이에서 그 사장은 땀을 흘리며 일하고 있었다. 얼굴엔 실밥이 몇 가닥 붙어 있었고, 옷은 땀에 젖어 있었다. 무더위 속에서 현장을 다니느라 땀에 젖어 있기는 나도 마찬가지였다.

동병상련이랄까? 연배가 있어 보이는 그 사장에게 정이 갔다. 나는 스스럼없이 다가가 '형님'이라 부르며 손을 덥석 잡았다. 그 당시 나는 남성 고객을 만나면 외삼촌, 매형, 형님, 처남이라 불렀고, 여성 고객을 만나면 누님, 이모, 외숙모, 처제라 불렀다.

그 사장은 내가 형님이라 부르자 손사래를 쳤다. 자기가 더 어릴 거라며 오히려 나를 형님이라 불렀다. 나는 결혼을 먼저 하면 어른이고, 이렇게 열심히 일하시는데 형님 소리를 듣는 것은 당연하다며 내 뜻을 굽히지 않았다.

나이는 중요하지 않다. 자신을 낮추는 일은 결국 이익이 되어 돌아온다는 것을 경험으로 알고 있었기 때문이다. 나중에 그 사장이 나보다 세 살이 어리다는 것을 알게 되었지만, 계속 '형'이라고 불렀다. 결국 그 사장과는 서로 형이라 부르며 '친구'로 지낸다.

사장 부부가 일하는 어느 공장에서 사장을 '외삼촌', 부인을 '외숙모'라 불렀다가 우리가 친척이냐며 기분 좋은 지청구를 들은 적도 있다. 하지만 그 누구도 불쾌해하지 않았다. 외삼촌, 이모라고 불러주는 나를 정말 가족처럼 대해줬다. 마치 자기 조카인 듯 챙겨줬다.

요즘 '고객님'이라는 호칭을 자주 듣는다. 손님이라는 호칭의 업그레이드다. 하지만 고객님이라는 호칭은 왠지 모를 거리감이 느껴진다.

어느 인터넷 사이트에서 '씨'와 '님'이라는 호칭 때문에 싸움이 벌어진 적이 있다. '씨' 역시 높임말인데 나이 어린 사람이 ○○○ 씨라고 부르면 건방져 보인다는 것이 글의 요지였다. 요즘은 ○○○ 님이라 불러야 한다는 것이다.

'씨'나 '님'이나 모두 높임말이다. 그런데 듣는 사람 입장에 따라 높임말로 들리지 않을 수도 있다. 사랑하는 사이에 '당신'은 좋은 말이지만, 싸움 도중에 '당신'이라는 말은 건방지게 들리는 것과 같은 이치다. 상대가 싫어하는 말이라면 하지 말아야 한다.

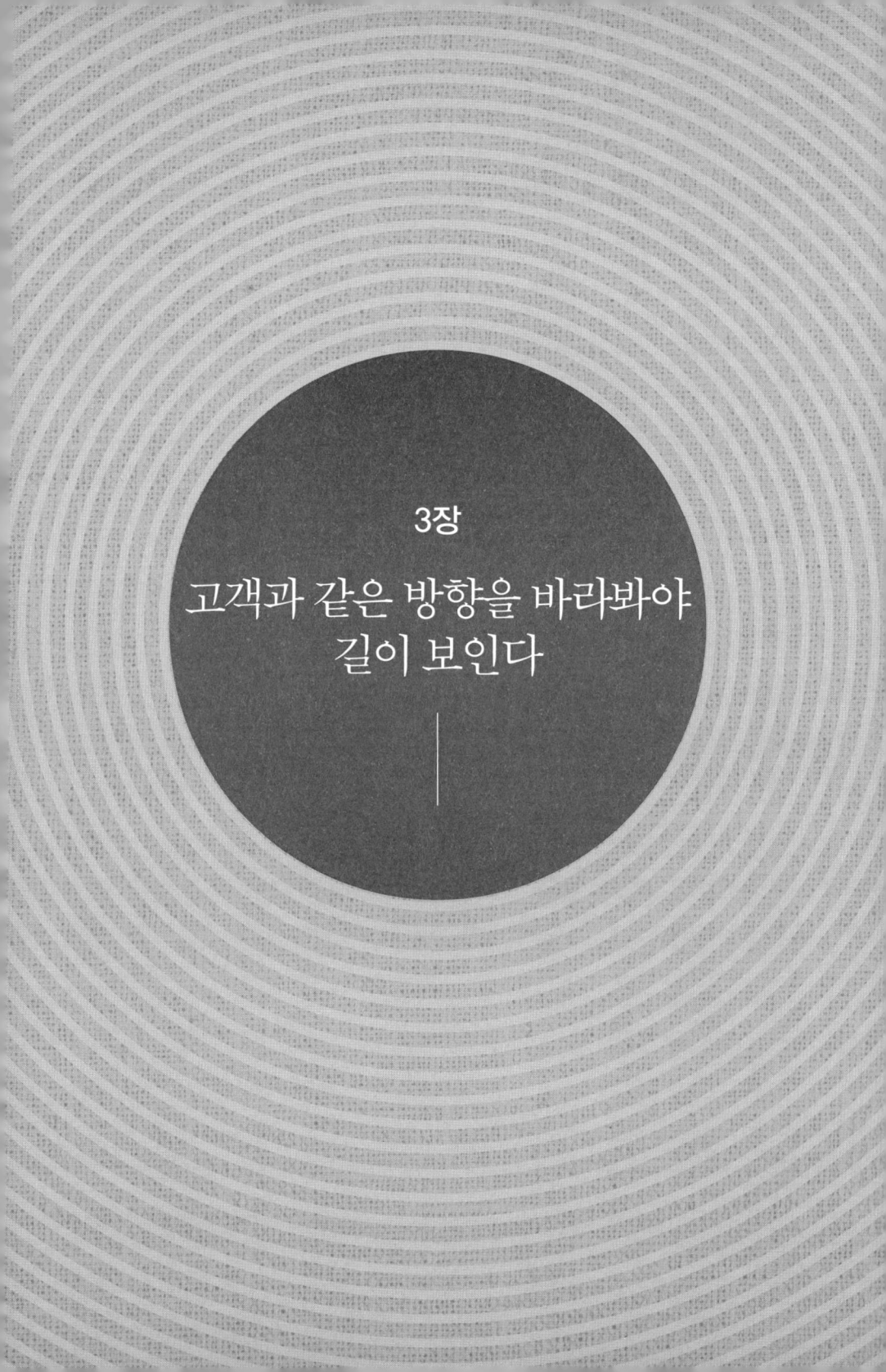

3장

고객과 같은 방향을 바라봐야
길이 보인다

공통분모를 자극하면 마음을 나눌 수 있다

성공코드 16

상대방의 고향을 파악하고 향수를 자극하면 효과 만점이다.
고객과 쉽게 가까워지고 마음을 나누는 일도 한결 쉬워진다.

● 고객을 사로잡는 기술 중 최고는 마음을 잡는 것이다. 쉽사리 바뀌지 않는 고객의 마음을 바꿀 수 있어야 한다. 마음이 움직인 고객은 눈앞의 이익에 흔들리지 않는다. "사나이는 자신을 믿어주는 사람을 위해 기꺼이 목숨을 바친다."는 말이 있다. 마음을 잡고 믿음을 주는 일은 어렵지만 한 번 준 믿음은 쉽게 깨트리지 못한다.

열리지 않는 사람의 마음을 여는 최고의 방법은 감성에 호소하는 것이다. 사업적인 관계로만 만나는 사이는 오래가지 못한다. 고객과 격 없는 친구로 만나야 한다. 이용하고 이용당하는 사이라는 느낌으로 만나면 서로 경계할 수밖에 없다. 때론 바보처럼 내 모든 것을 보여주어야 한다. 연인의 마음을 얻기 위해 밀고 당기기를 하듯, 고객의 마음을 밀고 당길 줄 알아야 한다.

서로의 공통분모를
이용하라

서로 모르는 사이에 상대방의 마음을 잡는 가장 좋은 방법은 공통분모를 자극하는 것이다. 같은 취미나 운동, 같은 학교나 같은 고향을 내세우는 것이다. 그 중에서도 같은 고향을 활용하는 것이 가장 좋다.

고향은 어린 시절부터 나고 자란 곳이기에 추억도 많고 애정도 남다르다. "여우도 죽을 때는 고향으로 머리를 향한다."는 말이 있다. 상대방의 고향을 파악하고 향수를 자극한다면 고객과 쉽게 가까워질 수 있다. 마음을 나누는 일도 쉬워진다.

황해도가 고향인 고객이 있었다. 장산곶매라는 독특한 매의 전설로 유명한 장산곶을 고향으로 둔 그 고객은 성격이 불같고 단호했다. 워낙 까다로운 성격에다가 한 치의 실수도 용납하지 않는 결벽

증 때문에 누구와도 쉽게 친해지지 못했다. 그런데 그에게도 아픔이 있었다. 고향이 이북이었던 까닭에 늘 외로워했다. 명절이면 고향 생각에 눈시울을 붉히는 일이 많았다.

그분과 친해지고 싶었다. 그분을 고객으로 만들고 싶었다. 나를 알리는 데 선물을 종종 선택했다. 주변에서 북한 술을 선물해보라는 권유가 있었는데 나는 그런 흔한 선물은 싫었다. 남들과 다른 선물을 하고 싶었다. 며칠을 고민하다가 생각해낸 것이 '가마니 쌀'이었다.

어린 시절의 향수를 선물하고 싶었다. 가슴에 고향을 묻어두고 사는 사람에게 고향 냄새가 나는 선물은 특별할 것이라 여겼다. 마음을 움직일 것이라 믿었다. 어린 시절 뛰어놀던 고향의 들녘, 부모 형제와 저녁밥을 지어먹던 가난하지만 따뜻하고 행복했던 시절, 고향 초가집 굴뚝에서 흘러나오던 낮게 깔린 밥 짓는 연기 냄새를 그분에게 선물하고 싶었다.

가마니 쌀을 구하기 위해 나는 고향의 정미소를 찾았다. 쌀 포장이 현대식 종이포장으로 바뀐 뒤라 가마니 쌀을 찾는 일이 쉽지는 않았지만, 나는 80kg 가마니 쌀을 들고 그분을 찾아가 아련한 내 고향 이야기를 들려주었다. 나의 입은 굴뚝이 되어 가마니 쌀의 향수를 불러일으켰다. 고향을 선물하고 싶었던 내 마음이 고객을 움직였다. 좀처럼 열리지 않던 그분이 마음을 연 것이다.

어느 날 은행을 찾아온 그분이 내게 다가와 먼저 인사를 건넸다. 직원들은 신기한 듯 우리 두 사람을 쳐다봤다. 나는 따뜻하게 그분을 맞았다. 고객에게 물질이 아닌 마음을 선물하고 싶었던 내 마음이 빛을 발하는 순간이었다. 심리적인 가치를 선물하고 싶었던 내 뜻이 고스란히 고객에게 전달되었던 것이다.

당신과 함께하는 친구라는 느낌을 전달하라

고객의 마음을 여는 길은 돈이나 물건에만 있는 것이 아니다. 함께 있다는 그 마음, 당신과 친구라는 그 마음을 주는 일이 금전적인 이득을 주는 것 이상으로 큰 효과를 발휘한다.

경기도 화성에 있는 어느 중소기업에서의 일이다. IMF 외환위기 때도 1천만 달러 수출탑을 받는 등 열심히 앞만 보고 달려가던 기업이 위기를 맞고 있었다. 자금난으로 고생하던 그 업체는 급기야 사장이 몸져누우면서 폐업 위기에 내몰렸다. 지역경제의 일등 공신이라 불리던 잘나가던 기업이었다. 전남 벌교 출신의 사장은 맨주먹으로 시작해 지금의 회사를 일으킨 입지전적인 사람이었다.

카리스마 넘치는 사장을 따르던 직원들은 고향 후배들이 대부분이었다. 그들에게 사장의 부재는 회사의 위기 이상으로 힘 빠지는 일이었다. 잘나가던 회사는 점점 더 어려워졌고 급기야 조업이 중단되는 사태에 이르고 말았다.

더이상 두고볼 수 없었던 나는 시간을 내 업무가 끝날 무렵 공장을 찾았다. 직원들은 허둥거렸고 공장은 스산하기만 했다. 눈을 씻고 봐도 예전의 활기란 찾을 수 없었다.

"고생이 많으시죠?"

사무실과 공장에 들어서는 나를 생뚱맞은 표정으로 바라보던 직원들의 눈빛이 지금도 생생하다. 나는 그들과 일일이 악수를 하면서 힘내라는 위로의 말을 이어갔다. 그리고 그들을 한자리에 불러 모았다.

"오늘은 제가 여러분들에게 위로주를 대접하러 왔습니다. 제 술 한잔 받고 힘내서 다시 한 번 열심히 뛰십시오."

그들이 나를 어떻게 생각하건 말건 가져온 박스에서 주섬주섬 술과 안주를 꺼냈다. 그들은 좀 전에 보인 경계의 눈빛을 풀지 않은 채 나를 가만히 지켜보고 있었다. 그때 내가 박스 안에서 꺼낸 것은 전남지역에서 생산되는 소주인 잎새주였다.

"자, 쳐다보지만 말고 이리 와서 소주 한잔하시죠."

소주라는 말에 그들의 시선이 한곳으로 쏠렸다. 그리고 박스 안에서 잎새주가 나오자 그들의 얼굴이 금세 환해졌다.

"어, 이거 잎새주네. 이거 우리 고향 소주 아니여?"

그들은 간만에 보는 고향 술을 반겼다. 타지에서 잎새주를 맛보리라곤 생각도 못했을 일이었다. 내가 주섬주섬 풀어놓은 술 한잔에 그들의 마음이 녹아내리고 있었다. 그동안의 힘든 마음들 속에 포근함이 들어가고 있었다. 그날 내가 그들에게 선물한 것은 소주가 아니었다. 나는 그들에게 푸근한 고향을 선물했다고 자부하고 있다.

고향을 떠나면서 다짐했던 그 마음, 반드시 성공해 다시 고향을 찾아오겠다는 그들의 첫 마음을 선물하고 싶었던 것이다. 힘든 그들에게 고향의 푸근함과 위로, 용기를 선물하고 싶었다. 나의 간절한 소망이 담긴 선물은 그들을 위로했다. 그날 밤 우리는 어둠이 깊어질 때까지 희망을 이야기했다.

직원들은 회사를 떠난 동료들을 불러모았고, 다시 한 번 힘을 내서 일어서보자는 다짐을 잊지 않았다. 그리고 그 밤, 우리는 〈아빠의 청춘〉을 목청껏 부르면서 헤어졌다. 그 사건을 계기로 회사는 다시 한 번 힘을 모았고, 결국 재기에 성공했다. 가끔 그 회사 직원들을 만나면 그때 늦은 밤 함께 목청껏 불렀던 〈아빠의 청춘〉이 다시 들리는 듯하다.

만약 고객과 식사할 기회가 있다면 반주로 고객의 고향 술을 마셔보는 것은 어떨까? 고향의 소주 브랜드가 무엇인지 알아두었다가 함께 마신다면 그것은 단지 술을 나눠 마시는 것이 아니다. 고객의 고향에 담긴 추억을 함께 나누는 일이 될 것이다. 모임이 끝난 후 나는 상대방 고향 소주를 앞에 놓고 함께 건배하는 모습을 휴대전화로 찍어서 상대방에게 보낸다. "우리는 이제 고향 선후배입니다."라는 메시지는 단골 양념이다. 이제부터라도 우리나라에서 생산되는 지역별 10개 브랜드 소주를 가지고 다니는 재미에 쏙 빠져보면 어떨까?

어느 가을엔 이런 일도 있었다. 어머니를 잃고 슬픔에 잠겨 있던 여성 고객이 있었다. 남다른 효심에 눈길이 가던 고객이었다. 경상도 산골에서 홀로 노년을 보낸 어머니는 힘든 고추 농사로 세 자녀를 대학까지 보낸 장한 분이었다. 그런 어머니를 자주 찾아뵙지 못한 것이 마음이 쓰였는지, 고객의 얼굴에는 슬픈 빛이 늘 어려 있었다.

그해 추석 선물을 고르던 나는 말린 고추를 사서 선물하기로 했다. 시골길 가장자리에서 태양 볕에 직접 말린 태양초였다. 그 고추를 깨끗한 봉투가 아닌 비료포대에 담아 선물했다.

"시골 가는 길에 연로하신 할머니가 고추를 말리고 계시길래 고객님이 생각났습니다. 어머님을 생각하시면서 힘을 얻으셨으면 좋겠습니다. 힘내시고 명절 잘 보내십시오."

고향의 향취가 물씬 풍기는 고추였다. 어머니에 대한 그리움이 가득 담긴 선물이었다. 고추 5kg이 고객을 움직였다. 사람의 향기와 고향의 냄새가 담겨 있는 선물이었다. 마음을 담은 선물은 늘 기대 이상의 감동을 준다. 정성이 담긴 선물은 몇 배의 보답으로 돌아온다. 음식을 보낸 그릇을 돌려줄 때 더 많은 것들을 담아 보내던 어린 시절 우리 어머니의 인심처럼.

요즈음 우리나라는 세대 간, 계층 간 갈등의 골이 깊어지는 것 같아 안타깝다. 이럴 때 생활용품을 선물로 준비하면 어떨까? 이런 문장의 카드는 또 다른 향수를 불러일으키리라. "춥고 배고픔 속에서도 꿈과 희망을 노래했던 개발시대 최고의 선물, 치약과 칫솔 그리고 비누입니다. 욕실이니까 욕심냈습니다."

성공코드 17

고객으로 만들고 싶은 사람의 정보를 줄줄 꿰라

내 고객으로 만들고 싶은 사람이 있다면 모든 것을 알아내라.
고객의 남편이나 부모보다도 먼저 사정을 파악하고 있어야 한다.

● 사건 현장을 누비는 기자들은 저마다 가야 할 장소가 있다. 사건들이 한자리로 모이는 각 지역 경찰서나 뉴스가 나오는 공공기관 기자실이 그곳이다. 하루 종일 현장을 바쁘게 뛰어다니며 사람들과 부딪치다 보면 몸도 피곤해지고 마음도 지칠 수밖에 없다. 그러다 보면 신경이 날카로워지게 마련이다. 그럴 때 주변 사람들에게 나긋나긋하고 사건과 아무런 관련도 없는 사람까지 신경 쓸 수는 없는 법이다.

정치적으로 민감한 일이 많은 어느 날, 기자들은 공항으로 국회로 분주하게 오가고 있었다. 이동 거리도 길고 확인해야 할 장소도 많다 보니 늘 긴장 속에 살아야 하는 시간이었다. 기자들은 늘 지쳐 있었고 민감했다. 그런 가운데도 늘 긍정적인 마인드를 가지고 있던 모 일간지 기자는 달랐다.

그는 힘든 가운데도 웃음을 잃지 않았고, 만나는 사람들에게 친절한 미소를 잃지 않았다. 공항 로비에서 구두를 닦는 사람에게도, 청소를 하는 아주머니들에게도 친절했다. 그는 기자실에서 수다를 떨고 있는 다른 기자와 달리 늘 현장에 있었다. 그곳에서 만나는 사람에게는 늘 살가웠다.

그런데 그 기자에게 결정적인 도움을 준 사람이 구두닦이였다. 늘 공항 로비에서 구두를 닦고 있던 그의 곁으로 뉴스의 중심에 있던 거물 정치인이 지나갔던 것이다. 구두닦이는 기자와 살갑게 이야기를 나누면서 그가 뉴스메이커라는 이야기를 들었던 것이 떠올랐고, 그 기자에게 황급히 연락했다. 전화를 받은 기자는 공항으로 내달렸다. 덕분에 급히 외국으로 나가던 정치인의 모습이 그 기자의 카메라에 담겼다. 다른 기자들은 모두 놓친 특종이었다. 현장에서 일어난 일을 기자보다 먼저 알고 있는 사람은 다른 곳이 아닌 현장에 있는 법이다.

고객의 소식을
가장 먼저 알아내라

최근 벌어지는 사건사고를 가장 먼저 세상에 전하는 사람도 현장에 있는 누리꾼들인 경우가 대부분이다. 전문가보다 더 전문가 같은 사람들이 넘쳐나는 세상이다. 우리에게 안타까운 기억으로 남아 있는 대구 지하철 참사 당시, 현장 소식을 가장 생생하게 전한 것은 자욱한 연기 속에서 괴로워하던 사람들의 모습이 담긴 한 장의 사진이었다.

그 사진은 현장에 있던 시민이 탈출 직전의 급박한 상황 속에서 찍은 것이었다. 일부 방송국에서는 최근의 추세를 인정하고 일반 시민들로부터 들어오는 사소한 제보도 소중하게 생각하고 있다. 기자가 사건 현장으로 달려가는 시간이면 도착 전에 사건은 마무리되고 만다.

비즈니스 현장에서도 마찬가지다. 거래를 위해 누군가를 만나야 한다면 내가 먼저 상대방에 대해 알아야 한다. 심지어 상대방 회사 직원들보다 더 빨리 상대방의 모든 것을 파악하고 있어야 한다. 내가 먼저 알아야 거래 당사자와의 만남에서 우위를 점할 수 있다. 내 고객으로 만들고 싶은 사람이 있다면 고객의 남편보다 먼저, 부모보다 빠르게 사정을 파악하고 있어야 한다.

아파트 입주를 앞둔 고객이 있었다. 부푼 꿈을 안고 대출을 받으러 왔던 고객은 처음으로 자기 이름으로 된 집을 가지는 것이라며 한껏 들떠 있었다. 왕복 8차선 대로변에 세워진 한 동짜리 주상복합 아파트였다. 우여곡절도 많아 완공되는 과정에서 건설사가 2번이나 바뀌는 어려움을 겪어야 했다.

그 당시는 새집증후군이 민감한 사안으로 대두되던 때였다. 입주 후 3주가 지나도록 입주하는 가구가 얼마 되지 않았다. 우리 지점을 찾아왔던 고객도 입주를 서두르지 않는 눈치였다. 그런데 어느 날 아침 그 고객이 지점을 찾아왔다. 지난밤 급하게 이사를 했다는 것이다. 새벽 1시에 갑자기 짐을 싸느라 한잠도 못 잤다며 하소연을 하는 고객의 얼굴에는 피곤함이 묻어났다. 서두르지 않던 이사를 갑자기 한 것이 이상했다. 게다가 야반도주를 하듯 그 새벽에 이사를 했다니 어안이 벙벙했다. 그렇게 한 데에는 사연이 있었다.

유난히 싹싹했던 그 고객은 은행 직원 누구와도 친하게 지냈다. 또한 입주를 앞둔 아파트 관리사무소 직원들과도 어느새 친분을 유지하고 있었다. 그런데 지난밤, 관리사무소 직원이 갑자기 그 고객에게 전화를 했던 것이다. 날이 밝으면 아파트 시공사가 부도날 것 같으니 빨리 이사를 하라는 것이었다. 부도가 나면 아파트 입주가 미뤄지고 돈 문제도 복잡하게 얽힐 거라는 관리사무소 직원의 말에 덜컥 겁이 난 고객은 부리나케 이삿짐을 꾸렸다.

힘들게 짐을 싸고 늦은 새벽에야 이삿짐을 실어나른 덕분에 아침 7시쯤에 대충 이사를 마칠 수 있었다. 그리고 아침 9시에 회사의 부도 소식이 전해졌다. 그때부터 상황이 복잡해졌다. 이미 입주한 사람은 어쩔 수 없지만 입주 전인 사람들의 입주는 연기되었다. 대책위원회가 구성되고 사건이 마무리되는 데만 7개월이 걸렸다. 입주하지 못한 사람들이 허둥거리는 사이 그 고객은 편안하게 사태 추이를 지켜볼 수 있었다. 다른 사람보다 먼저 회사 소식을 알게 된 덕분이었다.

그 고객은 은행에 들를 때마다 그 이야기를 무용담처럼 들려주었다. 비슷한 시기에 대출을 받은 다른 소유자들이 답답하다고 하소연하는 것과는 대조적이었다. 시공사를 찾아갈 때마다 모든 직원들에게 싹싹하게 대했던 그 고객의 대인 관계가 상대방의 소식을 누구보다 먼저 알아낼 수 있었던 것이다.

고객 주변 사람들의
도움이 절대적이다

이처럼 상대방의 소식을 가장 먼저 아는 일은 자신의 노력만으로는 되지 않는다. 주변 사람들이 알려주는 소식이 절대적이다. 상대 회사의 말단 직원이나 경비원들조차 꼼꼼하게 챙긴다는 것은 결국 중요한 소식을 내게 전달해주는 정보망이 더욱 촘촘해진다는 말이다. 나도 고객의 회사를 방문할 때마다 경비원과 친하게 지낸 탓에 큰 도움을 받은 적이 있다.

경비원이라는 직책은 회사의 남다른 소식을 많이 알고 있는 자리다. 어떤 은행의 직원들이 다니고 있는지, 상품이 얼마나 보관되어 있는지, 들고나는 물류가 얼마나 되는지 등을 실제로 누구보다 잘 알고 있는 사람이다. 사무실 직원들은 숫자로 재고량을 파악하지만 경비원들은 실물을 눈으로 보고 파악하기 때문이다.

친하게 지내던 경비원이 있었다. 방문할 때마다 시원한 음료수도 대접하고 자녀들에 대한 어려운 사정도 들어주면서 친하게 지내다 보니 가벼운 농담도 주고받는 사이가 되었다.

하루는 그 회사에 들어가는데 경비원이 나를 조용히 불렀다. 나를 구석진 곳으로 데려간 경비원은 회사가 곧 망할 것 같다며 그동안 보고 들은 이야기를 전해주기 시작했다.

밤에 사장이 회사 물건을 빼돌리는 것을 몇 차례 봤고, 직원들의 퇴사도 잦다는 것이다. 게다가 월급을 못 받은 직원들도 여럿 있으니 한번 확인해보라는 말을 조심스럽게 전해주었다.

은행에 돌아오기 무섭게 그 회사에 대해 알아보라고 지시했다. 직원들은 거래 내역을 분석하고 친분이 있는 거래 회사 직원들을 통해 정보를 수집했다. 확인해보니 어음이 정상적이지 않은 경로를 통해 유통되고 있었다. 자금을 융통하기 위해 편법을 쓰고 있는 정황도 포착되었다. 발행되지 아니한 어음을 회수하고 거래를 줄이기 시작했다. 얼마 지나지 않아 그 회사는 부도 처리되었다. 하지만 우리는 사전에 확인한 정보를 바탕으로 대비했기에 손실을 최소화할 수 있었다.

비즈니스 현장에서 상대를 아는 것은 거래에서 우위를 점할 수 있는 가장 좋은 방법이다. 즉 "지피지기면 백전백승"이다. 임진왜란을 대승으로 이끈 이순신 장군의 승리 비결 중 으뜸은 누구보다 적을 잘 알았다는 점이다.

배우자나 연인에게 선물을 주고도 욕먹는 사람이 있다. 선물을 받는 사람은 생각지도 않고 내 생각만 했기 때문이다. 선물을 받을 사람에게 필요한 것이 무엇인지를 제대로 알지 못했기 때문이다. 그저 적당히 내가 가진 돈에 선물을 맞췄거나, 선물을 대충 골랐기 때문이다. 선물은 가격이 중요한 게 아니다. 정말 필요한 것을 받았을 때 진한 감동을 받게 된다.

비즈니스에서 성공하고 싶다면 부지런해야 한다. 내가 고객으로 만들고 싶은 사람의 정보를 잘 알고 있어야 한다. 무엇을 하면서 하루를 보내는지, 요즘의 관심사는 무엇인지를 파악하고 있어야 한다. 그 고객이 필요로 하는 것이 무엇인지를 누구보다 먼저 알고 있어야 한다. 비즈니스 현장에서 성공한 사람들의 구두는 대부분 낡을 대로 낡았다. 뒤축은 닳아 몇 번을 갈고, 일 년이면 서너 번씩 새 구두로 갈아 신는다. 부지런히 뛰어다닌 결과다. 농작물은 농부의 발소리를 듣고 자란다고 하지 않는가?

고객을 만나기 위해 모든 연결고리를 총동원하자

나와의 연결고리가 될 수 있는 것은 하나라도 놓치지 마라.
혈연과 학연은 변함 없지만 지연은 범위를 넓힐 수 있다.

● 비즈니스 현장의 꽃은 영업이다. 영업을 잘하는 사람이 많을수록 기업이 성공한다. 영업을 잘하는 사람이란 고객의 마음을 잘 아는 사람이다. 고객의 가려운 곳을 긁어주는 사람, 고객의 혀처럼 구는 사람, 고객을 감동시키는 정도가 아니라 기절시키는 사람, 그런 사람이 영업을 잘하고 성공한다.

성공한 세일즈맨들을 보면 준비 단계에서부터 철저하다. 고객을 만나기 위해 모든 것을 파악하고 준비한다. 고객이 무엇을 필요로 하는지, 조만간 어떤 일이 있을지를 미리 예측하고 있다. 생일을 미리 알고 축하 선물을 보내고, 좋지 않은 일에는 상담가로 나서는 일도 마다하지 않는다. 가려운 곳을 제대로 알고 시원스럽게 긁어주는 세일즈맨은 반드시 성공한다.

한국 사람만큼 강한 결속력을 가진 민족도 드물다. 결속이 잘되지 않는다며 우리를 우습게 여긴 나라들이 많았다. 그런데 IMF 외환위기 시절 '금 모으기 운동'을 보고 놀라워했다. 2002년 한일월드컵에서 거리 응원에 나선 '붉은 악마'에 충격을 받았다. 한국 사람들은 한번 뭉치기 시작하면 무섭게 하나가 되는 민족인 것이다. 마음만 먹으면 언제든 하나가 되어 집중력을 발휘하는 엄청난 저력을 가진 민족이 아닌가.

기대 이상이었던
현씨마케팅

한국 사람은 몇 사람만 거치면 다 아는 사이다. "단군의 자손이기 때문에 모두가 친척"이라는 우스갯소리도 있다. 땅은 좁지만 단일민족이라는 자긍심도 강하다. 실제로 2004년 중앙일보와 연세대학교가 공동으로 '사회연결망조사'라는 특별한 연구를 한 적이 있다. 전혀 낯선 두 사람이 몇 명을 거치면 서로 아는 사이가 되는지 알아보는 다소 황당한(?) 조사였다. '전혀 낯선 누군가를 알고 싶을 경우 내가 아는 사람을 몇 명 거치면 되는가'가 실험의 요지였다.

결과는 놀라웠다. 3.6명이었다. 일면식이 없던 사람이라도 4명 정도만 거치면 아는 사람이 되는 것이다. 미국은 같은 실험을 해서 5.5명이라는 결과를 얻었다. 그만큼 한국은 사람과의 관계가 밀접하고 또 이를 소중히 여기는 사회다. 혈연·지연·학연 등으로 똘똘 뭉친 곳이다. 그런 사회에서 고객 한 사람은 그냥 그 한 사람이 아니다.

인맥을 만들고 성과를 높이기 위해 나는 특별한 방법을 생각했다. 희소한 성^姓으로 분류되는 내 성씨^{姓氏}를 이용하기로 했다. 우리나라에는 대략 270여 개의 성씨가 있다. 인구수를 기준으로 할 때 나의 현씨 성은 125번째쯤 된다. 그러나 본관은 연주^{延州} 하나다. 다른 성씨처럼 본이 많은 것도 아니고, 사람도 귀하다 보니 낯선 사람이더라도 현씨 성을 가진 사람을 만나면 그렇게 반가울 수 없다. 그 점에 착안했다. 기업은행과 거래를 하고 있는 현씨 성을 가진 CEO들을 한자리에 모아보기로 한 것이다.

2007년 9월, 생각했던 일을 바로 실행에 옮겼다. 그들에게 감사 편지도 보내고 안부도 전했다. '연주 현씨 평장사공파 ^{平章事公派} 23대손 현병택이며, 종친 어른들의 성원에 힘입어 부행장으로 근무하고 있으니 앞으로 금융거래는 저를 은행의 의사(금융주치의)라고 생각하시고 기업은행에 맡겨달라.'는 내용으로 말이다. 연말을 맞아 송년모임을 계획하고 "일 년 동안 제 병원 기업은행을 이용해주셔서 감사하다."는 내용과 함께 "정겨운 이야기도 나누고 서로의 의견도 교환하는 소중한 시간을 만들려고 한다."는 초대장을 보냈다. 당시 기업은행과 거래하던 현씨 성을 가진 고객은 3만여 명쯤 되었다. 초청장은 그 중에서 331명에게 발송되었다.

반응은 기대 이상이었다. 반갑다는 전화와 편지가 줄을 이었다. 같은 성씨를 가진 사람이 부행장이어서 힘이 난다는 인사와 행사에 참가하겠다는 전화가 줄을 이었다. 주거래 은행을 기업은행으로 변경하겠으니 지점장을 보내달라고 아우성까지 있었으니 말이다. 나는 거기서 만족하지 않았다. 송년모임의 성공에 힘입어 또 다른 현씨마케팅을 시작했다.

현씨 고객 중 기업은행과 3년 이상 거래한 기업체 CEO들을 따로 분류했다. 그 중 50명의 명단을 만들어 그들의 회사를 직접 방문했다. 직접 만나서 그들의 고충과 애로사항을 듣고 그것을 상품에 반영하기 위해서였다. 이것이 인연이 되어 현기회玄企会가 결성되었다. 현씨 성을 가진 기업은행을 거래하는 기업인 모임의 약칭인데, 지금까지도 우리들은 1년에 4번 정해진 날에 만나고 있다.

성공하기 위해
모든 것을 총동원하라

나는 열심히 공부했던 덕분인지 대학 졸업을 앞두고 바로 취직을 할 수 있었다. 국내 굴지의 종합무역상사와 기업은행 두 군데에 동시에 합격했다. 내겐 은행이 유리해보였다. 은행은 업무가 일찍 끝나기 때문에 일찍 퇴근할 수 있을 것 같았다. 돈도 벌면서 공부도 더 하고 싶었던 나는 주저없이 은행을 택했다.

그러나 출근해보니 그게 아니었다. 오후 4시 30분에 은행문이 닫힌다고 직원들의 퇴근이 빠른 것은 아니었다. 그때부터 내부 업무가 시작되어 대부분의 직원들의 퇴근시간은 10시가 보통이었다. 실망한 나는 하루에도 몇 번씩 사표를 썼다 찢었다를 반복했다. 내가 원하던 직장은 이게 아니라는 실망감에 하루하루가 힘들었다. 그런 나를 어느 날 지점장님이 부르셨다. 당신도 처음 입행했을 때 나처럼 갈등을 했는데, 몸과 마음을 은행에 맞추려 노력하다 보니 적응이 되고 평생 직장이 되더라는 말씀과 함께 손을 잡아주셨다. 만일 그때 사표를 제출했더라면 지금의 나는 없었다.

내 몸을 은행에 맞추면서부터 나는 변하기 시작했다. 이왕이면 최고가 되고 싶었다. 성공하기 위해 모든 것을 총동원하기로 결심했다. 누군가를 만날 일이 있으면 그에 관한 모든 것을 파악하고, 나를 그 사람에게 맞춰나가기 시작했다. 혈연과 지연, 학연을 총동원했다. 나와 연결고리가 있는 사람은 누구든 고객으로 만들었다. 연결고리가 없는 고객은 무리를 해서라도 연결시켰다. 영업을 위해서라면 무엇이든 할 수 있다고 스스로 자기 최면을 걸었다. 혈연과 학연은 어쩔 수 없지만 지연은 얼마든지 그 범위를 넓힐 수 있다고 생각했다.

그때부터 웅변학원을 다니고 사투리를 배우러 다녔다. 충청도에서 태어났지만 상황에 따라 걸쭉한 호남 사투리를, 퉁명스러운 경상도 말을 시원스럽게 쏟아냈다. 사투리는 고객과 나를 같은 고향 사람으로 만들었고 서로를 하나로 묶어주었다.

준비 없이 찾아간 고객 앞에선 최대한 빨리 고향이 어딘지를 파악했다. 고객의 습관과 취미를 분석하고 관심사를 찾아냈다. 나와의 연결고리가 될 수 있는 것은 사소한 점 하나라도 놓치지 않았다. 내가 구사할 수 없는 사투리를 사용하는 고객이라면 그 지역 출신인 동료를 데리고 나갔다. 다행히 나는 충청도에서 태어났다. 충청도 사람들은 지방색이 약하고 느리다는 이유로 사람들이 별로 부담스러워하지도 않았고 나의 진한 충청도 사투리를 재미있어 했다.

고객을 만나기 전에 철저한 준비를 하는 것 이상으로 만난 뒤에는 마무리도 철저하게 했다. 고객과 주고받은 명함에는 메모가 가득하고 수첩에도 고객에 대한 정보가 빼곡히 적혀 있다. 명함에는 고객과 만난 날짜와 시간은 물론 고객의 고향도 메모되어 있다. 어느 지역, 어느 학교에서 어린 시절을 보냈고 어느 초등학교를 나왔는지까지 기록했다. 나중에 그 고객을 만나더라도 그 지역의 풍습이나 관광지, 특산물에 대해 이야기할 수 있는 기회를 만들 수도 있다.

지점장 시절부터 지금까지 모아서 보관하고 있는 1만 여개쯤 되는 명함은 나의 직장생활 보물 제1호다. 가끔씩 꺼내어 읽어보는 재미가 쏠쏠하다. 그리고 나는 틈나는 대로 관상觀相과 수상手相에 관한 책을 여러 권 읽었다. 신용이 생명인 사회에서 신용 있는 사람들을 정확하게, 그리고 빠르게 선별하는 것이 무엇보다 중요하다고 여겼기 때문이다. 재무제표는 사람이 만드는 것이고, 일의 시작과 끝은 사람에 의해 이루어진다는 소신은 지금도 변함이 없다.

요즘 젊은 친구들은 맞선 보러 나가기 전에 상대방의 모든 것을 알고 나간다. 사진 한 장만 보고 나가던 우리들 세대하곤 많이 달라졌다. 상대방의 미니홈피나 블로그를 방문하고 방명록에 쓰인 글로 친구들까지 파악한다. 기왕 만나는 사람이라면 좋은 사람을 만나기 위해 모든 것을 수집한다.

우리 역사상 최고의 명장으로 불리는 이순신 장군의 불패신화 뒤에는 적의 모든 것을 꿰뚫어보던 첩보전이 있었다. 모든 것을 동원해 적의 동태를 파악하고 물길의 흐름과 인근의 지형을 모두 파악한 후에야 싸움에 나갔던 것이다. 12척의 배로 133척의 적선과 싸워 이긴 명량대첩이나 학익진을 펼쳐 세계 해전사에 길이 이름을 남긴 한산대첩의 승리 뒤에는 승리를 위해 모든 것을 준비했던 이순신 장군의 뛰어난 정보 수집력이 있었다.

고객을 만나기 전에는 적선과 마주할 이순신 장군의 심정이 되어야 한다. 맞선을 30분 앞둔 초조한 여인의 심정이어야 한다. 그렇게 만난 고객이라면 절대 놓치지 않고 내 사람으로 만들 수 있을 것이다.

고객에게 필요한 것이 무엇인지 먼저 알아내라

공부도 예습이 중요하듯, 흐름을 미리 알고 앞서 대비하는 사람은 절대 따라잡을 수 없는 법이다.

● 장가계로 여행갔을 때의 일이다. 가이드로 나온 조선족 청년이 조선족 특유의 억양은 있지만 유창한 우리말로 관광객들을 안내했다. 첫날 일정을 마치고 호텔에 도착했을 때, 가이드는 방에 들어가보고 문제가 있으면 문을 활짝 열어놓으라고 말했다.

방을 배정받고 들어가보니 깔끔하고 별 문제는 없어 보였다. 그런데 집사람이 화장실에 들어가더니 수건이 하나밖에 없다며 어찌해야 할지를 물었다. 언어도 안 되는데 프런트에 전화를 하려니 난감했다. 그때 조선족 가이드가 무슨 문제가 있냐며 다가왔다. 전화를 해야 할지, 프런트로 내려가야 할지를 두고 망설이던 사이에 문을 열어두었던 것이다. 자초지종을 설명하니 가이드는 손수 수건을 요청해주었고, 객실로 전달되는 것을 확인한 뒤 다른 불편한 문제는 없는지를 확인한 다음에야 다른 방으로 건너갔다.

먼 이국 땅에 와서 조선족 가이드가 베풀어준 친절을 경험하니 그가 다시 보였다. 작은 체구의 청년이 보여준 친절이 그를 큰 사람으로 보이게 만들었다. 고객이 말하기도 전에 어떤 어려움을 겪는지 미리 짐작하고 해결해주는 그 마음에서 많은 배움을 얻었다.

천주교 신자가 신부에게 고해성사를 할 때 마지막으로 하는 말이 있다. "내가 지금까지 말씀드리지 않았던 상황까지도 용서해주세요."가 그것이다. 내 모든 것을 아시는 그분이 내가 미처 깨닫지 못하는 아픔도, 내게 닥칠 고난도 미리 알고 용서해주시고 해결해달라는 기원의 소리다.

상대방의
마음을 읽어라

대학 시절, 우연히 탁구를 배우게 되었다. 처음부터 잘 치는 친구에게 배운 터라 실력이 일취월장했다. 비슷한 실력을 가진 친구들과 시합을 하면 승률 90%의 실력을 자랑할 정도였다. 기고만장하고 있을 무렵, 복학생 선배와 시합을 할 기회가 생겼다. 선배의 실력을 묻자 공을 넘길 줄만 안다는 초보적인 답이 나왔다.

감히 5점을 잡아주고 시작하겠다는 호기마저 부리며 시합을 시작했다. 그런데 시합이 시작되자마자 나는 일이 크게 잘못되었다는 것을 깨달았다. 정말 그 복학생 선배가 공을 겨우 넘길 만한 수준인 줄 알았다. 그런데 내가 치는 공을 한 치의 어긋남 없이 받아넘겼다. 점수는 언제나 내 실수에서 나왔고, 선배는 흐트러짐 없이 꾸준히 앞서 나갔다.

이미 시작한 시합을 멈출 수는 없었다. 경기는 2 대 21이라는 어마어마한 스코어로 마무리되었다. 나중에 복학생 선배가 지역 대표로 시합에 나간 적이 있는 고수였다는 사실을 알게 되었다. 상황을 모르고 번데기 앞에서 주름을 잡고 있었던 것이다. 비슷한 경험은 또 있었다.

막 장기를 배워 사람들을 이겨가는 재미에 빠져 있던 때였다. 역시나 어수룩해 보이는 친구와 시합을 하게 되었는데, 그 역시도 장기를 잘 두느냐는 물음에 길만 안다는 답이 나왔다. 졸을 옮기고 차와 포가 자리를 잡아가면서 어쩌면 이 친구가 고수일지도 모른다는 생각이 들었다. 역시나 만만하게 봤던 그는 시합을 시작한 지 30여 분 만에 나를 이겨버렸다. 이기는 길을 알고 있는 고수였다.

탁구공을 넘길 줄만 안다는 선배, 장기가 가는 방법만 안다는 친구. 그들은 나보다 두 걸음 앞서 있었다. 내가 공을 어디로 보낼지 알고 있었고, 내 장기알들이 어디로 갈지, 그 이후 판세가 어떻게 돌아갈지를 미리 알고 있었다. 그들을 상대로 싸운다면 그게 누구든 백전백패다.

성공한 임원들은 자신의 분명한 역할을 잘 안다. 나는 임원은 '임시직원'의 준말이라는 데 동의한다. 그래서 다른 사람들을 위해 스스로를 잘 다독이는 임원들이 성공한다.

성공한 임원들은 항상 주위 사람들을 유심히 살피고 그들의 불편함이 무엇인지를 먼저 알아낸다. 안타까운 사연이 있는 사람, 가슴 아픈 일이 있는 사람, 업무에 불이익을 받고 있는 사람을 허투루 보지 않는다. 그들의 어려움을 미리 알고 해결해주는 일에 발 벗고 나선다. 좋은 상사의 요건 중에는 지갑은 열고 입은 닫아야 한다는 말이 있다.

요즘 인정받는 시어머니는 김치를 만들어 며느리에게 가져다 주는 게 아니라, 경비실에 맡겨두고 찾아가라고 전화하는 시어머니라는 우스갯소리가 있다. 시어머니가 집을 찾지 못하도록 아파트 이름들이 외우지도 못할 만큼 어렵다는 것이 요즘 세태다.

임원으로 성공하거나 좋은 시어머니로 인정받으려면 상대방의 마음을 읽어야 한다. 비즈니스의 세계도 마찬가지다.

그곳에 있는 것처럼
행동해라

공단지역 지점장으로 근무하던 시절, 자주 가던 의류회사가 있었다. 마치 전진기지처럼 시간이 비거나 특별한 일이 없으면 찾아가서 담당자와 담소를 나누거나 대표와 식사를 하곤 했다.

워낙 허물없이 지내던 곳이라 어려운 속사정도 잘 알았고, 직원들의 웬만한 대소사는 알아서 챙길 정도였다. 여직원들이 나누는 대화를 기억했다가 생일을 맞은 직원이 갖고 싶어하던 것을 챙겨 환심을 사기도 했고, 무더운 여름이면 아이스크림을 사 들고 찾아가 뜨거운 환호를 받기도 했다. 아이스크림이라는 작은 성의였지만, 그들에겐 내가 무더운 여름의 청량제와 같은 존재가 되는 순간이었다.

그런데 초창기에 이 아이스크림 때문에 난감한 일을 겪은 적이 있다. 친분이 생겨 자주 찾아가던 어느 여름, 찌는 듯한 무더위에 아이스크림을 나눠주면 좋아하겠다는 생각에 무심코 돈이 되는 대로 아이스크림을 사서 회사에 들어갔다. 업무에 지쳐 있던 직원들은 환호했다.

하지만 문제가 생겼다. 내가 사온 아이스크림보다 더 많은 사람들이 있었던 것이다. 대충 짐작으로 생각한 인원 외에 거래처와 공장 직원 몇 명이 사무실에 있던 터라 못 먹는 사람이 생겨났다. 비록 아이스크림이었지만 서운한 마음은 생기는 법이다. 내 딴에는 잘해보려 한 일이 오히려 아이스크림을 사주지 않은 것만 못하게 되어버렸다.

그 후로는 미리 전화를 해서 사무실에 지금 몇 명의 사람이 있는지를 확인하고 그보다는 두어 개 더 사서 찾아가곤 했다. 인원에 관계없이 나눠주고도 남을 만큼의 많은 양을 사가지 않은 이유는 아이스크림이 남으면 냉장실 구석에 처박혀 흉물스럽게 남는 경우가 많고, 그걸 볼 때마다 사온 사람을 원망하게 된다는 여직원들의 대화를 듣게 되었기 때문이었다.

그들의 마음까지 이해해준 덕에 그 의류 회사와의 인연은 지금까지도 이어지고 있다. 내가 다른 곳으로 옮긴 뒤에도 그곳에서 벌어지는 일들은 대부분 내 귀에 들어왔고, 새로운 고객 중에는 그들의 정보를 통해 만들어진 경우가 많았다. 또한 내가 얻은 정보는 성수동 지점으로 전해져서 후배들이 큰 도움을 받은 경우도 많았다. 내가 그들보다 앞서서 그들의 마음을 읽고, 그들에게 필요한 것이 무엇인지를 먼저 알고 그에 합당한 조치를 취해주었기에 그들은 내 사람이 되어주었다.

대단한 재력가를 만나 돈 버는 방법을 물었더니 명쾌한 답을 해주었다. 돈이 지나가는 길목을 잘 봐두었다가 그 앞에 그물을 쳐놓고 기다리면 돈은 자연스럽게 그물 안으로 들어오게 된다는 것이다. 문제는 돈이 지나가는 길을 아는 것이다. 성공한 사람들은 대부분 탁구공을 넘기는 길을 알고, 좇이 가야 할 길을 안다.

농사를 지을 줄 모르는 사람은 논에 물이 가득 차 있으면 좋은 줄 안다. 물만 가득 채워 놓으면 벼가 잘 자란다고만 생각한다. 하지만 농사를 지을 줄 아는 사람은 채우는 일보다 비우는 일에 더 신경을 쓴다. 벼가 튼실하게 자라려면 적당한 순간에 물을 빼서 논을 말려 줘야 한다. 물이 많은 논에서 자란 벼는 병충해에 약하고 태풍이 오면 쉽게 쓰러지는 법이다.

물 관리를 잘하는 사람이 훌륭한 농부다. 채워야 할 때와 비워야 할 때를 안다. 태풍이 오기 전에 물을 비워 튼튼하게 만들 줄 알고 가뭄에 대비해서 물을 채울 줄 안다. 공부도 예습이 중요하듯 흐름을 미리 알고 앞서 대비하는 사람은 절대 따라잡을 수 없는 법이다.

몸 안의 나침반은 언제나 고객을 향해야 한다

사소한 습관 하나라도 상대방이 불편해하면 바로 바꿔야 한다.
상대방에게 부정적인 인상을 주는 습관이 있다면 무조건 바꿔라.

● 야구선수 이승엽의 성공 뒤에는 철저한 자기 변신이 있었다. 늘 새로운 타법을 구사하고 철저하게 상대 투수를 연구하는 자세가 그를 '국민타자'로 불리게 했고, 홈런 신기록을 세우도록 만들었다. 한번 몸에 익은 자세를 바꾸는 것은 결코 쉬운 일이 아님에도 이승엽 선수의 타법은 늘 새롭게 바뀐다.

비즈니스 세계에서 성공한 사람들 중에는 변신의 귀재가 많다. 그들은 사소한 습관 하나라도 상대방이 불편해하면 바로 바꾼다. 여자를 유혹하는 플레이보이처럼 빠른 변신은 그들에게 성공을 가져다준다. 특히 상대방에게 좋지 못한 인상을 주는 습관이 있다면 무조건 바꿔야 한다.

내 습관, 내 취미도
고객에 따라 바꿔라

가끔 음식을 가리는 사람과 만날 때가 있다. 모임에 그런 사람이 있으면 장소 선정에 애를 먹는다. 회를 못 먹는 사람 때문에 고깃집을 선택해야 하거나 돼지고기를 못 먹는 사람 때문에 비싼 쇠고기를 선택해야 하는 경우도 있다. 그런 경우 말은 안 해도 사람들은 그를 불편해한다. 그 한 사람 때문에 다른 사람들이 불편을 겪는 것이다. 친구와의 모임에서라면 불편하고 말겠지만 비즈니스 현장에선 상황이 다르다. 상대방에게 나쁜 선입견을 심어줄 수 있다. '지가 뭔데?' 하는 불만과 반감을 불러일으켜 다시 그 사람을 만나는 것이 불편해진다.

상견례 자리라고 생각해보자. 결혼을 허락받기 위해 상대방 부모의 집을 방문한 자리라면 어떨까? 잘 차려놓은 음식을 가려 먹는다면 미움을 받게 된다. 결혼 승낙을 받는 일이 어려울 수도 있다. 가리는 음식이 있더라도 눈 딱 감고 입에 집어넣어야 한다.

비즈니스도 마찬가지다. 계약을 성사시키기 위해선 눈 딱 감고 해낼 수 있어야 한다. 아닌 줄 알면서도 그 길을 가야 하는 상황이라면 가야 한다. 거래를 성사시키기 위해서라면 무리가 따르더라도 몸을 아끼지 말아야 한다.

최근 들어 변화의 바람이 불고 있지만 아직도 변하지 않는 것들이 있다. 그 중 대표적인 것이 점심시간이다. 우리는 당연히 12시부터 1시까지를 점심시간이라고 알고 있다. 다른 회사에 전화를 걸 일이 있어도 그 시간은 피하게 되고 방문을 하더라도 그 시간이 되면 밖에서 기다렸다가 들어간다. 그런데 반대의 현상이 나타나는 곳도 있다. 직장인들이 은행에 가장 많이 찾아오는 시간이 점심시간이다. 업무중에 자리를 비우는 일이 쉽지 않다 보니 점심식사를 마친 짧은 시간에 은행 업무를 보게 되는 것이다.

은행의 점심시간도 12시부터 1시다. 하지만 창구를 비워둘 수 없으니 2개 조로 나눠 식사를 하고 온다. 하필이면 가장 많은 고객이 찾아오는 시간에 가장 적은 직원들이 객장에서 근무하는 것이다.

그럴 때는 당연히 생각을 바꿔야 한다. 지점장 시절 직원들의 점심시간을 바꿨다. 남들이 12시에 밥을 먹을 때 우리는 11시에 먹었다. 그게 빠르면 1시 이후에 밥을 먹었다. 점심식사를 마친 고객들이 한꺼번에 몰리는 시간엔 오히려 업무에 집중했다. 고객들은 짧은 시간에 업무를 봐야 하는 바쁜 사람들이다. 식사를 마친 직장인들에겐 1분 1초가 아깝다. 그들을 고객으로 만들려면 그들을 위해 자신의 고정관념도 깰 줄 알아야 한다. 오래된 습관마저 바꿀 줄 알아야 한다.

점심시간이라고 전화를 안 받는 회사가 의외로 많다. 하지만 점심시간은 고객이 마음 놓고 전화를 할 수 있는 시간이다. 고객들이 원하는 장소와 시간을 파악하고 그것에 맞춰야 한다. 고객이 원하는 그 순간 현장에 있어야 한다. 내 습관, 내 취미도 고객에게 맞춰야 한다.

고객이 찾는 아침시간, 화장실에 있지 마라

직장인들 중에는 출근하기 무섭게 화장실로 달려가는 사람들이 의외로 많다. 아침을 화장실에서 시작하는 부러운 사람들이라고 생각하는 사람도 있을 것이다. 장이 나빠 고생하는 사람들에겐 아침에 화장실 가는 것이 꿈이다. 하지만 아침에 화장실에 가는 것이 꼭 좋은 일인지는 한번쯤 생각해봐야 한다.

화장실을 가는 사람들은 대부분 빈손으로 가지 않는다. 신문이건 잡지건 읽을거리를 들고 간다. 일을 마치는 그 순간까지 변기에 걸

터앉아 그것들을 읽고 있는 것이다. 그렇게 소중한 아침시간을 낭비한다.

아침시간은 머리가 맑아 일이 잘되는 시간이다. 전날 처리 못한 급한 업무를 끌어안고 황급히 찾아오는 고객들이 많은 시간이다. 그래서 일부 기업에선 걸려오는 전화도 받지 않고 근무에 집중하도록 독려하는 때가 아침시간이다. 그렇게 소중한 아침시간을 화장실에서 시작하고 있는 것이다.

일 잘하는 직원들일수록 화장실에 자주 가지 않는다는 사실을 알게 되었다. 출근하면 제일 먼저 화장실에 가는 사람들이 있다. 조금 일찍 출근하건 정시에 출근하건 사무실에 얼굴 도장을 찍기 무섭게 화장실로 직행하는 직원들이 의외로 많다. 그런 직원들을 보면 가만있질 못했다. 화장실 갈 일이 있으면 집에서 해결하고 오라고 쓴 소리를 하곤 했다.

몇몇 직원들은 그런 나를 야박하다고 했다. 나 역시 그걸 모르는 바는 아니지만 가만히 있을 순 없었다. 그건 직원이나 회사 모두에게 마이너스이기 때문이다.

하루를 화장실에서 찝찝하게 시작할 것인지, 자기계발을 하면서 기분 좋게 보낼 것인지는 스스로가 선택할 몫이다. 냄새를 풍길 것인지, 향기를 남길 것인지 역시 스스로의 몫이다. 일주일의 시작이 월요일이듯, 하루의 시작은 아침이다. 월요일을 술로 시작하면 일주일 내내 술을 마시듯, 아침을 회사 화장실에서 보내면 하루가 즐겁지만은 않을 것이다.

일 잘하는 직원들은 담배를 피우는 시간도 아까워한다. 그래서 모질게 마음먹고 담배를 끊는다. 담배를 끊는 사람을 독하다고 표현하는데, 다시 한 번 생각해봐야 한다. 좀더 많은 업무를 볼 수 있는 소중한 시간을 담배를 피우면서 낭비하는 그 마음이 오히려 독한 것은 아닌지.

일 잘하는 사람들은 습관을 바꾼 사람들이다. 습관처럼 집어들던 담배를 끊고, 아침이면 달려가던 화장실의 문을 닫아버린 사람들이다. 그들은 출근하기 전에 화장실에 다녀온다. 회사 문을 열고 들어선 바로 그 순간부터 모든 생체 스케줄은 업무에 맞춰져 있다.

내가 지점장 시절 업무실적 1등을 놓치지 않게 된 원인 중 하나가 은행 문을 30분 일찍 열고 30분 늦게 닫는 '30-30프로젝트' 때문이었다. 아침 시간 30분은 직장인에게는 정말 긴 시간이다. 30분 일찍 업무를 시작하려면 적어도 1시간 일찍 은행에 도착해야 한다. 근무시간은 노사합의 사항이므로 나는 직원들을 설득했다. "한 달만 그렇게 해보자."라며 어렵사리 직원들의 동의를 받았다. 그런데 웬걸, 출근하자마자 남자 직원들은 너 나 할 것 없이 화장실로 가는 것이 아닌가? 화장실 문을 아침 시간에 걸어 잠갔다. 난리가 났다. 노동조합의 항의는 물론이었다. "3일간 말미를 달라."고 해 겨우 진정시켰다. 4일째 되던 날 화장실 문을 열어 놓았다. 그러나 화장실에 가는 직원들이 없었다. 오래된 습관도 마음만 먹으면 변화시킬 수 있다는 것을 안 그날, 나는 직원들과 얼싸안았다. 지금도 그때 직원들의 대견스런 모습들이 눈에 선하다.

성공하는 스포츠맨들이 피나는 훈련을 통해 오랜 습관을 버리는 것처럼, 예술가들이 새로운 예술 세계를 만들어내기 위해 몸에 밴 버릇들을 힘들게 고치는 것처럼, 비즈니스맨들도 고객을 위해 자신의 오래된 생체리듬까지 바꿔야 한다. 몸 안의 나침반은 언제나 고객을 향해야 하며, 나쁜 버릇이나 좋지 못한 습관들은 통째로 분리수거해야 한다.

칭찬을 통해 기쁜 만남을 만들어야 한다

기왕 만날 고객이라면 칭찬을 통해 기쁜 만남을 만들어야 한다.
함께 생활하는 직원에게도 기꺼이 칭찬을 아끼지 말아야 한다.

● 칭찬받고 자란 아이는 비뚤어지지 않는다. 동물들을 조련할 때 길들이는 가장 좋은 도구는 먹이와 쓰다듬기다. 조련사는 말 잘 듣는 동물에게 먹이를 던져주면서 머리를 쓰다듬어준다. 먹이를 주는 것과 머리 쓰다듬기는 잘했다는 칭찬의 표현이다. 이러한 칭찬은 더 큰 칭찬을 갈망하게 만든다.

지음^{知音}이라는 고사성어가 있다. 거문고의 명인이었던 백아가 자신의 거문고 소리를 가장 잘 이해해주던 벗 종자기가 죽자, 더이상 자기 소리를 알아주는 이가 없다며 거문고 줄을 끊어버린 것에서 유래한 말이다. 거문고 명인의 거문고 줄을 끊어버리게 만든 것, 거문고 명인이 신명나게 거문고를 탈 수 있게 만든 것, 그것은 자기를 알아준 벗의 믿음이다. 그의 소리에 감동할 줄 알았던 벗의 칭찬이었다.

칭찬받는 고객은 즐거워한다

"말 한마디로 천 냥 빚을 갚는다."라는 속담이 있다. 사람과의 관계에서 말 한마디는 그 무엇보다 큰 힘이다. 말은 사람을 변화시킨다. 칭찬은 고래도 춤추게 한다. 말은 힘이 세고 칭찬은 위대한 능력을 가졌다. 칭찬은 직원을 춤추게 하고, 고객도 춤추게 만든다. 이것이 말의 능력이고 칭찬의 힘이다.

남자 고객에게 선물할 때도 마찬가지다. 기왕이면 당사자보다 배우자를 챙긴다. 고객의 부인을 챙기고 자녀들을 위한 선물을 준비한다. 선물하면서 고객에게 한마디 덧붙인다.

"이 선물로 사랑받으세요."

"댁에 가시면 좋아하실 겁니다."

그러면 처음엔 당황하던 고객도 이내 내 마음을 알아차린다. 나중에 만나면 집에서 사랑받는 남편이 되었다며 고마워한다.

　가끔 기분 좋은 변태 소리를 들을 때가 있었다. 가방과 트렁크 속에 팬티와 브래지어까지 여성용 속옷들이 몇 세트씩이나 들어 있었기 때문이다. 비아그라 반쪽을 우황청심환 케이스에 넣어 넌지시 건네기도 했다. 의미심장한(?) 미소를 던지며 건네는 선물이 비아그라라는 것을 알면 멋쩍게 웃는다. 그런데 나중에 다시 만나면 아침 반찬이 달라졌다면서 즐거워한다.

　그러면 즉시 고객을 칭찬한다. "사랑받으셔서 행복하시겠어요." "사모님이 정말 좋은 분이신가 봐요." 등의 말을 잊지 않는다. 칭찬 받은 고객은 즐거워한다. 그런 칭찬을 받게 해준 것에 대한 감사를 그들은 잊지 않는다.

칭찬에 인색하거나
칭찬을 아끼지 마라

　　　　　칭찬을 싫어하는 사람은 아무도 없다. 고객은 물론이고 직원들도 마찬가지다. 나와 같이 일하는 직원들에게 칭찬을 아끼지 않는다면 직장 분위기가 달라질 것이다. 가족들보다 더 많은 시간을 함께하는 사람이 직장 동료들이다. 동료들과의 관계가 나쁘면 회사에 가는 것마저 싫어진다. 가까울수록 칭찬하고 배려하다 보면 생활이 즐거워진다. 말단 직원이던 시절부터 지점장이던 시절, 부행장이던 시절, 그리고 지금 이 순간까지 나는 직원들에게 업무 추진 과정에서는 엄격하지만 칭찬하는 일에는 언제나 앞장선다.

나는 직원들을 볼 때 3가지를 본다. 내겐 직원들의 출신학교나 고향은 중요하지 않다. 고객을 처음 만날 때 그 사람의 학교와 고향을 중요하게 생각하는 것과는 정반대의 태도다. 고객의 고향과 출신학교를 알려고 하는 것은 그 사람과 친밀한 관계를 유지하기 위해서지만 직원의 출신학교와 고향을 알면 편견을 가지게 된다.

직원을 평가할 때는 적극성과 마음가짐, 그리고 사람 됨됨이만 보면 된다. 고객을 대할 때 얼마나 적극적인지, 일을 대하는 자세가 얼마나 진지한지, 그것을 통해 그 직원의 심성을 파악할 수 있다. 마음의 중심에 고객이 자리 잡고 있는 직원이라면 무슨 일이든 믿고 맡길 수 있다. 또한 일에 적극성을 가진 직원이라면 지원을 아끼지 않는다. 성공할 직원과 그렇지 못할 직원을 판단하는 내 나름의 방식이 있다. 인스턴트 커피 심부름을 시켜본다. 프림이 다 녹을 때까지 젓는 친구는 성공할 확률이 높은 DNA를 가지고 있다고 보면 된다.

나는 가정이 안정적인 사람을 좋아한다. 가정이 편안한 사람이 일에서도 두각을 나타내기 마련이다. 그래서 직원에게 선물할 일이 있으면 선물을 직원의 집으로 보낸다. 직원들의 생일은 챙기지 않아도 직원 부인의 생일은 반드시 챙긴다. 직원 부인의 생일이 되면 케이크와 편지를 보낸다. 집으로 직접 보내기도 하지만, 퇴근하는 직원에게 들려 보내는 것도 무방하다.

편지 첫머리는 "당신 남편이 회사에서 이렇게 열심히 일하고 있다."는 칭찬의 말부터 시작된다. 직원이 회사에서 열심히 일할 수 있게 도와주는 배우자와 아이들에게 감사하다는 글도 함께 적는다. 아이들의 이름을 일일이 적고 안부도 잊지 않는다.

다음 날 출근하는 직원의 얼굴은 다른 날보다 한결 밝고 여유롭다. 집에서 어떤 대접을 받았을지는 보지 않아도 알 수 있다. 가정생활이 편안해야 직장생활도 좋아진다. 남편이 회사에서 칭찬을 받고 있다는 사실을 알고 나면 없던 존경심도 생겨나고, 갑자기 남편이 사랑스러워진다. 그거면 된다. 그 일로 가정이 화목해지고 직원이 회사에 나와 더 열심히 일해주면 내 몫을 다한 것이다.

거짓은 거짓을 만들고 기쁨은 나누면 2배가 된다. 거짓은 그것을 숨기기 위해 또 다른 거짓을 만들지만, 기쁨은 그 스스로가 늘어나고 커진다. 칭찬은 그런 기쁨을 스스로 불어나게 만드는 기폭제다. 칭찬은 하는 사람도 기쁘고, 받는 사람도 기쁘게 만든다.

함께 생활하는 직원이라면 즐거운 하루를 만들기 위해서라도 칭찬을 아끼지 말아야 한다. 칭찬은 메아리를 만든다. 옛날 옆집에 음식을 보내면 그 그릇엔 더 많은 음식을 담아보내던 우리의 미풍양속은 선한 마음을 자가증식시키는 효과를 가지고 있었다. 칭찬에도 이 같은 증식 효과가 있다.

고객을 향한
적당한 독설도
때론 필요하다

적당량의 독설과 비판을 해주는 친구가 정말 좋은 친구다.
복어 독을 넣는 요리사의 심정으로 고객 앞에 당당해야 한다.

● 못 먹는 버섯일수록 색이 곱고 예쁘다. 먹음직스럽게 생긴 버섯은 십중팔구 독버섯이다. 비싸고 맛있는 버섯일수록 색이 없고 수수하다. 송이버섯은 아무 색도 없지만, 독을 품은 복어 알은 색이 예쁘고 먹음직스럽다. 그래서 예전에는 복어 알을 끓여먹고 죽었다는 뉴스가 끊이지 않았다. 복어 독은 독성이 강해서 조금만 먹어도 치명적이다.

그런데 복요리 중에 아주 특별한 음식이 있다. 바로 복어 독을 넣은 요리다. 그 어느 것보다 독성이 강해 조금만 먹어도 치명적이라는 복어 독을 요리에 활용하는 것인데, 목 넘김이 특이하고 유별난 맛 때문에 한 번 맛을 들인 사람은 쉽게 끊지 못한다고 한다.

복어 한 마리가 성인 남자 30명을 한꺼번에 죽일 수 있는 강한 독성을 가진 만큼 복요리를 아무나 할 수 있는 것이 아니다. 오죽하면 복요리 자격증이 별도로 있을까.

이처럼 복요리에 독을 넣는 것은 복요리사 중에서도 아주 특별한 요리사만이 할 수 있는 일이다. 왜냐하면 독을 조금이라도 더 넣으면 사람이 죽고, 덜 넣으면 넣지 않은 것만 못하기 때문이다. 그래서 그 위태로운 외줄타기를 즐기는 요리사나 목숨을 걸고 그 요리를 먹는 손님이나 긴장하기는 마찬가지다. 복어 독은 중독성이 강하다. 복어 독 요리를 한 번이라도 맛본 손님은 절대 그 맛을 잊지 못한다. 복요리사 중에서도 복어 독을 잘 다루는 요리사를 최고의 요리사로 치는 것도 그 때문이다.

성공하기 위해
꿀만 있어선 안 된다

인기리에 방영되었던 드라마 〈식객〉에서도 복어 독과 관련된 장면이 나온다. 주인공 성찬이 만든 복어 독이 든 요리를 먹고 심사위원들이 거품을 흘리며 쓰러지는 장면이었다. 그 일이 있은 뒤 성찬이 다시 복요리를 했을 때 사람들은 모두 시식을 거부한다. 복어 독을 먹고 쓰러졌던 악몽이 떠올랐던 것이다. 복어 독은 그 자체로 긴장감을 일으킨다. 맛있는 복요리를 먹기 위해서는 적당한 긴장이 필요하다. 맛있는 요리엔 좋은 것만 있는 것이 아니라 몸에 나쁜 것도 적당량 들어 있다.

비즈니스 현장에서 성공하려면 적당한 긴장은 필수다. 좋은 말만 해주는 사람은 치사량의 복어 독일수도 있다. 내게 적당량의 독설을 해주는 친구가 정말 좋은 친구다.

미꾸라지 양식장에 꼭 필요한 것이 바로 메기다. 미꾸라지만 있는 양식장보다 메기가 들어 있는 양식장의 미꾸라지들이 더 잘 자란다. 왜 그럴까? 미꾸라지들이 메기에게 잡아먹히지 않으려고 더 긴장하고 더 활발하게 움직이기 때문이다. 미꾸라지에게 메기는 일종의 생사여탈권을 쥐고 있는 저승사자다. 살아남기 위한 적절한 긴장이다.

외국에 나가보면 속 터지는 경우가 한두 번이 아니다. 뭘 하나 주문하고 30분 기다리는 것은 예사다. "빨리빨리"를 외치는 우리를 오히려 이상하게 바라본다. 그들은 느리고 느긋하다. 삶에 여유가 있고 집착하지 않는다. 우리와는 딴판이다.

그런데 가만히 생각해보면 이유가 있다. 우리나라는 사계절이

분명한 나라다. 여유롭고 한가한 여름이 있는 반면에 차갑고 매서운 겨울도 있다. 땀이 뚝뚝 떨어지는 무더위 속에서 숨을 헐떡이다가도 매운바람이 부는 겨울이 되면 옷깃을 여미기에 바쁘다. 여유를 가질 시간이 없다. 사계절이 뚜렷하고 기후 변화가 확실하며 빠르다 보니 사람들의 마음도 그만큼 빨라졌다. 부지런하고 알뜰하지 않을 수 없다. 세계에서 부지런하기로 소문난 유태인들을 이기는 사람이 한국인이다.

미국에 이민 가서 자리를 잡은 우리 동포들의 이야기를 들어보면 눈물겹다. 주로 슈퍼마켓을 운영하면서 돈을 번 교민들이 많은데, 그들은 인근 가게가 새벽 5시에 문을 열면 한 시간 빠른 새벽 4시에 문을 열었다. 밤 12시에 문을 닫으면 문 닫는 시간을 30분 더 연장했다. 손님이 없어 TV를 보면서도 가만있지를 못했다. 시간이 날 때마다 진열된 과일을 닦았다. 눈은 TV에 가 있지만 손은 반짝반짝 윤이 나게 사과를 닦느라 분주했다. 과일을 사러온 사람들은 당연히 우리 교민들이 반짝반짝 윤이 나게 닦은 사과를 샀다. 우리 교민들을 이토록 부지런하게 만든 것은 인근에 있는 유태인들의 상점이었고 화교들의 슈퍼였다. 성공하기 위해서는 꿀만 있어선 안 된다. 적당한 독이 필요하다.

때론 적당한 독설과
비판도 필요하다

내게 좋은 말만 해주는 친구는 좋은 친구가 아니다. 정말 좋은 친구는 적당한 독설도 아끼지 않는 친구다. 내 앞에서 내 단점을 당당히 말해주는 친구, 아낌없이 내게 충고를 해주는 친구, 그런 친구가 진정한 친구다.

좋은 말은 입에 쓰다. 하지만 그것을 참고 삼켜야만 내 몸에 이득이 된다. 말을 잘 달리게 하려면 당근도 있어야 하지만 채찍도 필요하다. 주마가편走馬加鞭이라는 고사성어가 있다. "달리는 말에 채찍질을 가한다."라는 뜻이다. 달리는 말에게 좀더 빨리 달리라고 채찍으로 엉덩이를 때리는 것이다. 하지만 무조건 엉덩이만 때려대다간 말도 병이 난다. 적당한 휴식과 당근을 줘가면서 채찍질을 해야 한다.

비즈니스 현장에서도 마찬가지다. 고객을 내 사람으로 만들기 위해선 무조건 칭찬만 해서는 안 된다. 때론 적당한 독설도 필요하다. "밖에선 이런 이야기도 들립니다." 하는 말로 고객이 잘못된 길로 가는 것을 막을 줄도 알아야 한다.

우리 지점과 활발하게 거래하던 회사가 있었다. 압력밥솥으로 이름을 날린 회사였다. 회사가 수익이 생기고 자산이 늘어나면서 사장은 공장을 이전하기로 했다. 서울 근교에 큰 공장을 지어 이사하기로 한 것이다. 내가 보기엔 큰 공장을 지어 이사를 가는 것은 위험부담이 있어 보였다. 대기업들이 R&D를 무기로 압력밥솥 시장에 경쟁적으로 참여하고 있었고 후발주자들은 가격을 앞세워 치고 올라오는 상황이었다.

나는 그 사장을 만나 설득했다. "이사를 가시더라도 작게 가십쇼. 오히려 작은 규모로 이사를 가고 그 돈으로 연구를 하고 내실을 다져야 합니다."라며 사장을 설득했다. 그런데 사장은 그런 내 말을 오해하고 있었다. 공장을 사기 위해 은행에 예금된 돈을 빼간다고 생각해 그걸 막으려고 자기를 설득한다고 생각한 것이다. 사장은 끝내 내 말을 듣지 않았다.

결국 그 회사는 이사를 갔다. 이사를 가고 한동안은 규모가 커진 공장만큼이나 사장의 꿈도 컸고 사업도 컸다. 하지만 회사는 얼마 지나지 않아 부도가 나고 말았다. 지금도 나는 그 회사만 생각하면 후회가 된다. 그 사장을 좀더 모진 말로 말렸어야 했다는 생각이 든다. 치사량이 훨씬 넘는 복어 독을 넣는 요리사가 되었어야 하는데 하는 자책을 하게 된다.

적당한 스릴은 즐거운 법이다. 맛난 음식에 도사린 위험은 사람을 긴장하게 만든다. 좋은 약은 입에 쓰고 예쁜 장미에는 날카로운 가시가 있다. 적당한 긴장은 삶을 윤택하게 만든다. 긴장은 비즈니스 현장에서 성공하도록 만들어주는 열쇠다. 위험하지 않은 놀이기구가 무슨 재미가 있으며, 무섭지 않은 공포영화를 보러 갈 사람이 얼마나 되겠는가?

위험하다고 포기하면 아무 일도 할 수 없다. 모두가 꺼려하던 중동에 건설 붐을 일으킨 사람들은 한국인이었다. 더워서 일할 수 없는 곳이라고 혀를 내두를 때, 한국인들은 낮에 자고 밤에 횃불을 켜놓고 일했다. 두려움 없는 용기가 성공을 만든다. 적당한 긴장은 성공의 속도를 높여주는 채찍이다.

복어 독을 넣는 요리사의 심정으로, 미꾸라지 양식장에 메기를 넣는 어부의 심정으로 고객 앞에 치열하게 서야 한다. 모두가 안 된다고 말리는 고객이라서 포기한다면 그 고객은 남의 사람이 되고 만다. 안되는 일을 되게 만드는 막무가내 정신, 안되는 일도 밀어붙이는 불도저와 같은 힘, 그런 것들을 가진 사람들이 성공한다.

할 말은 하고야 마는 사람들이 있다. 아닌 일에 아니라고 당당하게 말하는 사람들이 있다. 신기하게도 그런 사람들이 성공한 사람의 명단에 들어 있다. 법 없이도 사는 사람, 착하기만 한 사람은 인간관계에선 좋은 소리를 들을지 몰라도 비즈니스 세계에선 환영받지 못한다. 사람 좋은 상사가 부하 직원들을 고생시키는 법이다.

까다로운 고객의 불만을 말끔하게 처리하라

현장에서 일하다 보면 불만이 많은 고객일수록 상대하기 힘들다.
하지만 불만을 말끔하게 해결하면 그가 다른 고객을 몰고 온다.

● 고객을 대하는 회사의 태도는 매출로 연결되며, 회사의 이미지를 좌우하는 중요한 키워드이기도 하다. 장사를 하는 사람에게 가장 무서운 것은 입소문이다. 고객의 입에서 입으로 전달되는 소문 하나에 초라하던 음식점이 문전성시를 이루게 된다. 파리 날리던 영화 한 편이 넘쳐나는 관람객을 수용하기 위해 개봉관을 몇 개 더 잡아야 하는 대박을 터뜨리기도 한다. 입소문은 몇 천만 원을 들인 광고보다 더 강력한 효과를 가지고 있으며, 빠른 속도로 퍼져 나간다.

고객을 상대하다 보면 좋은 고객들도 많이 만나지만 까다롭고 힘든 고객들과도 심심찮게 만난다. 대부분의 사람들은 까다로운 고객들보다 편한 고객을 선호한다. 그런데 성공한 기업들을 가만히 보면 편한 고객만큼이나 별로 기여도 없는 힘든 고객도 잘 섬긴다는 것을 알 수 있다.

해충이나 바퀴벌레 퇴치로 유명한 '세스코'라는 회사는 홈페이지에 방문한 고객들의 특이한 문의를 무시하지 않고 잘 대처해 화제가 된 바 있다. 회사 홈페이지에 이상한 질문을 남기는 고객들이 많았는데 홈페이지를 관리하는 직원이 톡톡 튀는 댓글을 달아주면서 매출이 급상승했다. 무시할 수 있는 일이었지만 그 고객들을 정성껏 상대한 직원의 기지는 작은 회사를 유명하게 만들었다.

말하는 고객보다 더 무서운 게 숨기는 고객이다

고객들 중에는 불만을 말하는 사람도 있지만 꽁꽁 숨겨 놓고 있는 사람도 있다. 말하는 고객보다 무서운 게 숨기는 고객이다. 고객이 불만을 말하면 대처할 수 있지만, 말하지 않는다면 뭐가 불만인지 모르기 때문에 문제가 일어나도 대처 방법이 없어 막

연해진다.

신도시 지점에 있을 때 주변에 작은 공장들이 많았다. 가내수공업에 종사하는 소규모 공장들이었다. 직원도 한두 명인 경우가 많았고, 대부분 가족이 회사를 운영하는 상황이었다. 사람은 적은 반면에 일이 많아서 공장을 찾아가 보면 정신이 없었다. 손님이 와도 본체만체하기 일쑤였다. 사장과 마주 앉아도 전화받으랴, 기계 손보랴 정신이 없어 이야기가 뚝뚝 끊어졌다.

마케팅을 하며 고객들과 이야기를 나누다 보니 은행에 대한 불만들이 많았다. 신도시 공사가 진행되면서 인근 은행들이 다 철거되는 바람에 은행 업무를 보기가 쉽지 않았던 것이다. 간신히 시간을 내서 찾아가던 근처 은행들이 없어지면서 은행 업무를 보는 데 시간을 다 보내게 되었다며 여기저기서 불만들이 터져 나왔다. 물론 신도시 초기의 이야기다. IMF로 인해 시작된 은행 통폐합도 원인이 되었다.

부지런히 번 돈을 알뜰히 저축하는 그들의 마음이 소중했다. 그리고 그들의 불만을 온전히 해결해주고 싶었다. 고민하다가 내린 결론이 출장수납이었다. 은행은 고객을 기다리기만 하는 곳이라는 고정관념을 깨뜨리기로 한 것이다.

전담 직원을 지정해 아침 10시와 오후 4시에 현장을 직접 돌게 했다. 출장수납 업무는 시작과 동시에 많은 환영을 받았다. 시간이 없어 은행 업무를 보기 힘들었던 고객들이 편리해졌다며 칭찬을 아끼지 않았다.

지금은 출장수납이 흔해졌다. 동대문시장이나 남대문시장 같은 곳에 가면 직원이 카트로 된 이동식 은행을 끌고 골목골목을 누비기도 한다. 그 모두가 은행을 방문하기 힘든 고객의 불만을 오히려 환호로 바꿔준 사례다.

불만 고객들의
이탈을 막다

서울 도심의 공단에 소재한 지점에서 일하던 시절, 고객들과 통화를 하다 보면 외곽으로 이사를 간 경우가 많았다. 시내 중심가는 물론이고 변두리 지역의 임대료도 만만치 않기 때문에 도시 외곽으로 사무실과 공장을 옮긴 것이다. 그래서 안양이나 분당, 의정부나 일산으로 옮겨간 업체들을 많이 볼 수 있었다.

이들은 이미 오랫동안 기업은행과 거래를 했던 업체들이었지만, 거리가 멀다 보니 다른 은행과 거래를 시작한 고객들이 의외로 많았다. 다행스러운 것은 인터넷과 텔레뱅킹이 활성화되면서 창구를 직접 방문할 일이 적어 기업은행과의 거래가 끊어지지는 않았다는 점이다. 그래도 어음할인이나 외환 거래는 직원이 직접 지점을 방문해야 하는 일이라서 다른 은행으로 거래처를 옮기려는 고객이 많았다.

나는 그 고객들의 이탈을 막고 싶었다. 그들의 불만도 잠재우고 은행과의 거래도 지속하는 방법을 고민하다가 발견한 방법이 택배나 퀵서비스를 이용하는 것이었다. 굳이 고객이 은행을 방문하지 않더라도 믿을 만한 택배 업체를 통해 서류를 주고받는 방식으로 거래를 계속할 수 있도록 조치했다. 어음 거래나 외환 업무는 자주 있는 일이 아니기에 택배로도 충분히 처리할 수 있었다. 급한 서류는 퀵서비스를 이용했다. 물론 비용은 은행에서 부담해주었다.

서울YMCA소비자고발센터에서 한 의류 업체에 대한 칭찬이 이어지고 있었다. 지금은 꽤 규모를 갖춘 회사이지만 1980년대 당시에는 이제 막 세상에 알려지기 시작한 신생 기업이었다. 비록 작은 회사에 지나지 않았지만 기독교 이념을 바탕으로 세워진 회사답게 고객을 대하는 직원들의 태도가 남달랐다. 고객들이 민원을 제기하면 직원들은 자기 일처럼 열성적으로 그 불만을 처리했다.

소비자 문제를 연구하던 단체 직원들의 입장에서 보더라도 회사 직원들의 태도는 신선한 충격이었다. 서울YMCA소비자고발센터 역시 그런 기업문화를 눈여겨보고 있었다. 이 작은 회사가 분명 고객의 호응에 힘입어 급성장할 것이라는 조심스러운 전망을 내놓기도 했다. 아니나 다를까 이후 이 회사는 승승장구하며 성장했다.

기업의 입장에서 보면 불만이 많은 고객은 껄끄럽다. 그들의 불만을 일일이 들어주고 처리해주고, 게다가 웃음까지 지어야 하는 일은 해보지 않은 사람은 그 속을 알 수 없다. 하지만 까다로운 고객의 불만을 말끔하게 처리하면 오히려 반사이익을 얻을 수 있다. 고객의 불만을 제대로 처리하면 그 고객은 1.7배의 수익을 되돌려주는 우수 고객으로 변신하게 된다는 연구도 있다. 하지만 고객의 불만을 방치해두면 불만은 눈덩이처럼 불어난다.

실제로 불만을 제대로 해결해주는 회사에는 충성도가 높은 직원들이 많다는 통계도 있다. 현장에서 일하다 보면 불만이 많은 고객일수록 상대하기가 힘들다. 하지만 불만이 온전히 해결되고 나면 다른 고객을 몰고 오는 사람이 바로 그 고객이다.

이제는 불만을 넘어 고객의 요청이 있을 경우 판매한 구두를 끝까지 수선해주는 국내 제화업체가 있을 정도이니, 무슨 설명이 필요하겠는가?

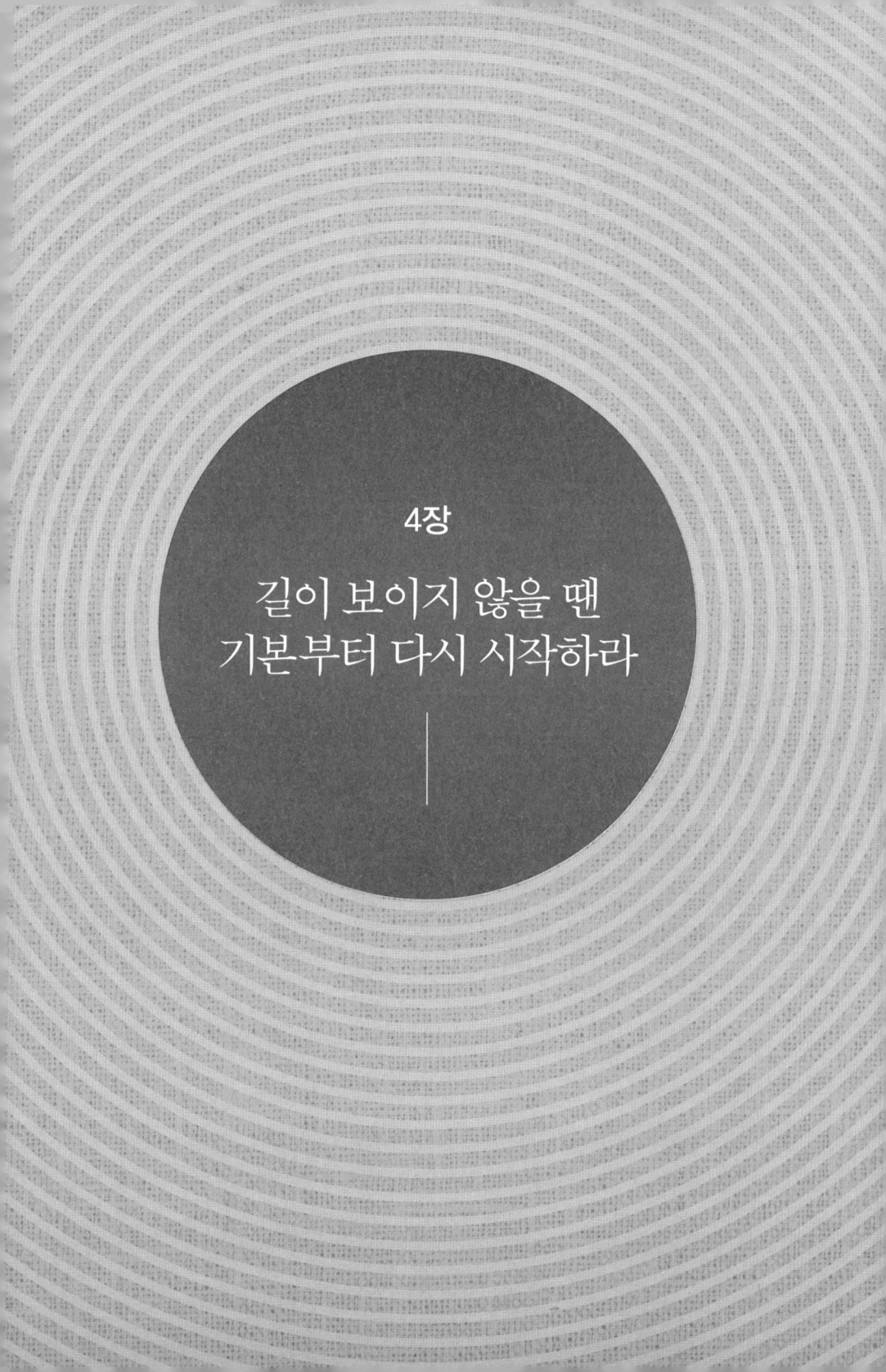

4장

길이 보이지 않을 땐
기본부터 다시 시작하라

작고 사소한 것들을
소홀히 다루면
안 된다

작은 것을 사랑하지 않으면 결국 큰길로 가는 길을 놓치고 만다.
일분일초가 세상을 변화시키는 동력의 시작이다.

● 한평생 시계만 만들어온 장인이 있었다. 좋은 대학을 나온 것도 아니고 남에게 내세울 만한 경력이 있는 것도 아니었다. 하지만 묵묵히 시계만 만들면서 사람들로부터 인정받은 사람이었다. 시계를 만들며 세월을 보내다 보니 중년이 되고 노년이 되어 이젠 일을 그만두어야 할 때가 되었다는 생각이 들었다. 눈이 침침해지면서 정밀한 작업을 하기에는 어려움이 많다는 생각이 들었던 것이다.

그는 아들을 위해 생애 마지막으로 기억에 남을 만한 시계를 만들기로 했다. 온 정성을 다해 부속들을 깎고 바늘 하나를 다듬는 데도 온 정성을 쏟았다. 옆에서 지켜보던 아들은 그런 아버지가 몸져 누울지 모른다는 불안감에 노심초사했지만, 그 열정을 말릴 수는 없었다.

시계 하나에 자신의 모든 경험을 쏟아부은 눈부신 작업은 몇 달을 넘긴 뒤에야 마무리되었다. 완성된 시계는 보기에도 명품이라는 느낌이 들 만큼 완벽했다. 완성된 시계는 아들에게 건네졌다. 아들은 아버지의 정성이 가득 담긴 시계를 눈물로 받았다. 곁에서 아버지의 정성을 지켜봤기에 시계에 남다른 애정이 전해졌다.

그런데 손목에 시계를 차고 보니 이상한 점이 발견되었다. 초침과 분침, 시침이 서로 다른 재질로 만들어졌는데, 초침은 금으로 분침은 은, 시침은 동으로 되어 있었다. 일반적인 배열이라면 시침이 금으로 되어 있는 것이 맞는 일이었다. 눈이 침침하신 아버지가 혹 실수를 하신 것이 아닌가 싶어, 아들은 조심스럽게 물었다.

"아버지, 초침보다 시침이 금이어야 하지 않을까요?"

아버지는 그윽한 눈길로 아들을 바라보면서 그 물음에 답을 해주었다.

"초침이 없는 시간이 어디 있겠느냐. 작은 것이 바로 되어야 큰 것이 바로 되는 법이란다. 이 작은 시계 안에서 초침이 가는 길이야말로 황금의 길이란다."

아버지의 말속에는 세상을 살아가야 할 올바른 지침이 담겨 있었다. 아버지는 아들에게 초침의 삶이 얼마나 소중한지를 시계 하나로 말한 것이다. 매시간이 소중한 것이 아니라 매초 소중하지 않은 것이 없다는 아버지의 절절한 가르침은 아들에게 진한 감동으로 다가왔다.

쪼개도 모자란 게
시간이다

지점장 시절, 만나야 할 사람은 많고 시간은 언제나 부족했다. 시간을 쪼개고 쪼개 고객을 만나고 다시 그 시간을 쪼개 개인적인 업무를 봤지만, 그래도 모자라는 것이 시간이었다. 잠자는 시간 일부를 잘라 업무 시간으로 쓰고 싶을 만큼 절박한 적도 있었다. 그럴 때면 한가한 사람들 곁을 무심히 흘러가는 시간들이 그렇게 아까울 수가 없었다. '저 시간들을 잘만 활용한다면 저 사람들의 삶도 달라졌을 텐데.' 하는 안타까운 생각도 들었다.

성공한 사람들은 시간 관리도 남다른 법이다. 침대 광고에도 등장하는 에디슨의 수면 시간은 5시간을 넘지 않았다고 한다. 나폴레옹 또한 하루 수면 시간이 3~4시간에 불과했다고 한다. 물론 그렇게 짧게 자고 생활할 수 있었던 비결은 시간 날 때마다 틈틈이 토막잠을 잤기 때문이다. 사람을 기다리는 10여 분, 이동을 하는 10여 분, 심지어 길바닥에서도 10여 분씩 짧은 잠을 통해 부족한 수면시간을 보충했던 것이다. 그렇게 피로를 풀어 수면시간을 4~5시간으로 줄이면서 시간을 최대한 활용해 자신이 원하는 일들을 해낸 것이다.

성공한 사람들은 대부분 업무와 관련해 해외에 갈 일이 있으면 밤 비행기를 이용한다. 잠자는 시간이 아까워 밤 비행기 안에서 짧게 수면을 취하고 현지에서 바로 업무를 시작할 수 있기 때문이다. 지방 출장을 갈 경우 심야버스를 이용하는 것도 같은 이유에서다.

일에 대한 열정이 샘솟는 시간에 기차에 앉아 아무것도 할 수 없다는 조바심은 현지에 도착해서 쓸 수 있는 짧은 시간과 자주 맞물린다. 좀더 일찍 도착했다면 더 많은 사람들을 만났을 텐데, 그랬더라면 더 많은 업무를 해결할 수 있었을 텐데, 그런 생각에 사로잡히는 것이 싫어 심야버스로 새벽에 도착해서 아침부터 업무를 시작한다.

부족한 수면 시간은 심야버스 안에서, 약속 장소로 이동하는 택시 안에서, 커피숍에서 고객을 기다리는 짧은 시간에 토막잠으로 해결한다. 급한 계약이 있어 지방을 방문했을 때, 심야버스로 미리 내려가서 인근 찜질방에서 잠깐 눈을 붙이고 새벽같이 찾아간 내가 계약 1순위가 되었던 적은 한두 번이 아니다.

작은 것들은
힘을 모아라

　　　　　방송사에 부임해보니 외부에서 보던 것과는 상황이 많이 달랐다. 케이블 방송이 가진 어쩔 수 없는 한계가 있었다. 게다가 경제채널이라는 특수성은 시청자층마저 제한하고 있었다. 방대한 규모와 물량을 자랑하는 지상파 방송과 종편과는 비교 자체가 불가능한 상황이었다. 그러나 머니투데이방송은 작지만 결코 누구에게도 뒤지지 않는 회사였다. 한계라고 생각했던 경제 분야에선 오히려 독보적인 위치를 가진 방송사였다.

　이렇게 작은 듯 보이는 회사가 묵묵히 자기 자리를 지키고 있다는 사실이 반가웠다. 작지만 큰 꿈을 가지고, 세상에 큰 이름을 떨치진 않아도 묵묵히 자기 길을 간다는 것이 얼마나 중요한가? 세상이 그 묵묵함을 알아주었을 때, 하나의 목표를 위해 걸어온 시간들이 부끄럽지 않기 때문이다.

　오래지 않아 나는 작은 것들의 힘을 발견하게 되었다. 그 올곧음과 묵직함을 세상에 알려야겠다는 생각이 들었다. 그래서 생각한 것이 작은 것들과의 연대였다. 작고 미세한 힘을 가졌지만, 그들이 힘을 하나로 모으면 2배 이상의 힘을 낸다는 것은 그동안의 경험을 통해 체득해왔기 때문이다.

삼척에 '죽서루'라는 정자가 있다. 보물 213호이기도 한 죽서루는 오십천 맑은 물 위 깎아지른 절벽 위에 세워져 있다. 주변 풍경과 조화를 이룬 아름다움으로 인해 관동팔경의 하나로 당당히 이름을 올렸지만, 사실 죽서루가 있는 곳은 건물을 지을 수 있는 지형이 아니었다. 커다란 바위는 울퉁불퉁해서 건물을 지을 바닥을 만들려면 엄청난 공력을 들여 돌을 쪼아야 했다. 죽서루는 있는 그대로의 바닥 위에 크기가 다른 주춧돌을 놓고 그 위에 13개의 기둥을 올려 지어진 건물이다.

이렇게 서로 다른 주춧돌 위에 건물을 세운 것을 덤벙주초라 부른다. 이는 건물을 지을 수 없는 곳을 최대한 활용한 선조의 지혜가 돋보이는 건축방식이다. 또한 작은 것들이 얼마나 소중한지를 보여주는 사례이기도 하다. 지형이 나쁘다고 기둥 하나를 빼먹으면 건물은 무너질 수밖에 없다. 작은 기둥 하나가 소중하고 그 조화가 건물 하나를 만들고 있는 것이다.

가장 먼저 비슷한 시청자층을 가진 골프채널에 눈을 돌렸다. J골프와 업무를 제휴했다. J골프와 MTN은 서로의 공감대를 확인하고는 각자의 방송에 상대방의 방송을 교환해 광고하고, 이를 통해 비숱한 시청자층을 공략하기로 한 것이다. '캐리어에어컨 MTN 레이디스 루키 챔피언십'과 2015년 초 예정인 '웰컴저축은행 머니투데이방송 루키챔피언십'은 작은 것끼리의 아름다운 동행 사례라 하겠다.

사람을 죽이는 것을 살인이라 부른다. 소중한 사람의 목숨을 함부로 빼앗는 것은 크나큰 죄악이다. 그래서 살인을 가장 큰 중범죄로 보고 높은 형량으로 처벌한다. 마찬가지로 시간을 죽이는 것을 살시라고 불러야 한다.

모두에게 공평하게 주어지는 것이 시간이라고 하지만, 대가 없이 주어졌다고 함부로 쓰는 사람들이 너무나 많다. 또한 아무런 생각도 없이 소중한 시간들을 무시로 흘려보내는 젊은이들을 자주 보게 된다.

조지 버나드 쇼 George Bernard Shaw의 묘비에는 "우물쭈물하다가 내이럴 줄 알았지."라고 쓰여 있다. 노벨문학상을 받았을 만큼 유명한 소설가의 묘비에도 소중한 시간을 헛되이 보내다 보면 결국 아무것도 하지 않은 허무한 인생을 살다가 후회로 생을 마감하게 된다는 명문장이 새겨져 있다.

작은 것은 아무렇게나 해도 상관없다는 생각을 하는 사람들이 의외로 많다. 작은 것은 대충 무시해도 큰 것만 잘하면 된다는 생각을 가진 사람들 때문에 일을 망치는 경우가 부지기수다. 그럼에도 사람들은 그 일이 작은 것을 소홀히 했기 때문이라는 사실을 인정하지 않는다.

고층빌딩의 시작은 작은 벽돌 한 장이며, 밥 한 공기는 한 톨의 벼에서 시작한다. 우리 사회에서 벌어지는 사건 사고의 근원을 자세히 들여다보면, 작고 사소한 것들을 소홀히 다루다 일이 커진 경우가 대부분이라는 사실을 기억해야 한다. 작은 것을 사랑하지 않는 사람은 결국 큰길로 가는 길을 놓치고 만다. 일분일초가 세상을 변화시키는 동력의 시작이다.

막막하다면 처음의 그 마음을 돌아봐야 한다

매사에 기본으로 돌아가자는 마음가짐으로 일해야 한다.
초심만 잃지 않는다면 아무리 어려운 일도 극복할 수 있다.

● 미국의 강철왕 카네기가 세상을 떠나기 전 세 아들을 불렀다. 아버지의 임종을 지키기 위해 황급히 달려온 세 아들은 다소곳이 앉아 아버지의 마지막 말에 귀를 기울였다. 카네기는 세 아들에게 마지막으로 한마디씩 해보라고 했다.

첫째 아들은 아버지의 강철 사업을 계승해 세계에서 가장 큰 강철 회사를 만들겠다는 포부를 밝혔다. 둘째 아들은 아버지 살아생전 불효만 저질러 드릴 말씀이 없다며 머리를 조아렸다. 셋째 아들은 울음부터 터뜨렸다. 제가 소금이 되어 아버지의 폐를 좀먹고 있는 바이러스들을 모두 죽이고 아버지와 함께 낚시를 다니고 싶다고 말했다. 함께 여행을 다니던 예전의 건강한 아버지로 돌아오셨으면 좋겠다고 엉엉 목 놓아 울었다.

카네기는 강철 회사를 셋째 아들에게 넘겼다. 장밋빛 꿈으로 가득한 첫째 아들이나 대책 없는 후회 일색인 둘째 아들은 아버지 눈에 차지 않았다. 카네기의 생각은 적중했다. 셋째 아들은 아버지의 사업을 물려받아 회사를 세계적인 기업으로 성장시켰다.

기본으로 돌아가는 마음가짐을 가져라

고객을 만나다 보면 불평과 불만으로 가득한 사람을 자주 보게 된다. 세상을 한탄하거나 거대한 이상을 제시하는 고객들이 의외로 많다는 사실에 놀라곤 한다. 정작 자신이 처한 상황이나 처지는 인식하지 못하고 세상을 원망하거나, 문제점을 찾아 반성하고 고치려는 노력보다는 남을 탓하는 것으로 자기 위안을 삼는다.

나는 그럴 때마다 카네기가 생각난다. 그렇게 된 이면에는 우리 사회의 고도성장이 중요한 역할을 했을 것이다. 다른 나라가 100여

년 걸려 이룩한 일을 우리는 불과 30여 년 만에 이루어냈기 때문이다. '한강의 기적'이라 불리는 고도성장의 이면에는 기본보다 외형을 중시하는 풍조가 자리 잡고 있다.

모유를 먹고 자란 아이는 덩치는 작아도 단단하다. 하지만 분유에 길들여진 아기는 빨리 자라는 대신 잔병치레가 많다. 우리 어머니들은 분유가 없던 가난한 시절 모유만으로도 대여섯 명의 아이들을 튼실하게 길러냈다.

지금의 우리 사회는 마치 분유를 먹고 자란 아기들 같다. 덩치는 커졌지만 속을 들여다보면 부실하다. 지금 우리에게 필요한 것은 기초를 다시 다지는 일이다. 기초가 없는 사회는 불안하고, 기초가 부실한 회사는 외부 자극에 흔들리기 쉽다. 기초가 부족한 직장인은 프로의식을 가질 수 없으며, 그런 사람이 치열한 경쟁에서 살아남는다는 것은 불가능한 일이다.

뉴욕지점에 근무하던 시절, 경쟁 회사 직원들이 우수 고객을 유치하기 위해 발로 뛰는 모습을 보고 큰 충격을 받았다. 새벽 퇴근은 그들에게 일상적이었다. 뉴욕은 살아남기 위해서는 늘 분주하게 뛰어야 하는 고달프고 냉혹한 생존 경쟁의 도시였다. 뉴욕에 있는 경쟁 회사들의 생존 방식은 우리에게도 적용될 것이 뻔해보였다. 그들을 보면서 체력이 중요하다는 생각을 하게 되었다.

그때부터 마라톤을 시작했다. 혼자서도 뛸 수 있고 시간에 쫓기는 상황에서도 언제든 할 수 있는 것이 마라톤이었다. 그때부터 달리기 시작해 지금까지 달리기로 아침을 시작한다.

과음을 한 다음 날 아침이라도 나는 어김없이 무거운 몸을 이끌고 길 위에 선다. 하루 6km의 가벼운 달리기지만, 아침 운동으론 제격이다. 출발선에 서면 늘 마음이 새로워진다. 안이한 생각이 사라지면서 마음을 다잡게 된다. 처음 은행에 들어오던 그 시절의 패기가 되살아난다. 뉴욕지점에서 경험한 생존본능으로 다시 무장하게 된다.

내게 마라톤은 '처음'을 생각하게 만드는 운동이다. 적당히 살아야겠다는 생각이 들 때, 몸에 여유가 생기고 삶이 안이해질 때, 마라톤은 여지없이 내 몸에 회초리를 댄다. 마라톤은 정직한 운동이다. 조금의 게으름도 용납하지 않는다. 걸음이 무겁고 조금만 뛰어도 숨을 헐떡이게 된다. '이렇게 살면 안 되는데…' 하고 자각하게 만든다. 몸과 마음을 일으키게 하고 잠시 동안 나태했던 나를 꾸짖는다. 내가 뛴 만큼 앞으로 나가고, 운동한 만큼 몸이 반응한다.

내가 마라톤의 처음을 기억하듯, 처음의 그 마음을 돌아봐야 한다. 기본으로 돌아가자는 마음가짐으로 일하면 아무리 어려운 일도 쉽게 극복할 수 있다.

늘 같은 마음으로
자기 업무를 수행하라

지점장 시절, 나는 참 많은 고객들을 만났다. 은행에 앉아 있는 시간보다 더 많은 시간을 고객의 회사에서 보냈다. 김종창(금융감독원장 역임) 당시 은행장은 일개 지점장이던 나를 만나기 위해 우리 지점으로 예고 없이 3번이나 찾아왔고, 네 번째가 되어서야 연락 끝에 나를 만났다. 내가 그때마다 현장에서 고객을 만나고 있었기 때문이다. 그분은 나의 불경스러움을 성실함으로 평가해 주셨다. 점퍼 차림의 나를 본 김 행장은 "마케팅 하는 데 힘들지 않느냐."라고 물었다. "물 반 고기 반입니다."라고 대답한 나를 본점 부장으로 발탁했다.

방송 시장에 와서도 나는 대부분의 시간을 고객과 함께 보낸다. 그러다 보니 현장의 목소리를 자주 듣는다. 나를 붙잡고 하소연하는 고객들을 의외로 많이 만나게 된다. 이야기의 화두는 언제나 지금 우리가 처한 경제 현실이다. 이야기가 무르익고 대화가 깊어져 사태의 원인분석에 들어가면 사람들의 입에서는 타인에 대한 비판이 쏟아진다. 나는 그럴 때마다 다시 한 번 생각해보길 권한다. 냉철하게 수원수구誰怨誰咎의 입장에서 원인을 분석해볼 필요가 있다고 말한다.

가계, 기업, 정부 등 각 경제 주체가 겸허한 마음으로 지금까지 행동해온 일들을 반성할 때 현재의 위기를 여유 있게 극복할 수 있고 전화위복의 기회를 만들 수 있다. 우리에게 필요한 것은 자기 자리를 지키며 늘 같은 마음으로 성실하게 자기 업무를 수행하는 것이다. 모두가 마음에 변화 없이 정중동할 때 나도 살고 다른 사람들도 살 수 있다. 그 안에서 상생으로 가는 새로운 길이 열리는 법이다.

남을 탓하지 않는 일, 오래전부터 천주교에서 펼치고 있는 '내 탓이오' 운동을 생활 속에서 실천하는 일이 중요하다. 태어나서 처음으로 욕을 배운 어린아이가 산에 가서 욕을 했더니 맞은편에서 욕의 메아리가 돌아오더라며 울먹였다. 어머니는 다시 가서 칭찬을 해보라며 아이를 다독였다. 그 아이는 다시 산에 가서 칭찬을 했더니 맞은편에서 칭찬이 메아리쳤다. 남이 욕을 했다고 화부터 내기 전에 내가 먼저 맞은편 산을 향해 욕을 했던 것은 아니었는지 곰곰이 생각해볼 일이다.

오래전 한국타이어공업협회(현 대한타이어공업협회)에서 영동고속도로를 통행하는 자동차의 안전에 대한 몇 가지 테스트를 한 적이 있다. 협회는 대관령 휴게소에 주차된 차량 1천 대를 정해 타이어 상태를 점검했는데, 대상 차량의 1/4이 불량 타이어를

장착하고 있음을 발견했다.

 안전과 직결되어 있는 타이어에 신경을 쓰지 않는 운전자들이 무척이나 많았다는 소리다. 공기압이 부족한 차량이 가장 많았고, 못이나 유리가 박힌 타이어도 있었다. 심지어 일부 차량은 타이어가 찢어져 심각한 사고위험에 노출되어 있었다. 고속 주행중에 타이어가 찢어지거나 터진다면 대형 사고로 이어진다.

 그런 사실을 까맣게 모르고 있는 것은 단지 운전자들만이 아니다. 한국이라는 자동차가 불량 타이어를 장착하고 달리고 있는지도 모를 일이다. 운전자가 길을 나서기 전에 차량을 점검하는 것은 당연한 일이다. 조금 귀찮더라도 시간을 내 점검하는 데에서 위기극복은 시작되는 법이다. 한국이라는 이름의 자동차를 타고 가는 우리에게 지금 가장 필요한 것은 기초로 돌아가 스스로를 돌아보고 점검하는 일이다.

살아남기 위해 초심으로 돌아가야 한다

다시 태어나겠다는 결심을 한 그 순간, 매는 둥지를 버린다.
변화와 혁신이 일상화된 요즘, 매의 정신이 필요하다.

● 지금 나의 사무실 한켠에는 매 한 마리가 있다. 물론 살아 있는 매는 아니다. 박제 상태의 매다.

어린 시절에는 매가 참 많았다. 동네마다 하늘 높은 곳에 매가 날아다녔다. 매는 공기가 좋은 곳에서만 산다. 그만큼 예전에 우리나라는 공기가 좋았다. 지금은 매를 보기가 쉽지 않다.

높은 곳에 떠서 도도하게 날갯짓을 하는 매를 보면서 어렸을 적 나는 꿈과 이상을 키웠다. 높은 곳에서 지상의 모든 것을 내려다보는 듯한 그 몸짓은 내게 보다 넓은 세상을 보라고 가르치는 듯했다.

그런데 매가 하늘에 떠 있으면 어른들이 불안해했다. 하늘에 동심원을 그리던 매가 먹이를 보면 단숨에 곤두박질쳐 먹이를 낚아챘기 때문이다. 그때마다 곤혹을 치르는 것은 닭이었다. 어른들은 자기 집 닭이 매의 먹이가 될까 봐 늘 걱정이었다. 그래서 매가 보이면 닭을 닭장에 가두거나 구석진 곳으로 몰아가곤 했다.

매의 평균수명은 70년 정도라고 한다. 가장 높이 날고, 가장 오래 사는 동물 중 하나다. 그래서인지 한순간도 도도함을 잃지 않는 것이 매다. 몸집은 작지만 날렵하고 사냥에 능한 것도 매다. 자기 몸집보다 큰 닭을 가볍게 낚아채 하늘로 치고 오를 때면 신기한 재주를 보는 것 같았다. 가을걷이가 끝난 논에는 꿩들이 제법 많았는데, 바닥에 떨어진 낟알들을 주워 먹느라 정신없는 꿩들이 자주 매의 먹이가 되곤 했다. 재빠르기로 둘째가라면 서러운 꿩도 매 앞에서는 한 덩이 먹이에 지나지 않았다.

생발톱을 모두 뽑는
매의 정신

70년을 사는 매가 그 70년 내내 도도하기만 한 것은 아니다. 매도 나이를 먹는다. 나이가 40을 넘고 늙기 시작하면 부리가 길어지고 발톱에 힘이 빠지기 시작한다. 더이상 사냥을 할 수 없는 늙은 매가 되는 것이다. 매에게 가장 중요하다는 밝은 눈, 힘센 발톱, 낚싯바늘 같은 부리, 가벼운 깃털이 모두 기능을 잃어가기 시작한다.

이때부터 매는 고민에 빠진다. 남은 30년을 어떻게 살아야 할 것인가? 도태되어 사라져갈 것인지, 다시 건강한 매로 남은 30년을 행복하게 보낼 것인지의 기로에서 매는 어려운 선택을 해야 한다.

거듭나려는 새로운 선택을 하지 않으면 도태되어 늙은 매로 살다 죽는다. 배고픈 삶에 허덕이다가 쓸쓸하게 생을 마감해야 한다. 하지만 거듭나겠다고 선택한다면 혹독한 갱생의 길을 걸어야 한다.

다시 태어나려는 결심을 한 그 순간부터 매는 그동안 살던 둥지를 버린다. 오랫동안 살아서 익숙한 둥지를 과감하게 박차고 나온다. 그때 매는 한창 때 왕성하게 사냥하며 지낸 장소 중 가장 높고 그늘진 곳을 선택한다. 나무 위가 아니라 거친 암벽 틈이다. 볕도 들지 않는 어두운 곳에 먹이마저 부족한 곳을 택한다. 힘이 빠지고 날개도 무거워진 그 순간 살아남기 위해 스스로 선택한 배수의 진이다.

매는 부리부터 깨기 시작한다. 더이상 제 기능을 발휘하지 못하는 부리를 돌에 부딪친다. 피눈물 나는 고통이 뒤따르지만 매는 안간힘을 다해 부리를 뽑아낸다. 깨고 깨서 다 부서지고 난 자리에 피가 멈추면 놀랍게도 새로운 부리가 자라나오기 시작한다. 온전히 새로운 부리로 바뀌는 데 석 달쯤 걸린다.

이제 매는 부서진 부리를 주워 다시 자신의 눈을 쫀다. 늙어서 침침해진 눈을 쪼아 새로운 눈을 만든다. 새 눈이 나오고 나면 이번엔 발톱을 뽑아버린다. 어린 시절 공을 차다가 돌부리를 차본 사람들은 기억할 것이다. 눈물이 쏙 빠지는 고통 속에 검게 변해가는 발톱, 걸을 때마다 욱신거리는 발가락 때문에 고생했던 사람이라면 생발톱을 빼는 일이 얼마나 고통스러운지 알 것이다. 매는 스스로 고통을 참아가며 생발톱을 모두 뽑아버린다.

새로운 발톱이 나면 이제 남은 것은 깃털이다. 축축하게 무거워진 깃털을 뽑아 새로운 깃털을 만들면 매는 젊은 매로 눈부시게 부활하게 된다. 그렇게 되는 데 모두 6개월이 걸린다. 다른 매들이 포기한 고통의 6개월을 겪은 매는 남은 30년을 예전처럼 건강하게 보내게 된다.

발바닥이 아닌 엉덩이에 땀이 나려고 할 때마다 매는 나를 가만두지 않는다. 방법이 없는 것이 아니라 생각이 없는 것이며, 답이 없는 것이 아니라 치열함이 없는 것이고, 능력이 없는 것이 아니라 열정이 없는 것이라는 깨우침을 내게 주곤 한다.

만들면 팔리는
세상이 아니다

비즈니스 현장에도 매의 삶이 적용된다. 이대로 죽을 것인지 변화할지를 결정해야 할 시간들이 끊임없이 밀려온다. 이 결정의 순간 안주하려고 하면 죽음을 맞지만, 변화하려는 노력을 하면 고통 뒤의 풍요가 찾아온다.

경제가 어려워지고 변화와 혁신이 일상화된 요즘, 우리에게 요구되는 것이 바로 매의 정신이다. 살아남기 위해 초심으로 돌아가야 한다는 그 의지, 다시 출발선상에 선다는 생각으로 시작하겠다는 그 각오, 지금 조직이 요구하는 것은 자신의 부리와 눈과 발톱, 그리고 깃털마저 뽑아버리겠다는 매의 마음가짐이다.

대학을 졸업하고 은행에서 나름대로 안정적인 위치를 차지하고 있던 시절, 나에게 새로운 기회가 찾아왔다. 당시 서울 인근에 신도시가 개발되면서 그곳에 개설되는 지점을 맡을 지점장을 공모를 통해 선발하기로 한 것이다. 일 년 후쯤에 지점장으로 발령받을 수 있었으나 나는 과감히 출사표를 던졌다. 원래의 자리를 박차고 험한 공모 지점장 자리로 스스로 찾아들어 갔다.

1997년 지점 주변은 아직 정리되지 않은 주거지와 상가들로 어수선했다. 게다가 인근에는 이제 막 개통한 지하철역 하나만이 덩

그러니 있어 불모지와도 같은 곳이었다. 찾아갈 고객이 없는 허허벌판과도 같은 점주 여건이었지만 나는 자신이 있었다. 다른 사람들보다 빨리 현장으로 나가고 싶었고, 열정과 자신감이 충만했기 때문이다.

하지만 처음 몇 달간은 그게 아니었다. 영업을 뚫을 만한 곳이 없었다. 그렇다고 공터 위에서 공허한 외침만 내지를 수만도 없는 일이었다.

공모를 통해 지점장으로 발령받았기에 죽기 살기로 매달렸다. "네가 그렇지 뭐."라는 빈정거림을 듣고 싶지는 않았다. 위기의식이 컸던 만큼 결단도 컸다. 단 한순간도 방심하지 않고 앞만 보고 내달렸다. 오직 성공을 해야겠다는 열정 하나로 버텨냈다.

그 고생으로 버텨낸 초임 지점장 시절, 나는 매가 참으로 그리웠다. 매의 정신으로 살아남아야 한다는 다짐을 한 그 순간 매가 보고 싶어졌다. 그런데 그렇게 그리워하던 매를 고객의 창고에서 발견하게 되었다. 거래 업체 창고 속에 박제된 매가 버려져 있었다. 사냥을 즐기던 사장이 오래전 마련해둔 것이었다. 사장을 졸라 매를 받아왔다. 내가 직장을 떠나는 그 순간까지 가지고 있겠다는 약속을 했다. 매의 정신을 이어갈 듬직한 후배에게 넘겨주겠다는 다짐도 잊지 않았다. 그때부터 매는 내 방 한켠에 자리를 차지하고, 그 늠름하고 도도한 자태로 내게 항상 용기를 불어넣어주고 있다.

직원들과 이야기가 잘 통하지 않을 때가 있다. 규정과 현장의 목소리가 어긋날 때도 있다. 나는 그럴 때면 직원들을 매 앞으로 부른다. 매의 정신을 가르친다. 살아야 한다는 절실한 마음으로 삶의 후반기를 준비한 매의 이야기에 다들 고개를 끄덕인다. 꿩을 잡지 못하는 매는 더이상 매가 아니다. 참 좋은 매는 나의 직장생활 보물 제2호다.

마라톤을 하다 보면 첫 마음이 얼마나 중요한지 몸소 깨닫게 된다. 출발선상에 섰을 때는 누구나 완주를 꿈꾼다. 어떤 이는 '서브-3'를 꼭 하고야 말겠다고 이를 악문다. 출발신호와 함께 달리기 시작하면 그 다짐이 변한다. 다른 사람보다 앞서 나가기 위해 부지런히 뛰어나간다. 평소보다 속도를 내어 힘이 넘친다. 빠르게 앞서 나가는 사람도 있다. 하지만 그런 시간은 오래가지 않는다. 시간이 지나면서 몸은 지쳐간다. 내가 왜 이 짓을 하고 있을까? 스스로 반문하고 또 반문한다. 당장 멈추고 싶어진다. 그러다 결국 경쟁 상대는 오로지 딱 한 사람, 나 자신이라는 것을 깨닫는다. 비로소 자신과의 싸움이 시작된 것이다.

그 순간 결정해야 한다. 여기서 멈출 것인가, 더 달릴 것인가? 멈추면 안식이 찾아올 것이다. 그늘진 풀밭에 앉아 휴식과 안정을 취하면 된다. 하지만 계속 달리기로 결정한다면 끊임없는 피로와 싸워야 한다. 멈춘 사람에게는 아쉬움이 남는 반면, 계속 달린 사람에게는 뜻밖에도 러너스 하이$^{runner's high}$ 뒤의 평안함이 찾아온다. 계속 달릴 수 있는 힘과 에너지가 생긴다.

성공은 지갑 열리는 시간과 횟수에 정비례한다

성공코드 27

비즈니스에서의 성공은 지갑이 열리는 시간과 횟수에 정비례한다.
잘 먹고 나와서 계산대에 섰다면 누구보다 먼저 지갑을 열어라.

● 사람을 제대로 알려거든 3가지를 해보면 된다. 같이 술을 먹고, 같이 내기를 해보고, 같이 잠을 자는 것이다. 이 3가지 이벤트는 모두 사람의 본심이 적나라하게 드러나는 현장이다. 비즈니스를 위해 고객을 만난다면, 이 3가지를 다 해보건 그 중 한 가지를 해보건 한 번쯤 해보라고 권하고 싶다.

사람의 본심은 취중에 잘 나온다. 사람들과 술을 먹다 보면 본심을 토로하는 경우를 자주 보게 된다. 흔히 말하듯이 술김에 자기의 속 이야기를 하게 된다. 술이 이성보다 큰 힘을 발휘한다. 바로 취중

진담이다. 술을 마신 김에 농담을 내뱉는 것 같지만 그 안에 마음이 담겨 있다. 맨 정신으론 도저히 하지 못하던 이야기도 술의 힘을 빌려 술술 내뱉는 것이다. 그 사람이 어떤 사람인지 파악할 수 있는 것은 바로 그 순간이다. 술 먹기 전과 술 먹은 다음이 다른 사람이라면 만나지 않는 것이 좋다. 자기 몸을 가누지 못할 정도로 술을 마시는 사람, 술을 마셨다고 자기 절제를 하지 못하는 사람도 마찬가지다. 술은 곱게 마셔야 한다. 술은 천박한 음식이 아니기 때문이다.

사람의 본심이 나오기는 내기판도 마찬가지다. 원초적인 감정들이 여과 없이 드러나는 자리가 내기판이다. 내 몫의 돈이 사라져갈 때, 감당 못할 돈이 갑자기 생겼을 때 사람의 본성이 드러난다. 돈 앞에서 사람이 어떻게 변하는지를 가감 없이 보여주기 때문에 상대방의 본심을 꿰뚫어보기론 이것만 한 자리가 없다. 골프장에서 슬쩍 가벼운 내기를 해보면 상대방의 성격을 파악하는 데 도움이 되는 것처럼 말이다.

마지막 하나가 함께 자보는 것이다. 사실 비즈니스 현장에서 함께 잠을 잔다는 것은 흔한 일이 아니다. 그런데 함께 출장을 간다거나 회식 자리에서 술을 과하게 먹고 함께 자게 될 일이 있다면, 그것만큼 상대방을 잘 알 수 있는 일도 없을 것이다. 잠은 자신의 모든 것을 무장해제시킨다. 긴장감도 풀어지고 의식도 잠시 자리를 비우는 순간이다. 적나라한 본모습이 여과 없이 드러나는 순간이 바로 잠들었을 때다. 잠버릇은 어떤지, 건강 상태는 어떤지, 이런 지극히 사적인 점들이 날것 그대로 드러나는 자리다. 그래서 상대방을 온전히 파악하려면 함께 잠들어보는 것도 좋다.

이처럼 3가지는 결국 상대방의 민낯을 잘 파악하라는 의미다. 지점장 시절 나는 대출을 하기 전 반드시 10번 이상 현장을 방문했다. 근무시간 전후 1시간, 점심시간, 그리고 공휴일은 어떤 일이 있더라도 찾아갔다.

지갑을 여는
상대방의 태도에 주목하라

사람의 마음을 안다는 것은 대단히 중요한 일이다. 그 사람을 알아야 그 사람의 마음을 열 수 있고 그 사람의 환심을 살 수 있다. 비즈니스 현장에서 그 사람을 안다는 것은 곧 그 사람과 친구가 된다는 것을 의미한다. 그 사람이 누구인지, 어떤 생각을 하고 뭘 좋아하는지 모두 알고 있다면 쉽게 그 사람과 친구가 될 수 있을 것이다.

마찬가지로 그 사람에게 내가 누구인지를 보여주는 것도 중요하다. 내가 그 사람을 잘 알듯이 그 사람도 나를 잘 안다면 쉽게 친구가 될 수 있기 때문이다. 그런데 이때 중요한 것은 그 사람이 아는 내 모습이다. 나는 그 사람의 모든 것을 속속들이 알더라도, 그 사람에게 나는 모든 것을 다 보여주면 안 된다. 좋은 면만, 보여주고 싶은 모습만 보여줘야 한다. 그 사람과 술을 먹고 내기를 하고 잠을 자더라도 나는 좋은 모습만을 보여줄 필요가 있다.

사람을 볼 때 눈여겨보는 것 중 하나가 지갑을 여는 상대방의 태도다. 함께 술을 마실 기회도 없고, 내기를 해볼 기회도 없으며, 잠을 자볼 기회는 더욱 없다면 지갑을 여는 그 사람의 태도라도 유심히 지켜볼 일이다. 지갑을 여는 단순한 행위는 상대방의 마음을 읽을 수 있는 가장 쉬운 방법이다. 그 사람의 품격이 지갑을 여는 그 작은 행위 하나로 드러난다.

자주 가는 거래처가 있다. 그다지 크지 않은 규모의 인쇄소였지만 늘 사람들로 북적거렸다. 일도 많고 손님도 많아 늘 점심식사가 늦는 그 사장은 나를 만나면 제일 먼저 묻는 말이 "식사는 하셨습니까?"였다.

그런데 그 사장과 식사를 하는 날은 늘 내가 얻어먹게 된다. 내가 지갑을 열기도 전에 이미 계산을 마친 경우가 허다했다. 찾아오는 손님이 많다 보니 모르는 분들과 자주 동석을 하게 되었는데 그때도 마찬가지였다. 사장은 다른 손님들보다도 항상 먼저 지갑을 열었다. 5천~1만 원 하는 점심 한 끼였지만 다른 사람들보다 먼저 사장의 지갑이 열렸다.

그런데 가만히 보면 사장님의 지갑에서 나온 1만 원은 그 이상의 가치를 하고 있었다. 사람들은 일거리가 있으면 제일 먼저 그 사장을 찾았고, 다른 사람에게도 그 사장을 소개하는 데 주저하지 않았다. 일을 하다 막히면 그에게 자문을 구했고, 혹 견적이 조금 비싸게 들어와도 이해하고 받아들였다. 아낌없이 베푼 점심 한 끼가 10배, 20배로 커져 되돌아오고 있었던 것이다. 성공은 지갑 열리는 시간과 횟수에 정비례한다.

계산을 주도하는 사람이
진정한 리더다

모임이나 행사가 있어 많은 사람들이 모인 자리에 가 보면 별별 사람들을 다 만날 수 있다. 좌중을 웃기면서 모임을 주도하는 사람이 있는가 하면, 한쪽 구석에 있는 듯 없는 듯 앉아 있다가 사라지는 사람도 있다. 술만 홀짝이며 눈치를 보는 사람도 있고, 소규모로 편을 갈라 자기들만의 이야기에 빠져든 사람들도 만날 수 있다.

그런데 모임에서 가장 빛나는 사람은 모임을 휘어잡던 사람도,

가장 많은 술을 마신 사람도 아니다. 있는 듯 없는 듯 있었지만 계산하는 순간 가장 먼저 지갑을 여는 사람, 그 사람이 그 모임에서 가장 빛나는 사람이다. 모임에 가보면 좌중을 휘어잡던 사람이 막상 계산해야 하는 시간이 다가온 순간, 뒤로 빠져버리는 경우를 종종 보게 된다. 3시간 내내 좌중을 좌지우지했던 사람이 계산하는 10분 동안은 침묵을 지키는 경우가 있다.

사람들은 3시간 동안 좌중을 휘어잡은 사람보다 단 10분 만에 계산을 마친 그 사람을 기억한다. 모임에선 주도적이지 않았더라도, 조용히 앉아 이야기를 듣기만 했더라도 잽싸게 계산대에 가는 사람이 진정한 리더가 된다.

전공분야를 바꾸어 언론계에 있는 지금까지도 직원들에게 강조했던 점이 지갑을 먼저 꺼내라는 것이다. 내가 갑의 자리가 되었건 을의 자리가 되었건, 상대방보다 먼저 지갑을 꺼내라고 주문한다. 지갑을 먼저 꺼내는 그 사소한 행위는 상대방이 나를 다시 보게 만드는 가장 울림이 큰 액션이다.

그런데 가끔 돈을 내고도 욕을 먹는 경우를 보게 된다. 하루는 직원이 복도에서 어떤 사람을 욕하는 소리를 들었다. 무슨 소린가 싶어 자초지종을 들었더니 사연은 이랬다.

그 직원이 인터넷 동호회에서 모임이 있어 참가를 했다. 또래 친구들이 20여 명 모였고 분위기도 좋았다. 늘 그렇듯 1차 모임이 끝나고 회비를 받고 있는데 한 친구가 자기가 전부 다 내겠다고 했다. 돈 좀 번다고 자랑을 하던, 모임에 처음 나온 신입회원이었다. 친구들은 부담을 주기 싫다며 돈을 모아 계산했다. 그 친구는 그럼 2차는 자기가 사겠다며 친구들을 데리고 강남 번화가의 술집에 갔다. 룸이 있는 고급스러운 클럽이었다. 친구들은 그곳에서 양주를 마시고 밴드를 불러 노래를 불렀다. 술을 사기로 한 친구는 가운데 자리에 앉아 대장인 듯 굴었다. 동행했던 친구들은 술을 마시면서도 부담스러워했다. 그날 술값은 130만 원이 나왔다. 사겠다던 친구는 큰소리로 웨이터를 불러 계산을 했다.

그런데 다음 날 멋지게(?) 술을 산 친구는 욕을 먹고 있었다. 그 자리에서 함께 술을 마신 친구들이 계산을 한 친구를 부러워하기는커녕, 오히려 혀를 차거나 욕을 하는 친구가 태반이었다. 그 친구는 돈을 쓸 줄 몰랐고, 지갑을 꺼내는 방법이 틀렸던 것이다.

지갑을 꺼내는 데에도 기술이 필요하다. 계약을 성사시켜야 하는 을의 입장에서 갑을 만났을 때, 을이 갑에게 과한 식사를 대접한다면 뇌물로 오해를 받을 수도 있다. 그런 상황에서 반대로 갑이 을보다 먼저 지갑을 연다면 을은 갑을 다시 보게 될 것이다. 단지 지갑을 먼저 꺼내는 것이 정도는 아니다.

잘못 꺼내면 상대방에게 불쾌감을 줄 수도 있고, 꺼내야 할 자리를 잘못 찾으면 두고두고 욕을 먹을 수도 있다. 지갑을 꺼내는 행위에도 기술이 필요하다. 상대방의 감정을 상하게 해서는 안 된다. 상대방이 무시당했다는 감정을 갖게 하는 것은 금물이다. 재벌 총수랑 밥을 먹는데 주제넘게 지갑을 꺼낼 수는 없는 것이다. 계산을 하더라도 능력에 맞게, 상황에 맞게 해야 한다.

지갑을 꺼내는 행동에는 내 마음을 상대방에게 전달하는 의미가 담겨 있어야 한다. 당신과 내 관계를 길게 이어가고 싶다는 의미, 그리고 말보다는 행동이 앞서는 솔선수범의 자세를 보여주겠다는 의미가 담겨 있어야 하는 것이다.

직원들의 회식 자리나 사람들을 만나는 자리가 있을 때 가급적 나는 카운터에 미리 카드를 맡기고 내 자리에 가서 앉는다. 다른 사람 모르게 내가 계산을 하는 것이다. 사람들이 계산을 하려고 나서기 전에 미리 계산을 마친다. 가끔 누가 계산을 했는지 말하지 말라고 주인에게 귀띔을 하기도 한다. 그런데 그런 일은 나중에 좋은 일로 되돌아온다.

금액의 많고 적음을 떠나 내가 먼저 지갑을 열었다는 사실이 사람들에게 좋은 이미지로 각인된다. 오히려 작은 금액에 지갑을 열었을 때 그들에게 작은 것까지 소중하게 신경 쓸 줄 아는 사람으로 더 좋은 이미지를 남길 수 있다. 좋은 향기는 서서히 멀리 퍼지고 오래 남는다. 인공의 향은 짧은 순간 사라지지만 자연이 만든 꽃향기는 시들지 않고 오랫동안 우리 곁을 맴돈다. 자기 지갑을 스스럼없이 연다는 것은 오랫동안 사람들의 기억 속에 남는 꽃향기를 남기는 일이다.

잘 먹고 나와서 계산대에 섰다면 지갑을 열어야 한다. "조만간 내가 한턱 쏠게."라거나 "언제 기회 되면 우리 거하게 한잔하자."라는 막연한 말은 부도가 예견되는 공수표다. 비즈니스에서 부도는 치명적인 약점이라는 사실을 잊지 말아야 한다.

말은 사라지지만 메모는 오래 남는다

내가 남보다 앞서갈 수 있었던 것은 부지런한 발과 메모 덕분이다.
잠잘 때도 머리맡에 수첩을 둬야 할 만큼 메모는 오랜 습관이다.

● 우리 선조의 기록정신은 대단하다. 유네스코 세계문화유산 목록에는 조선왕조 600년의 역사가 온전히 담겨 있는 『조선왕조실록』이 있다. 또한 2009년에는 『동의보감』도 등재되어 이웃 나라의 시새움 속에 우리는 표정 관리중이기도 하다. 우리 선조의 기록정신에 담긴 숭고한 뜻을 세계가 인정한 것이다.

우리는 지금도 책에 담긴 기록을 통해 당시에 무슨 일이 있었는지, 누가 살았는지, 그리고 우리 조상들이 축적한 지식들을 확인하고 유추할 수 있다. 미스터리한 역사의 순간들이 하나의 기록으로 남아 세기를 달리하는 지금 이 순간에도 온전히 전해지고 있는 것이다.

우리는 그런 선조들의 기록정신을 본받아야 한다. 또한 진실을 기록하기 위해서라면 목에 칼이 들어와도 굽히지 않았던 그 소신은 메모 습관과 함께 비즈니스 현장에서도 꼭 필요한 덕목이다.

메모하는 버릇은
내 오랜 습관

나는 머리가 좋은 편이 못 된다. 그런데 사람들은 내가 비상한 머리를 가지고 있다고 생각한다. 사람들이 잘 생각해내지 못하는 것을 생각해낸다고 부러워한다. 사람들끼리 주고받은 사소한 이야기들을 잊지 않고 있다가 상품으로 만들어내는 나를 부러워하는 사람들이 많았다.

고객은 뜬금없이 전해주는 선물에 놀란다. 아무리 생각해도 선물 받을 일이 없다며 고개를 갸웃거린다. "내일이 사모님 생신입니다."라거나 "오늘이 아드님 졸업식 아닌가요?"라며 씨익 웃으면 고객은 깜짝 놀란다. 자기도 모르던 일을 어찌 아냐며 신기해한다. 내가 남의 집 기념일을 어찌 알고 남의 부인 생일을 어찌 알겠는가. 그건 모두 메모의 힘이다.

　IMF 외환위기 시절, 여기저기서 넘어지는 은행들이 속출했고 은행 간의 인수합병이 잦아지면서 익숙한 이름의 은행들이 우리 곁에서 영영 사라져버렸다. 그 당시 나는 기업은행의 신상품 개발 업무를 담당하고 있었다. 고객을 상대로 새로운 상품을 개발하고 그것을 시장에 내어놓는, 은행에선 전초부대와도 같은 자리였다.

　하루하루가 살얼음판이었다. 새로운 상품을 만들어놓고도 시장 상황이 워낙 좋지 않아 선뜻 시장에 내놓지 못하는 경우도 있었으니까 말이다. 그때 내가 주목했던 것이 마라톤이었다. 풀코스를 12번이나 완주했고 하프코스도 35번이나 완주했던 내 경험을 최대한 살려보고 싶었다.

　그해 3월 어느 주말, 나는 어느 마라톤 대회장에 있었다. 내가 처음 마라톤을 시작할 때보다 부쩍 늘어난 마라톤 인구, 한번 시작하면 중독성이 강해 쉽게 그만두지 못하는 마라톤, 그리고 자기 관리를 철저히 하는 마라토너들을 보면서 나는 무릎을 쳤다.

　'그래, 이 사람들에게 도움이 되는 통장을 만들면 되겠구나. 이들을 위한 통장을 만들면 큰 호응을 얻을 수 있겠구나.'

　그런 생각으로 3개월을 연구한 끝에 마라톤통장이 출시되었다. 예상은 적중했다. 엄청난 수의 마라톤 인구가 고객이 되면서 1조 3,500억 원의 예금고를 올린 것이다. 기대 이상의 성과에 고무된

나는 또 다른 상품들을 계속 출시하기 시작했다. '내고장힘통장' '코리안드림통장' '여성시대통장' '탄생기쁨통장' '중소기업희망통장' 등 예금상품들을 쏟아낸 것이다.

중소기업을 상대로 한 대출상품들도 출시했다. '유망 서비스업 특별자금대출'은 당시 나온 히트작이다. 우리나라 주요 산업이 제조업에서 서비스업으로 빠르게 이동하고 있는 것에 착안해 신용보증기금·기술보증기금과 협약을 체결하고 개발한 이 상품 하나로만 무려 5천억 원 이상의 실적을 올렸다. 모두가 허리띠를 졸라매던 시절에 벌인 공격적인 마케팅에 다른 은행 직원들도 놀라는 분위기였다. 결국 시중 은행 직원들이 내게 자문을 구하거나 우리를 벤치마킹하는 사례들이 늘어났다.

다른 은행 직원들이 나를 찾아오곤 하던 그 시절, 내 머릿속에는 다양한 아이디어들이 넘쳐나고 있었다. '한가족신용대출' '수시로대출' '상업용부동산저당대출' '메디칼론' 등의 상품들도 그때 나온 것이다.

당시 나를 찾아온 사람들은 한결같이 내 머리를 부러워했다. 늘 새로운 생각을 하는 그 머리의 비상함에 감탄을 했다. 그때마다 나는 속으로 웃었다. 앞서 언급했지만 나는 그리 좋은 머리를 가진 사람이 아니었기 때문이다. 그런 내가 좋지도 않은 머리를 가지고 남보다 앞서갈 수 있었던 것은 부지런한 발과 메모 덕분이었다. "총명한 머리보다 무딘 연필이 낫다."는 말이 있다. 아무리 뛰어난 머리를 가지고 있어도 무딘 연필로 적어둔 작은 메모만 못하다는 소리다.

실제로 나는 아무리 작고 사소한 일도 메모를 한다. 잠잘 때도 머리맡에 수첩을 둬야 할 만큼 메모하는 버릇은 내 오랜 습관이다. 특히 나는 고객들의 불만이나 불평은 잊지 않고 적어둔다.

작고 사소한 기억이라도
도움이 된다

가장 좋은 발명은 많은 사람들이 불편해하는 것을 찾아낼 때 시작된다. 고객만족 역시 마찬가지다. 많은 고객들이 불편하다고 호소하는 것, 고객의 불평과 불만이 무엇인지를 알고 해결해주는 것이 고객만족의 최우선이다.

현장에서 고객들을 만나면서 그들의 불만을 적어두었던 메모가 기업고객부장이 된 이후부터 제대로 약효를 발휘했다. 고객들의 불만을 역으로 이용해 고객이 만족할 수 있는 상품을 만들어내자고 직원들에게 끊임없이 제안했다. 그렇게 만들어진 상품을 두고 일선에서 "고객의 가려운 곳을 긁어준 상품들이었다."라는 평가가 이어졌다.

지점장과 지역본부장 시절엔 사무실에 있는 시간이 별로 없었다. 늘 고객을 찾아다녔고 현장의 한복판에 있었다. 함께 모닝커피를 마시고 남의 회사 회식자리에 있었다. 그러면서 한순간도 그들의 목소리를 건성으로 듣지 않았다. 그들이 말하는 불만은 늘 내 수첩 속에 기록이 되었고, 그들의 불만을 현장에서 해결해주려 힘썼다. 어느 날 새 구두를 사들고 들어온 집사람이 내게 푸념처럼 내뱉은 말이 아직도 잊혀지지 않는다. "도대체 구두귀신도 아닌데, 구두를 얼마 못 신고 금세 닳아버리니 원."

열심히 뛰어다닌 탓인지 도움을 주는 사람들이 많았다. 문제가 생기면 제일 먼저 나를 찾았고, 나를 소개해주는 일에 망설이지 않았다. 덕분에 주변 사람들의 소개로 새로운 고객을 만나는 일도 많았다. 고객을 만나는 그 순간에도 눈은 고객을 향했지만 머리는 메모를 하고 있었다. 고객의 이야기를 하나도 놓치지 않았다. 흘려들을 수 있는 이야기 속에서 정보가 쏟아졌고, 그 안에 새로운 고객이 등장했다.

이야기는 입에서 나오는 그 순간 허공 속으로 사라지지만 메모는 오랫동안 남는다. 헤어지고 난 뒤에도 적어둔 메모를 다시 읽으면서 고객과 나눈 대화를 되새겼다. 그 안에서 내게 필요한 정보는 없는지 확인하고 또 확인했다.

어느 날 뉴욕지점에서 연락이 왔다. 뉴욕에 있는 어느 고객이 제법 큰돈을 한국에 있는 은행에 예치하고 싶어한다는 정보였다. 지방 은행과 거래를 하고 있던 그 고객은 우리 지점과 거래를 결정하고는 한국에 들어왔다. 간만에 고국을 방문했다는 고객은 미국에서 성공한 이야기들을 장황하게 늘어놓았다. 성공한 고객들의 실질적인 체험을 소중하게 생각하고 있었기에 고객과 이야기를 나누면서도 중요한 정보들은 잊지 않고 메모했다.

그날 헤어지면서 고객은 거래를 결정했다. 입출금식 통장을 만든 다음 날, 지방 은행에서 약속한 돈이 우리 지점으로 송금되었다. 그날 오후 고객은 송금된 돈을 1년 만기 정기예금에 넣어달라는 부탁을 하고 한국을 떠났다.

그 일이 있고 두 달 후, 그 고객이 은행에 전화를 걸어왔다. 자기가 맡긴 돈이 왜 정기예금에 가입되어 있냐는 항의 전화였다. 자기가 부탁한 것은 다른 예금 상품이었는데 왜 정기예금이냐며 고객은 금융감독원에도 민원을 제기했다. 고객의 항의는 하루가 멀다 하고 계속되었다. 이자 차액은 물론 한국을 방문하면서 사용한 모든 경비를 물어내라며 생떼를 썼다.

일이 시끄러워지자 감독 당국에서 사건의 경위를 묻는 전화가 왔다. 그때 나를 구제해준 것이 메모지였다. 그 고객과 나눈 대화가 꼼꼼히 기록으로 남아 있었던 것이다. 조작의 흔적도 없고, 기록을 고친 것도 없는 당시 우리 두 사람의 대화가 생생하게 기록된 메모지였다. 감독원 민원담당 직원은 통화하며 내가 보낸 메모지를 보고 사건 정황을 파악했다. 결국 그 고객은 물러섰다.

메모가 아니었으면 시끄러운 쟁송^{爭訟}이 될 뻔한 일이었다. 작고 사소한 기록이라도 결국은 도움이 된다. 기억은 한순간이고 말은 사라지지만 메모는 오랫동안 남는다.

비즈니스 현장에서 가장 중요한 것이 약속이다. 한 번 맺은 약속은 목숨보다 소중하게 생각해야 한다. 가끔 약속을 밥 먹듯 어기는 사람을 만날 때가 있다. 그런 사람을 보면 단지 약속을 지키지 않는 것 하나만으로 그 사람 자체를 신뢰하지 못하게 된다.

정확한 약속은 꼼꼼한 메모에서 나온다. 지나가는 말로 잡은 약속은 잊기 쉽다. 수첩에 약속시간을 꼼꼼히 메모하고, 그것을 지키려고 노력하는 사람일수록 다른 사람으로부터 신뢰를 얻게 된다. 또한 회사나 조직에 근무하며 알게 된 지식이나 정보는 자신의 것이 아니라는 것이 내 믿음이다.

성공하는 기업의 내부 사정을 들여다보면 모든 정보가 공유되고 있음을 확인할 수 있다. 대기업일수록 서로 간의 업무가 공유되고 유기적으로 굴러간다. 담당 직원이 자리를 비우거나 떠나면 업무가 마비되는 회사가 되어서는 안 된다. 우리나라는 업무 인수인계가 잘 안 된다. 기록으로 남기고 그것을 서로 공유하고 나눌 때 개인도 기업도 발전할 수 있다.

계약을 위한 각종 서류를 가방에 넣고 다니자

사람을 만나면 언제든지 자사 제품을 자랑할 수 있어야 한다.
내 가방에는 계좌 개설용 서류뿐 아니라 인주까지 들어 있었다.

● 1970년대 우리들의 학창시절에는 가방이 유난히 무거웠다. 꼭 필요할 것 같아 이것저것 챙기다 보면 언제나 가방은 한 짐이었다. 노트에 교과서에 참고서까지 가방에 하나 둘 넣다 보면 끝이 없었다. 그런데 신기하게 그렇게 들고 간 참고서들이 짐이 되곤 했다. 한 번도 펼쳐보지 못하고 되가져온 것이 한두 번이 아니었다. 그래서 다음 날은 몇몇 참고서를 빼놓고 가곤 했다. 그런데 그런 날은 가는 날이 장날이라고 안 가져온 참고서가 꼭 필요했다.

나는 지금도 어디를 가건 가방을 꼭 들고 다닌다. 그런데 이제는 예전처럼 미련하게 가방에 짐을 많이 넣지는 않는다. 가방 속에는 내게 꼭 필요한 것들만 들어 있다.

가방은 그저 가방이 아니다

금융권에 근무하던 시절, 나는 직원들에게 가방을 들고 다니라는 잔소리를 자주 했다. 출근시간 지하철 안에서 멍하게 시간을 보내지 말고 책이라도 읽으라며 직원들을 설득했다.

직장인들 중에서 그냥 빈손으로 다니는 사람들을 자주 볼 수 있었다. 출근시간 복잡한 지하철 안에서 멍하니 있거나 무가지無價紙를 읽는 경우가 많았다. 요즘 지하철이나 버스 안에서 사람들은 십중팔구 스마트폰을 들고 있다. 휴대전화 게임에만 몰두하는 사람들을 보고 있으면 안타깝다. 그들은 너무나도 좋은 시간을 낭비하고 있다. 출퇴근하는 그 좋은 시간에 자기를 위해 많은 것을 할 수 있는데, 그들은 그 시간을 헛되이 보내고 있는 것이다.

그럴 때 필요한 것이 가방이다. 비즈니스맨이 들고 다니는 가방에는 오가는 시간에 읽을 서류들이 들어 있어야 하고 이것들을 짬을 내어 읽어야 한다. 자기가 몸담고 있는 회사를 소개하는 브로슈

어들, 자기 회사에서 만든 제품에 대한 매뉴얼, 그리고 자기 회사가 판매하는 상품에 대한 안내자료가 들어 있어야 한다. 당장이라도 내가 다니는 회사를 소개할 수 있어야 하고, 언제라도 내가 다니는 회사의 상품을 팔 준비가 되어 있어야 한다.

눈이 오건 비가 오건 출격을 할 수 있는 전천후 폭격기가 되어야만 비즈니스 세계에서 성공할 수 있다. 여객기가 이착륙을 하기 위해서는 2km 이상의 활주로가 필요하다. 하지만 폭격기는 500여 미터면 이착륙할 수 있다. 당장 하늘로 날아가야 하는 상황이라면 여객기보다 폭격기가 유리하다. 비즈니스 현장에서 성공하려는 사람이라면 최단 시간에 곧바로 하늘로 날아오를 수 있는 폭격기가 되어야 한다.

군대에는 5분 대기조라는 것이 있다. 출동신호가 떨어지면 5분 안에 모든 준비를 마치고 바로 현장에 도착해야 하는 것이다. 긴급한 상황일 때 119로 전화하면 아주 짧은 시간 안에 사고 현장에 도착한다. 그들은 언제든 출동할 수 있도록 만반의 준비를 갖춘 사람들이다. 빨리 출동하려고 대기하는 중에도 옷을 벗지 않는다. 신발을 신고 잠드는 경우도 다반사다.

비즈니스에서 성공하려는 사람이라면 5분 대기조가 되어야 한다. 긴급출동을 위해 준비하는 119대원이 되어야 한다. 신발을 신은 채 잠들고 한순간도 옷을 벗지 않는 그들처럼 출동 준비가 되어 있어야 한다. 오죽하면 '골든타임'이란 단어까지 생겼을까?

가방 안에 꿈과 희망을
함께 넣고 다닌다

가방을 들고 다니면 편의성도 있지만 비전도 생긴다. 그 안에 필요한 물건을 넣고 다니기도 하지만, 꿈과 희망도 함께 넣고 다니는 것이기 때문이다. 현재에 안주하지 않고 더 높은 곳으로 나아가려는 꿈, 지금보다 더 나은 사람이 되겠다는 희망이 함께 담겨 있는 것이다.

사람을 만나면 언제든지 내가 다니는 회사에 대해 이야기할 수 있고, 회사에서 만드는 제품을 자랑할 수 있어야 한다. 누구와 무슨 이야기를 나누더라도 이야기 도중에 자기 회사의 제품에 대해 이야기할 수 있는 사람, 그런 자세를 가진 사람은 반드시 성공한다. 내게 도움을 줄 수 있는 사람이 언제 내 곁에 나타날지는 아무도 모르는 일이다.

하루는 미국 교포와 거래를 시작한 친구에게서 전화가 왔다. 마침 거래중인 교포가 한국에 왔는데 인사차 점심이나 함께하자는 전화였다. 출국이 몇 시간 남지 않았기에 김포공항 근처에서 만나기로 했다. 인천공항이 생기기 전이었다.

식사를 하면서 이런저런 이야기를 하다 보니, 그 고객이 한국에 외환통장을 개설하고 싶어한다는 것을 알게 되었다. 친구와 거래를 계속해야 할 상황이기에 가지고 있는 달러를 입금하고 떠나고 싶어 했다. 하지만 일정이 빠듯해 은행에 갈 엄두도 내지 못하고 있다가 출국을 앞두게 된 것이다.

각종 서류를 가방에 넣고 다니던 내겐 기회였다. 가방은 출퇴근 시간에만 갖고 다닌다고 생각하겠지만, 나는 달랐다. 사무실 문을 나설 때부터 가방은 분신처럼 내 곁을 지켰다. 당연히 그 식사 자리에도 내 가방은 함께 있었다. 그리고 그 가방 안에는 통장을 만들 수 있는 서류들뿐만 아니라 도장을 찍는 데 쓰는 인주까지 들어 있었다.

나는 즉석에서 외환통장을 개설할 수 있는 서류를 꺼냈다. 미국 교포는 그런 내 모습을 보고 놀라고 있었다. 모든 것을 완벽하게 준비해둔 나를 신기해했다. 이렇게 해서 식사 중간에 급하게 통장을 만들 수 있었다.

지점 직원에게 전화로 상황을 설명하고, 통장을 만들어 공항으로 보내게 했다. 그 교포는 결국 기업은행의 고객이 되었다. 짧은 순간 일사불란하게 일처리를 하는 내가 믿음직스러웠던 것이다.

지금도 그 고객은 업무차 한국을 방문할 때면 내게 전화를 걸어온다. 그리고 한국에서 은행과 거래하려는 친구들이 있으면 거리낌 없이 나를 소개한다.

언론에 몸을 담고 있는 지금도 지점장 시절부터 가지고 다녔던 가방을 들고 다닌다. 우리 머니투데이 방송을 시청할 수 있는 전국 채널번호표와 IR자료, 그리고 사업제안서 등이 들어 있는 가방이다. 27년 전 성남 모란시장에서 구입한 비닐로 만든 가방은 나의 직장생활 보물 제4호다.

성공하는 조직에는 이런 사람들이 많다. 가방을 들고 다니고, 그 안에 조직과 관련된 서류를 갖추고 있는 사람들 말이다. 조직을 사랑하는 사람들이 넘쳐나면 회사건 단체건 절대 망하지 않는다. 요즘 시대에는 영업에만 뛰어난 사람이 아니라 영업에도 전략에도 뛰어난 사람이 필요하다.

직장인은 회사의 전략을 알아야 한다. 가방을 들고 다니는 사람은 그저 빈 가방만 들고 다니지는 않는다. 전략을 위한 자료를 단지 넣고만 다니는 것이 아니라 수시로 읽어본다. 조직에 자신을 맞추려 애쓴다. 가방은 나의 약속이고 가방 안에는 약속을 실현시키기 위한 도구가 들어 있어야 한다.

사무실 문을 여는 그 순간부터 집중하자

출근하면 업무 시간중에 개인 전화는 하지도 말고 받지도 마라.
출근 후 책상에 앉는 그 순간부터 시간은 개인의 것이 아니다.

● 가끔 휴대전화를 회사에 두고 퇴근할 때가 있다. 정신 없이 일하다가 휴대전화를 책상에 둔 것도 잊은 채 바쁘게 퇴근을 했던 것이다. 그런 날은 집에 가는 내내 찜찜하다. 무슨 일이 생길 것 같아서 불안해진다. 집에 가서도 불안하긴 마찬가지다. 혹시 밤에 급한 연락이 오면 어쩌나 싶어 안절부절 못하기 일쑤다. 그런데 일을 잘 마무리 지은 날은 휴대전화가 없어도 불안하지 않다. 급하게 연락이 올 곳도 없을 것이기에 말이다.

업무가 밀려 있는데 어정쩡하게 퇴근을 하면 집에 가서도 쉬는 것 같지 않다. 내일 출근해서 밀린 일부터 시작해야 한다고 생각하면 마음이 무겁다. 가능하면 그날 해야 할 일은 그날 마무리 지어야 한다. 일을 깔끔하게 마무리 지어버리면 휴대전화를 두고 퇴근을 하더라도 불안하지 않다.

은행 업무는 잘 알려진 바와 같이 그날그날 마감을 하는데, 10원이라도 틀리면 안 된다. 모자라도 안 되지만 남아서도 절대 안 된다. 그러다 보니 10원 때문에 밤새 계산기와 씨름하는 날도 있다. 마무리 짓지 못하면 퇴근을 못할 뿐만 아니라, 그대로 퇴근을 했다가는 큰 문제가 생길 수도 있다. 하지만 밤늦게라도 일을 말끔하게 마무리 짓고 사무실을 나서면 그렇게 개운할 수 없다.

회사에 출근한 그 순간부터 개인이 아니다

회사에 출근하면 업무시간 도중에 개인적인 전화는 일절 하지도 않고 받지도 않는다. 그래서 업무시간에 연락 없는 나에게 서운해하는 친구들이 많다. 물론 지금은 내 성격을 알기에 급한 일이 아니면 업무가 끝난 다음에 연락을 한다.

은행 간부가 되고 나서 직원들에게 강조했던 말도 "업무중에는 개인 전화를 하지 말라."고 조언했다. 유선전화가 통신수단이었던 시절이었다. 개인 전화는 업무가 끝난 뒤에 얼마든지 할 수 있다. 회사에 출근한 그 순간부터 나는 개인이 아니라 회사에 소속된 직원이라고 하며 말이다.

지점장이 되어 업체를 방문했을 때, 개인 전화를 받느라 고객을 기다리게 만드는 사람들을 종종 만났다. 앞에 멀뚱히 앉아 상대방의 시시덕거리는 통화를 지켜보자면 속이 터진다. 내게 개인 전화를 쓴다고 야단을 맞던 직원들을 요즘 다시 만나면 "그때 왜 그런 말씀을 하셨는지 이해할 것 같다."며 멋쩍게 웃는다.

휴대전화가 생기면서 고객을 앞에 두고도 전화를 받는 일이 아무렇지도 않게 되어버렸다. 까다로운 고객이거나 VIP 고객이라면 함부로 전화를 받지는 않을 것이다. 그런 고객이라면 친구에게 전화가 와도 모른 척하거나 미리 전원 버튼을 끌지도 모른다.

그런데 VIP 고객이 아니라고 아무렇지도 않게 전화를 받는 경우가 있다. 심지어 통화를 끝내고 양해를 구하지 않는 경우도 있다. 세상에 만만한 고객은 없는 법이다. 고객은 모두가 잠재적 VIP라는 것이 내 지론이다. 대우를 받은 고객이 대우를 하게 된다. 기브 앤 테이크(give & take), 즉 주는 것이 있으면 받는 것이 거래다.

영화관에서 전화를 받는 것은 실례다. 열심히 강의를 듣는 도중 전화를 받는 사람이 몇이나 될까? 그런데 영화보다 스릴 넘치고 강의보다 진지한 거래의 현장에서 고객과 만나는 그 시간에 별로 중요하지도 않은 개인적 통화에 시간을 할애할 수 있겠는가?

근무시간에는 일에만 집중하라

이처럼 출근을 해서 책상에 앉는 그 순간부터 비즈니스맨의 시간은 개인의 것이 아니다. 그 사람의 모든 시간은 공적 시간이다. 업무와 관련된 일을 위해 시간을 사용해야 하는 것이다. 그 소중한 시간을 사적으로 이용하는 것은 옳지 않다.

회사에 와서 개인적인 일을 하는 것, 회사에 와서 개인적인 전화를 쓰는 것, 그리고 회사에 출근해 담배 피우기 위해 자주 자리를 비우는 것, 심지어 화장실 가는 것까지 그런 모든 것들이 공적인 시간을 낭비하는 일이다. 하지만 조금만 노력하면 고칠 수 있는 일들이다.

우리나라 근로자들의 근로 시간도 선진국 수준으로 변하고 있다. 주5일 근무제가 정착되고 징검다리 연휴 기간에는 일하기보다 휴식을 권장하는 회사가 늘어나고 있다.

줄어든 근무 시간 이상으로 업무 집중도를 요구하는 시대로 바뀌고 있다. 근무 시간이 줄었으니 예전에는 1시간이면 할 일을 이제는 집중해서 30분 만에 마칠 수 있는 시스템으로 말이다. 어떤 회사는 출근해서 2시간가량을 업무에 집중하는 시간으로 정해 전화도 받지 못하게 하는 경우도 있다. 그만큼 일에 집중하도록 만든 것이다.

기업 중에는 회사 전화로는 사적인 전화를 쓰지 못하도록 하는 곳도 있다. 또한 많은 회사들이 일부 인터넷 사이트에 들어가지 못하도록 막고 있다. 근무 시간에 다른 쪽으로 시간을 낭비하지 않도록 하려는 회사 나름의 고육지책이다.

마라톤 선수가 출발선에 서기 전에 워밍업을 하면서 몸을 풀어야 하는데, 화장실에서 소중한 시간을 낭비하고 있었다면 그날의 마라톤은 실패할 확률이 높다. 회사에 출근한 비즈니스맨도 마찬가지다.

아침 일찍 출근해 하루 업무를 구상하고 정리하면서 '오늘 어떤 일을 하면서 하루를 보내야 할 것인가'를 생각하는 시간을 가진 사람은 다른 직원들과 분명 다른 하루를 보낼 것이다. 모든 일은 '시작이 반'이라는 말처럼 하루 업무의 성패는 일에 착수하는 그 순간에 절반이 판가름 나버린다고 할 수 있다. 사무실 문을 열고 들어서는 바로 그 순간부터 말이다.

안정적이라고 안주하다간 도태되고 만다

절박한 상황에서 벗어나는 방법은 전략으로 부딪치는 것이다.
안정된 직장이라고, 나를 믿어주는 거래처라고 안심하지 마라.

● 환경이 사람을 만든다지만 그 환경을 만드는 것은 사람이고, 지배하는 것도 사람이다. 비즈니스 현장에서 일하는 사람들을 보면 주변 환경만 탓하는 사람이 있는가 하면, 그것을 극복해 새로운 것을 만들어내는 사람도 있다.

환경을 탓하는 사람들은 모든 것을 탓한다. 일이 조금만 잘못되어도 다른 사람을 원망하고 주변 환경을 탓한다. 그런데 성공한 사람들은 환경을 탓하지 않는다. 주어진 환경을 바꾸거나 환경에 자기 몸을 맞춘다. 주어진 환경을 최대한 활용하면서 그 안에서 성공할 수 있는 방법을 발견한다.

잘되면 내 공이요, 못되면 조상 탓이라고 한다. 남 탓을 하기 시작하면 일에 적극적일 수 없다. 잘못되더라도 빠져나갈 구멍이 있다고 생각하기 때문이다. 전쟁에서 이기는 전술 중에 배수진背水陣이라는 것이 있다. 강을 등지고 싸우는 것이다. 앞에는 적이고 물러서면 강에 빠져야 되는 절박한 상황, 그 상황에서 벗어나는 방법은 죽을 힘을 다해 싸워 적을 이기는 것뿐이다.

풍족함에 안주하는
소가 될 것인가?

나는 충남 예산에서 태어났다. 양반의 고장이라 불리는 충청도지만, 타 지역 사람들에게는 동작이나 말言이 느린 지역이라는 인식이 더 강하다. 그런 까닭인지 사람들은 내가 느리다고 생각한다. 실제로 충청도 사람들 중에는 느린 사람이 많다. 그런데 자세히 보면 충청도 사람이 느린 것은 아니다. 우리나라 사람들이 너무 조급하기 때문에 상대적으로 그렇게 비쳤을 뿐이다.

우리나라 사람들은 유난히 급하다. 외국 사람들이 우리나라 사람들에게 가장 먼저 배우는 말도 '빨리빨리'라고 한다. 독일로 여행을 갔던 우리나라 관광객의 재미난 일화가 인터넷에 소개된 적이 있다. 독일인 버스기사가 점심시간에 맞춰 관광객을 식당 앞에 내려주고 주차를 하고 있었다. 식당에서 조금 먼 곳에 주차장이 있었기에 그 기사가 10여 분 걸려 식당에 도착했다. 그런데 관광객들이 모두 식당 밖에 나와 있었다. 식당에 무슨 문제가 있구나 싶어 놀라 달려갔더니, 관광객들은 식사를 모두 마친 뒤였다고 한다.

비행기가 활주로에 바퀴를 내려놓기 무섭게 안전벨트를 풀고 우르르 일어서는 사람들이 우리나라 사람들이다. 세계에서 유일하게 사탕을 마지막까지 빨아먹지 못하는 민족이기도 하다. 그런 나라에서 느리다는 소리를 듣는 사람이 충청도 사람이다. 그런데 충청도 사람이라고 다 느릴까? 그렇지 않은 사례도 있다. 그 예외의 주인공이 바로 나다.

내가 초등학교 3학년 때까지 자란 곳은 워낙 벽촌이었기에 버스가 다니지 않았다. 어른들은 읍내 장터에 가려면 무거운 짐을 이고 지고 걸어다녔다. 나도 초등학교에 입학하자마자 걷는 것이 하루 일과가 되어버렸다. 집에서 20여 리 떨어진 학교까지 가는 일은 고행이었다. 새벽부터 뜨거운 열기가 기승을 부리기 시작하는 여름날 아침의 등교는 지금까지도 생각하고 싶지 않을 정도다.

집 근처에는 학교가 없었다. 가장 가까운 곳이 20여 리 떨어져 있는 읍내 초등학교였다. 어린 초등학생이 매일 그렇게 먼 거리를 걸어다니는 것은 쉬운 일이 아니었다. 그때 나를 즐겁게 만든 것은 소달구지를 타는 일이었다. 추수철이 되면 읍내 방앗간으로 벼를 찧으러 가는 소달구지를 자주 만났다. 달구지를 얻어 타는 날은 하루가 즐거웠다. 그런데 지금 생각해보면 그런 어린 시절의 경험이 나를 쉽게 마라톤으로 이끌었는지 모른다.

빠른 발을 자기만의
생존전략으로 택한 말

소^{牛}는 말^{馬}과 자주 비교된다. 같은 포유류 동물인 데다 발굽을 가진 동물이지만 서로 다른 삶을 살고 있기 때문이다. 말은 빠름의 상징이지만 소는 느림의 상징이다. 소는 일과 고기를 목적으로 길러지는 반면, 말이 길러지는 이유는 달리는 데 있다. 둘 다 풀을 주식으로 하는 초식동물이지만 이렇게 확연한 차이를 보이는 데에는 분명한 이유가 있다. 그들 모두 풀을 먹기는 하지만 다른 환경에서 먹기 때문이다.

소는 보들보들한 풀을 먹지만 말은 거친 풀을 먹는다. 소는 한 번에 많이 먹은 다음 몇 번에 걸쳐 되씹는 반추동물이지만, 말은 필요한 만큼 자주 먹고 배설도 그만큼 잦다. 이는 일찍부터 사람에게 길

들여진 소에게는 풍부한 먹이가 보장되었지만 말은 그렇지를 못했기 때문이다.

게다가 풀을 소화하는 데에는 많은 시간이 필요하다. 시간적인 여유가 많았던 소는 풀을 소화하는 데 걸리는 시간이 문제되지 않았다. 4개의 위로 되씹으면서 천천히 소화시킬 수 있는 충분한 여유가 있었다. 또한 그것을 흡수할 수 있는 긴 창자를 가지고 있었다. 대신 긴 창자에 걸맞도록 몸이 비대해졌다.

빨리 달려야 하는 말에게 비대한 몸은 최대의 적이었고, 몸 안에 많은 먹이를 쌓아두면 부담이 되었다. 문제는 자주 먹어야 하는데 그렇다고 좋은 풀이 아무 데나 널려 있는 것은 아니었다.

말은 결정을 해야 했다. 모든 상대를 몰아내고 먹이를 독점하든가, 다른 동물들이 먹고 남은 풀들을 골라 먹거나 해야 했다. 이도 저도 아니라면 새로운 먹이를 찾아야 했다. 말은 생존을 위해 세 번째 방식을 택했다. 다른 짐승들은 거들떠보지도 않는 거친 풀을 먹이로 택했다. 맛이 없어 모든 동물들이 외면하는 풀들을 골라 먹기로 한 것이다. 경쟁이 없는 블루오션이었다.

그런데 문제가 발생했다. 그런 먹이는 열악한 장소에 많았다. 맹수나 파충류가 우글거리는 초지의 외곽으로 가야만 했다. 말은 살아남기 위해 거친 풀을 택했는데, 이번에는 살아남기 위해 빠른 몸을 가져야 했다. 거친 풀을 먹다가도 맹수들이 나타나면 빨리 달려

맹수들의 손아귀에서 벗어나야 했기 때문이다. 말은 빨리 먹고 빨리 소화시키는 소화기관, 그리고 안전한 곳으로 빨리 이동할 수 있는 발을 자기만의 생존전략으로 의지하게 된 것이다.

비즈니스 현장에서도 똑같은 룰이 적용된다. 말로 살아갈 것인지 소로 살아갈 것인지, 그리고 비즈니스 현장에서 무엇으로 살 것인지는 스스로 선택해야 할 몫이다. 살아가려면 반드시 먹이가 필요하다. 누구나 먹고 싶어하는 좋은 먹이를 선택할 수도 있고 반면에 남들의 관심이 적은 거친 먹이를 택할 수도 있다. 좋은 먹이는 경쟁이 심하고, 거친 먹이는 경쟁은 적지만 위험이 따른다.

당장의 이익을 보고 현실에 안주하는 소와 같은 경영자가 있는 반면에 5년, 10년 뒤의 큰 먹이를 노리는 말과 같은 경영자가 있다. 5년, 10년 뒤의 큰 먹이는 선택하는 사람이 적은 대신 위험 부담이 크다. 그 먹이를 택할 경우 실패의 확률도 높다. 하지만 성공했을 때 돌아오는 몫은 상상을 뛰어넘을 정도로 클 수 있다.

핀란드의 국민기업 노키아는 말의 길을 택했다. 1988년 최대의 위기를 맞을 당시 노키아의 CEO로 취임했던 요르마 올릴라 Jorma Ollila는 가전과 종이펄프라는 안정적인 먹이를 버리기로 했다. 먼 미래에는 통신 분야가 발전할 것이라는 믿음으로 거친 먹이를 택한 것이다. 부드러운 먹이를 버린 말처럼 대대적인 변화를 시작했고, 일부러 어려운 길을 택했다. 몸집을 줄이고 조직을 축소했다. 위험

부담이 컸지만 고생한 만큼 성과도 컸다. 덕분에 노키아는 세계에서 인정받는 초일류 기업으로 거듭날 수 있었다. 이러한 노키아가 마이크로소프트[MS]에 인수된 이유는 따지고 보면 소가 되려했기 때문이 아닐까? 먹이가 바뀌면 몸이 바뀌고, 몸이 바뀌면 운명이 바뀐다. 이것은 진리다.

안정된 직장이라고 해서 안주해서는 안 된다. 경쟁력 없는 안정이란 없기 때문이다. 마찬가지로 나를 믿어주는 거래처라고 마음 놓고 있으면 안 된다. 인간은 상황에 따라 변할 수 있기 때문이다. 더욱이 오늘날에는 예측 가능한 일이 거의 없다고 해도 과언이 아니다. 어떤 변수가 내가 가는 길의 방향을 바꿔놓을지 모르고, 그 변수가 너무나 다양하기 때문이다.

안주하다가는 도태되고 만다. 좋은 먹이를 계속 먹으려면 스스로 변신해야 한다. 남들보다 앞서나갈 준비를 해야 한다. 남들이 발견하지 못한 좋은 먹이를 찾기 위해 노력해야 한다. 노력 없이는 남보다 앞설 수 없고, 변화하지 않으면 살아남을 수 없다. 먹지 않으면 먹히는 것이 냉혹한 비즈니스의 세계다.

현상유지는 없다. 조직과 사람은 성장하고 있거나 썩어가고 있거나 둘 중 하나다. 중간은 없다. 가만히 서 있다면 썩어가고 있는 것이다. 세상이 빠르게 변화하고 있고 경쟁자들도 끊임없이 변화하고 있다. 가만히 있는 것은 현상유지가 아니라 퇴보란 이야기다.

5장

진심을 전달하면
없던 길도 만들 수 있다

말 한마디, 마음 씀씀이 하나에 진심을 담자

달면 삼키고 쓰면 뱉는 논리로는 고객과 친구가 될 수 없다.
고객을 내 사람으로 만들겠다는 욕심만으로 서두르지 마라.

● 고객을 감동하게 만드는 일에는 배려가 중요하다. 이해타산이 아니라 진심으로 대하는 마음가짐이 필요하다. 달면 삼키고 쓰면 뱉는 뻔하디 뻔한 상업적 논리만으로는 고객과 친구가 될 수 없다. 신뢰가 바탕이 되지 않는 만남은 오래가지 못한다.

가식적인 만남은 금세 바닥을 드러낸다. 이익을 따지는 만남은 그 목적이 사라지면 끝난다. 반면에 서로에 대한 배려와 인간적인 믿음으로 시작된 만남은 오래간다. 그런 만남은 절대 손해를 끼치지 않는다. 나의 진정한 친구는 내가 어려울 때 먼저 도움의 손길을 보내준다. 내게 필요한 것이 무엇인지 먼저 안다.

고객에 대한 배려와 친절은 기본이다

지점장으로 재직하면서 가장 신경을 쓴 것이 객장에 들어서는 고객에 대한 친절이었다. 고객에게 불친절한 은행은 없다. 모두 저마다의 친절로 고객을 맞이한다. 그러다 보니 모든 은행의 서비스가 비슷해진다. 기왕이면 다른 은행들과 차별화된 모습을 보여야 기업은행을 기억할 것이라고 생각했다.

다른 곳에서도 그랬지만 초임지를 떠나 두 번째로 부임한 지점 직원들의 고생이 특히 심했을 것이다. 다른 은행보다 객장을 30분 일찍 열고 30분 늦게 닫았기 때문이다. 그만큼 직원들이 바빴다. 출근은 빨랐고 퇴근은 늦었다.

문도 열기 전에 은행 앞에서 서성이는 고객들을 위해 30분 일찍 문을 열었다. 기다리는 고객들의 불편을 줄이려는 배려였다. 덕분에 다른 은행에 업무가 있었던 고객들도 우리 지점에 와서 기다리곤 할 정도였다.

고객에 대한 친절에도 남다른 정성을 쏟았다. 고객이 오면 무조건 커피를 대접하던 다른 은행들과 달리 우리는 커피, 녹차 등 서너 가지 음료를 준비하고 고객이 직접 선택할 수 있도록 했다. 여자고객은 남자직원이, 남자고객은 여자직원이 대접했다. 커피도 믹스커피 일색에서 벗어나 원두커피를 준비하고 고객의 취향에 맞게 배려했으며, 처음 방문하는 고객인 경우 반드시 고객이 좋아하는 커피의 스타일과 양을 메모해두었다.

뿐만 아니라 계절에 따라 솔잎차나 송이버섯차, 쌍화차 등 지역별 건강차를 따로 준비했다. 웰빙은 몸에만 좋은 것이 아니다. 사람과 사람 사이의 관계에도 좋다.

차를 건넬 때도 반드시 고객과 눈높이를 맞추고 미소를 잃지 않았다. 나를 만나러 온 고객의 음료수는 반드시 내가 준비했다. 물은 매주 월요일마다 설악산에 있는 오색약수터 식당에서 택배로 구입해 사용했다. 음료수를 건네면서 멘트도 잊지 않았다.

"특별히 비타민W를 넣었습니다. 맛있게 드십시오. 비타민W가 뭐냐 하면 Welcome, 진심으로 고객님의 방문을 환영한다는 뜻입니다."

"제가 정성스럽게 만든 차입니다. 건강하실 겁니다."

"설악산에서 길어온 물로 만든 차입니다. 맛이 남다를 것입니다."

'말 한마디에 천 냥 빚을 갚는다.'라고 했던가? 아니다. 말 한마디로 수십만 냥의 실적을 얻을 수 있다. 사람의 마음을 열어 감동을 심어주는 방법은 의외로 쉽고 간단하다.

마음의 문을 열면
결국엔 단골이 된다

30분 일찍 은행 문을 열고 30분 늦게 문을 닫는 덕분에 인근에 소문도 많이 났다. 커피와 음료를 취향에 맞게 제공하는 은행, DJ가 직접 음악을 골라주는 은행으로 알려지면서 일부러 찾아오는 사람이 생겨날 정도였다. 거래 고객 수도 늘어나기 시작했다. 은행이 편해졌다는 고객의 칭찬도 많이 받았다.

무더운 여름, 은행은 최고의 피서지다. 인근 주민들은 은행에서 더위를 피한다. 은행과 거래가 없는 사람들도 은행을 찾는다. 일부 경쟁 은행에서는 그런 사람들을 문전박대했지만, 우리는 그런 사람들도 고객으로 대했다. 시원한 차를 건네거나 읽을거리를 제공했다.

객장에는 항상 음악이 흘러나왔다. 성능 좋은 오디오를 별도로 마련해 업무시간 내내 음악을 내보냈다. 지점 고객을 제일 많이 아는 여직원을 DJ로 지정했다. 시간마다, 계절과 날씨에 따라 다른 음악을 틀었다. 비나 눈이 내리는 날, 화창한 날, 주부고객이 많은 날, 고객의 연령층에 따라 가요와 클래식, 가수와 장르를 바꿨다. 한 번은 이런 일이 있었다. 그날따라 객장에 고객이 많아 대기시간이 길어졌는데 설상가상으로 김경자 VIP 고객이 객장을 이리저리 서성거리고 있음을 DJ가 알게 되었단다. 경륜(?)이 쌓인 DJ 여직원은 기지를 발휘해 "김경자 님께서 신청하신 양희은의 〈아침이슬〉을 보내드립니다."라는 멘트를 하며 음악을 내보냈다. 그 후 DJ 여직원과 김경자 고객은 친형제처럼 지내게 되었다.

다른 은행 고객이라 하더라도 우리 고객으로 만들려고 서두르지도 않았다. 상품을 팔기 위해 귀찮게 하지도 않았다. 그저 편하게 쉬고 가도록 배려했다. 그런데 나중에 보면 그런 사람들은 반드시 고객으로 돌아왔다.

백화점에서 물건을 구경하려는 고객에게 친절하게 설명하면서 따라다니는 직원들을 자주 만난다. 그런데 그 직원들의 친절이 때로는 부담이 되기도 한다. 편하게 아이쇼핑을 즐기려던 고객은 황급히 발길을 돌린다. 과한 친절이 부담으로 작용한 경우다.

어느 여름에는 이런 일도 있었다. 다른 은행들이 업무를 마친 시간이었다. 갑자기 쏟아지는 비로 밖은 어둑어둑했다. 고객들도 모두 돌아간 뒤라 한가했던 그날, 문 앞에서 비를 피하고 있는 한 여성분이 눈에 띄었다. 비가 쏟아지고 있어서인지 여름인데도 몸이 으슬으슬했다. 직원에게 "그분을 들어와서 기다리시도록 하라."고 지시한 뒤 다른 업무를 보고 있었다.

그런데 직원이 들어와 보고하기를 그분이 "회사에 자신을 데리러 오라고 이미 연락하고 기다리고 있던 중이라 안 들어오겠다."며 사양한다는 것이었다. 나는 직원에게 그 여성을 회사까지 모셔다 드리게 했다.

그분은 몇 번 사양하다가 결국은 우리 직원의 차를 타고 회사로 돌아갔다. 가는 길에 그들은 이런저런 이야기를 나눴다고 한다. 그 대화로 다른 은행과 거래중이며 회사의 규모가 꽤 크다는 정보를 얻게 되었다. 마침 거래를 하고 싶었던 업체였다.

이후에도 그분은 은행 업무를 위해 근처에 왔다가 몇 번 더 우리 지점을 방문했다. 조금 일찍 왔거나 조금 늦게 끝난 경우였다. 나는 우리 직원들이 그 여자 분에게 은행 거래 이야기를 하지 못하게 했다. 그냥 와서 편안히 있다 가도록 배려했다.

그분은 얼마 지나지 않아 우리 기업은행에서 계좌를 개설했다. 거래도 없는 고객을 위해 정성을 다하는 우리 기업은행에 감동했다는 말과 함께였다. 이후 조금씩 거래가 늘어나면서 우리 지점은 그 회사의 주거래 은행이 되어갔다.

대학시절 호기심으로 가입한 기독교 동아리에 예배를 인도하시는 목사님이 한 분 계셨다. 그분과 인연이 되어 자주 만

났는데 그분은 교회에 다니지 않는 내게 단 한 번도 교회에 나오라는 말씀을 하지 않으셨다. 그냥 나와 편하게 많은 이야기를 나눌 뿐이었다. 다른 친구들은 교회에 나오라고 성화였지만, 그분은 단 한 번도 내게 교회에 다니라고 권하지 않았다.

그런 상황을 오히려 내가 견디지 못했다. 결국 자청해서 "왜 제게 교회에 나오라는 말씀을 안 하시나요?"라고 따졌다. 목사님은 빙그레 웃으시면서 "네가 나오고 싶으면 나오라."고 말씀하셨다. 권하지도 않았는데 나는 그날 이후 교회에 다니기 시작했다. 친구들이 교회에 나오라고 설득할 때마다 그렇게 반감을 가졌던 내가, 스스로 교회를 다니기 시작한 것이다.

모든 일은 성급할 필요가 없다. 고객을 내 사람으로 만들겠다는 욕심으로 서두르면 오히려 더 멀어진다. 비즈니스도 사람 사이의 일이다. 충분한 신뢰가 없으면 일회적인 만남에 그치고 만다.

고객을 감동시키고 신뢰를 심어주는 일, 그 일은 밥에 뜸을 들이듯 참고 기다려야 한다. 말 한마디, 마음 씀씀이 하나에도 진심이 담겨 있다면 언젠가는 고객이 응답해올 것이다. 그런 신뢰가 바탕이 된 관계라면 비즈니스도 성공하지 않을 수 없다.

어려운 사정에 처한 사람을 진심으로 도와라

봉사는 남을 위해 하지만 결국 나에게 위안이 되는 길이다.
이는 절체절명의 순간에 도움의 손길이 되어 되돌아오기도 한다.

● 남을 도와준다는 것이 거창한(?) 일이던 시절이 있었다. 그 시절엔 돈을 벌면, 혹은 여유가 생기면 그때 봉사나 기부를 하겠다고 생각하는 사람들이 많았다. 그런데 요즘은 봉사나 기부에 대한 생각들이 많이 달라졌다. 시간의 있고 없음과 관계없이 봉사를 하고, 재산이 많고 적은 것을 따지지 않고 누구나 기부에 동참하고 있다.

실제로 봉사단체 담당자들도 비슷한 이야기를 한다. 오히려 평범한 사람들의 기부가 꾸준히 늘어나고 있다고 한다. 평범한 직장인들이 없는 시간을 쪼개 봉사에 참가하는 경우도 꾸준히 늘어나는 추세라 한다.

특히 기부를 돈으로만 하던 것과 달리 다양한 방법으로 기부를 한다. 체형에 맞지 않아 장롱 깊숙한 곳에 방치해 놓았던 옷을 기부하거나 이젠 읽지 않는 책을 모아 아름다운 가게 등에 보내기도 한다. 게다가 최근에는 자신이 가진 재능을 필요한 곳에 무상으로 제공하는 '재능기부'라는 이름의 독특한 기부가 이루어지기도 한다.

사진을 잘 찍는 사람들이 경로당을 찾아다니며 영정사진을 찍어주는 봉사를 하거나 그림을 잘 그리는 사람들이 가난한 산동네의 무채색 벽면에 아름다운 그림을 그리는 일도 마다하지 않는다. 자신이 가진 재능을 나누는 일은 많은 돈이 들어가는 일도, 있는 재능이 줄어드는 일도 아닌지라 적극 권할 만한 일이다.

서로의 고충을
나누어라

36년간 직장생활을 하면서 많은 사람들을 만났다. 그들 대부분은 내가 도움을 받아야 할 고객이었지만 내가 도움을 줘야 할 사람도 있었다. 중소기업을 운영하는 고객들 중에는 운영자금 때문에 어려움을 겪는 경우가 많았고, 홍보 부족으로 좋은 제품을 창고에 쌓아둔 경우도 여럿 있었다. 심지어 서로에게 필요한 제품을 만든 사람들이 서로를 몰라보는 안타까운 경우도 많았다. 그럴 때면 선남선녀를 중매하는 중신아비의 심정으로 그들을 연결해주곤 했다.

덕분에 꼭 필요한 물건을 저렴하게 공급받은 사장도 있었고, 판로가 막힌 물건을 제때 판매할 수 있어서 사업자금 부족에서 오는 어려움을 한꺼번에 해결한 경우도 많았다.

성수동의 좁은 공장에서 원단을 만들던 한 사장도 그런 경우다. 비록 공장의 규모는 작았지만, 성실하게 묵묵히 자기 일을 해내던 한 사장의 부단한 노력으로 원단의 품질이 좋아 호평을 받았다. 하지만 경제 사정이 어려워지고 의류 수출이 부진의 늪에 빠지면서 한 사장의 작은 공장도 어려움을 겪었다. 결국 한 땀 한 땀 공들여 만든 질 좋은 원단들이 창고에 재고로 쌓였고, 자금난으로 목을 조여왔다.

한 사장은 나를 '인생멘토'라며 이런저런 이야기를 하던 참 좋은 기업인이었다. 그런 만큼 한 사장의 어려움은 내게 안타까움이었다. 하지만 내 마음대로 대출을 해줄 수 있는 상황도 아니었다. 그때 갑자기 떠오른 한 업체가 있었다.

외국 수입상들을 상대로 의류를 만들어 납품하던 업체였다. 모두가 불황으로 허덕이던 중에도 그 업체는 업체 다변화를 통해 물량을 늘려가던 중이었다. 그러던 중에 중동의 의류업체와 연결이 되면서 급하게 제품을 납품해야 할 상황이 생겼다. 모두가 불황으로 재고를 줄이던 중이라 그 업체가 필요한 원단을 갖고 있지 않았다. 원단이 급히 필요하다는 소식을 듣고, 한 사장을 연결시켜주었다.

다행히 두 업체는 서로에게 필요한 것을 가지고 있었다. 내가 중간에서 그들을 연결해준 것이 두 업체에게 모두 도움이 되었다. 그때부터 나는 내 영업을 은행 업무에만 국한시키지 않았다. 방문한 업체에 필요한 것이 무엇인지, 그리고 그 업체가 잘할 수 있는 것이 무엇인지를 꼼꼼히 확인하고 들여다보는 습관이 생겼다.

그들을 위해 물적·재정적 도움을 주는 것에는 한계가 있다. 하지만 내가 가진 재능이나 남들이 가지지 못한 정보를 공유함으로써 서로가 도움이 될 수 있다면, 그것 또한 재능기부다. 내가 필요 없다고 여겨 쓰레기통에 버리는 물건이 다른 누군가에게는 꼭 필요한 물건일 수도 있다. 요즘은 아파트마다 필요 없는 물건을 내놓으면 필요한 사람이 가져갈 수 있도록 별도의 재활용 공간을 만드는 사례도 늘고 있지 않은가?

가진 재능을
활용하라

나는 지갑 속에 여러 개의 명함을 넣고 다닌다. 물론 여러 개의 명함 모두 지금도 실제 사용되는 것들이다. 내가 지금 몸담고 있는 머니투데이방송 명함이 가장 중심에 들어 있음은 물론이다.

살아오면서 많은 사람을 만났고, 지금도 그들과 관계를 맺으며 살고 있다. 그들 중에는 의류를 만드는 사람도 있고, 자동차 정비를 업으로 삼은 사람도 있다. 보험회사 직원이 있는가 하면 33년 동안 오로지 스프링을 만들어온 회사의 대표도 있다. 서로 다른 일을 하고 서로 모르는 사람들이지만, 내겐 모두 소중한 사람들이라는 공통점이 있다.

서로 다른 일을 하고 일면식도 없는 사람이기에, 살면서 서로 만날 일은 영영 없을 수도 있다. 우연히 내가 그들을 연결시켜주지 않는 이상 그들은 평생 그렇게 남남으로 살아갈 것이다. 하지만 사람의 일이란 모를 일이다. 살다 보면 어떤 식으로든 만나고 서로의 삶에 도움을 주기도 한다.

내가 주선한 자리에서 우연히 만나 친구가 되기도 하고, 우연히 필요한 일을 하고 있어 동업자 관계를 유지할 수도 있다. 자동차가

고장 나서 고칠 일이 있을 때 기왕이면 내가 아는 사람을 통하면, 워셔액 하나라도 더 넣어줄 것이다. 전혀 필요하지 않을 줄 알았던 스프링이 갑자기 필요할 수도 있고, 친구의 친구, 그리고 그 친구가 뜬금없이 좋은 보험설계사를 소개해달라고 부탁을 할 수도 있다. 그때 넌지시 내 친구를 소개해준다면 서로에게 도움이 되는 것이다. 내 덕에 서로 도움을 주고받을 수 있는 사람을 얻게 되는 것이다.

의류업체에 한 사장을 소개해서 서로가 도움받는 것을 지켜보면서 나는 한 가지 아이디어를 생각해냈다. 언제 어디서 어떤 도움을 받을지 모르는 사람들을 위해 내가 가진 재주의 일부를 나누기로 했다.

사람 만나는 게 일이고, 수많은 직업을 가진 사람들을 상대하는 것이 일이다 보니, 그들의 장점을 잘 알고 있었다. 그리고 그들이 어떤 일을 하고 무엇을 만드는지 잘 알았다. 그게 재주라면 재주였다. 그것을 나누기로 한 것이다. 그들이 하는 일을 내가 만나는 사람들에게 알리고 혹시 필요하면 서로 도움을 받을 수 있도록 연결해주기로 한 것이다.

내가 그들의 명함을 가지고 다니게 된 이유다. 그들의 명함에 내 이름 석 자가 새겨진 명함이 내 지갑 속에 들어 있다. 그리고 명함 귀퉁이에 그들과 나의 관계를 적어놓았다. '현병택의 30년 지인'

'현병택의 인생 멘토' 등의 수식어들을 말이다. 내가 사람들을 만날 때, 비슷한 분야의 사람들을 만날 때, 내 머니투데이방송 대표 명함과 함께 그들에게 건네진다.

2~3개의 명함을 한꺼번에 건네면 상대방은 신기해하고 그 덕에 할 이야기들이 풍성해진다. 그 일로 내가 소개한 업체가 주문을 받게 되는 경우도 많다. 계약이 성사되면서 정작 주선한 나보다 좋은 관계를 유지하는 경우도 허다하다. 하지만 그걸 아쉬워하거나 서운해하진 않는다. 거기까지가 내 몫이고, 나로 인해 서로 도움을 받았다면 그 일이 언젠가는 내게 또 다른 기쁨으로 되돌아올 것을 알기 때문이다.

봉사는 남을 위해 하지만 결국 나에게 위안이 되는 일이다. 그리고 내게 별다른 도움이 안 될 것 같지만 절체절명의 순간에 큰 도움의 손길이 되기도 한다. 예전에는 크고 거창했던 봉사가 이젠 보편화되는 분위기다. 어려운 사람에게 재정적인 도움을 주거나 가난한 나라를 위해 물질적인 기부를 하는 것도 봉사다.

하지만 진정한 봉사는 내 진심에서 우러나왔을 때 의미가 있는 것이다. 내가 할 수 있는 일을 하는 것, 다른 사람들을 위해 내가 조금은 더 잘할 수 있는 일을 하는 것, 그것이 진정한 의미의 봉사다.

고객을 만나다 보면 내가 항상 갑의 위치일 수도 있고, 을의 위치일 수도 있다. 갑이 항상 우위를 점한 듯 보이지만, 갑 위에 있는 을을 만날 때도 있다. 고객이 사업적인 파트너인 경우도 있지만, 내 도움이 필요한 사람일 수도 있다. 단지 사업적인 파트너이거나 갑과 을이라는 단순관계로만 머문다면 그 선을 벗어나지 못한다. 그의 어려운 사정을 헤아리고 내가 도울 수 있는 방법들을 찾다 보면, 사업적인 파트너를 넘어 인간적인 관계를 맺을 수 있다.

성공한 사람들 곁에는 사업적인 파트너보다 삶을 공유하는 동반자들이 더 많다. '갑보다 을이 더 아름답다.'는 것을 아는 사람들이 성공하게 되어 있다.

작은 선물이라도 꼼꼼히 정성스럽게 챙기자

선물은 상대에 대한 관심의 표현이며 마음을 담는 그릇이다.
기억에 남는 특별한 선물을 기억에 남는 날에 하는 것이 좋다.

● 사람의 마음을 움직이는 데는 선물도 한몫을 한다. 웃는 얼굴에 침 못 뱉듯이 선물받고 기분 나빠할 사람은 아무도 없다. 고객을 만나다 보면 선물할 일이 많아진다. 나는 고마운 마음에도 선물을 보내고, 감사할 일이 있어도 선물을 보내야 한다고 믿는다. 물론 기념할 일이 있거나 마음을 나타내야 할 일이 있을 때도 선물은 필수품 중 하나다.

선물을 의미하는 영어 단어는 'present'다. 이 단어 속에는 '나타내다' '전달하다'라는 의미가 함께 들어 있다. 이처럼 선물을 보낸다는 것은 자신을 나타내는 일이다. 그렇다면 내가 누군가에게 선물을 했을 때, 거기엔 무엇을 나타내려는 의미를 담았던 것인지 곰곰이 생각해봐야 한다. 스토리가 있어야 제격이다.

선물은 상대방에 대한 관심의 표현이며 마음을 담아내는 그릇이다. 같은 선물이라도 상대방을 흡족하게 하는 경우가 있는가 하면, 드물지만 상대방에게 불쾌감을 주는 경우도 있다. 선물을 제대로 하려면 어찌해야 하는지 꼼꼼히 생각해볼 필요가 있다.

선물을 할 때 제일 중요한 것은 가격이 비싸고 싸고의 문제가 아니라 그 사람이 필요한 것을 알아보는 마음이다. "가랑비에 옷이 젖는다."라는 말이 있듯, 작은 것이라도 자주 여러 번 선물하는 것이 더 의미 있을 수 있다. 작은 선물이라도 꼼꼼히 챙기다 보면 고객과의 관계가 좀더 자연스러워진다.

10억 원짜리 매니큐어

기업은행에서는 한 달에 한 번씩 〈MBC 여성시대〉라는 책자를 나눠준다. 기업은행의 후원으로 만들다 보니 고객들이 정해진 날짜에 은행을 방문하면 무료로 받아볼 수 있다. 하지만 워낙 인기가 많아 빨리 동이 난다. 방송에서 책자를 나눠주는 날이라는 안내방송이 나가면 "여성시대 없나요?"라는 질문을 자주 받는다.

가끔 그 책자를 너무나 보고 싶어하는 고객이 있을 때면 몇 권을 따로 챙겨두었다가 나눠주는 경우가 있다. 그럴 때면 고객들의 얼굴에 감동의 빛이 역력하다. 무료로 나눠주는 소책자이지만, 그것을 따로 챙겨주는 그 마음이 고마운 것이다. 선물이란 그런 것이다. 그 사람에게 필요한 것이 무엇인지를 알고, 그것을 챙겨주는 마음.

지역 본부장으로 있던 시절, '10억 원짜리 매니큐어'라는 별칭을 가진 재미난 사건(?)이 있었다. 내가 근무하던 지역 본부 건물 1층에 부평동 지점이 있었다. 그 지점에 평소 고객에게 싹싹하기로 소문난 직원이 있어 눈여겨보게 되었다. 항상 웃는 얼굴로 고객을 맞이하고 고객의 사정을 미리 살피는 눈썰미도 뛰어나 고객들의 칭찬이 끊이지 않던 계약직원 김 계장이었다. 다른 직원들보다 먼저 고객을 챙기고 남들이 마다하는 일도 자청해 단연 눈에 띄었다.

어느 날 객장에 할머니 한 분이 나타났다. 칠순이 훨씬 넘어 보이는 할머니는 여느 분과 다를 바 없는 수수한 옷차림의 평범한 동네 할머니였다. 하지만 고객을 앞서 보는 김 계장의 눈에는 그 할머니는 남달랐다. 손톱에 칠해져 있는 빨간 매니큐어가 눈에 들어왔기 때문이다. 연세에 어울리지 않는 빨간 매니큐어를 보는 순간 예사로운 분이 아니라는 생각이 들었다.

김 계장은 여느 때처럼 다정하게 할머니에게 다가갔다. 이런저런 이야기를 통해 이제 막 이 동네로 이사를 오신 분이라는 사실을 확인하자, 김 계장은 동네의 다양한 소식을 전하기 시작했다. 할머니는 큰 건물의 위치와 지역의 중요한 사항들을 전해주며 살갑게 대하는 김 계장이 고맙기만 했다. 시장이며 목욕탕, 우체국 할 것 없이 각종 편의시설의 약도를 그려주는 김 계장 옆에 앉은 할머니는 즉석에서 통장을 하나 만들었다.

다음 날 다시 은행을 찾아온 할머니에게 김 계장은 감사하다며 선물을 건넸다. 할머니 손톱에 칠해진 것과 비슷한 색깔의 매니큐어 3개였다.

"어제 퇴근하다가 할머니 생각이 나서 샀어요. 최신 유행하는 매니큐어래요. 이젠 이 색도 한번 발라보세요."

다정하게 웃으면서 건넨 매니큐어 3개. 비록 한 개에 1천 원짜리 매니큐어 3개였지만 할머니는 감동했다. 자기를 꼼꼼히 챙겨주는 김 계장이 한없이 고마웠다. 별것 아닌 선물을 할머니는 그 어떤 선물보다 값진 것으로 여겼다. 할머니는 연신 김 계장에게 고맙다고 했고, 김 계장 역시 그런 할머니를 정말 친할머니라도 되는 것처럼 챙겨드렸다.

흡족한 마음으로 돌아가신 할머니가 며칠 후 김 계장에게 안겨준 선물은 대단한 것이었다. 다른 은행에 예치해두었던 10억 원의 예금을 김 계장에게 가져온 것이다. 자기를 그렇게 대해주는 사람이라면 초등학교 교감으로 퇴직해서 매월 받는 퇴직연금도 믿고 맡겨도 되겠다는 말과 함께였다.

어찌 보면 초라할 수도 있는 3천 원짜리 선물이 상상할 수 없을 정도로 큰 금액이 되어 다시 돌아온 것이다. 이 일로 인해 김 계장이 선물한 매니큐어는 '10억 원짜리 매니큐어'라는 별칭을 얻었다. 물론 그날 이후 할머니도 10억 원짜리 매니큐어를 바르고 기업은행을 방문하는 것이 일과처럼 되셨다.

철저하게 받는 사람의
입장을 고려해야 한다

신데렐라는 자정을 넘기면 안 된다. 자정을 넘기면 마차는 호박이 되고, 신데렐라는 부엌데기로 돌아가기 때문이다. 신데렐라는 자정 전이라야 빛을 발한다. 선물도 신데렐라와 같다. 자정을 넘기면 부엌데기가 되는 것처럼 시간을 넘기면 천덕꾸러기가 될 수 있다.

생일이나 결혼기념일이 지나서 보내는 선물은 의미가 없다. 밸런타인데이가 지난 다음에 보내는 초콜릿이 무슨 의미이며, 어버이날이 지난 다음에 달아드리는 카네이션에 무슨 감흥이 있을까? 퇴원해버린 환자의 병실로 보내는 꽃은 쓰레기통으로 갈 수밖에 없다. 기념일 선물은 늦은 밤이더라도 그날 받을 수 있도록 하는 것이 선물로서 가치가 있다. 선물은 철저하게 받는 사람의 입장을 고려해야 한다. 특히 생일선물은 직접 들고 가야 제격이다.

공연이나 콘서트 티켓을 공연 당일에 보내는 것은 오지 말라는 소리나 마찬가지다. 넉넉하게 한 달 전에는 보내야 한다. 아무리 늦어도 보름 전에는 티켓을 보내야 받은 사람이 자신의 일정을 조정할 수 있다.

지루한 것을 못 견디는 고객에게 2시간짜리 클래식 공연을 권하는 것은 고통을 권하는 셈이다. 고객이 좋아하는 장르가 무엇인지, 좋아하는 가수가 누구인지를 미리 알고 보내는 선물이야말로 진정한 선물이다. 좋아하는 가수가 누구인지를 알고 있다가 그 가수의 CD를 미리 챙겨주는 센스를 발휘한다면 선물하는 사람으로서는 최고의 노력을 한 것이다.

일에는 경사慶事가 있고 조사弔事가 있다. 이를 합쳐서 경조사慶弔事라 하는 것이다. 경사란 기쁜 일이다. 결혼식이나 회갑연, 돌잔치 등이 경사다. 조사는 슬픈 일이다. 장례식, 교통사고, 병환 등을 이르는 말이다. 나는 경사는 못 챙겨도 조사는 반드시 챙긴다.

기쁨은 나누면 2배가 되지만 슬픔은 나누면 반이 된다는 말이 있다. 기쁜 일은 함께 나누는 사람 모두에게 기쁨을 주지만, 슬픔은 나누는 사람 모두에게 위안과 안타까움을 준다. 그래서 기쁨을 나누는 사람은 많지만 슬픔을 나누는 사람은 많지 않다. 기쁨을 나누기는 쉽지만 아픔을 나누기는 어렵다. 슬픔을 나누면 나눌수록 눈물이 줄어들고 강도가 약해진다. 그래서 나는 일부러 어려운 일이 있을 때 더 챙긴다.

어려운 일을 나눈 사람은 기쁜 일을 나눈 사람보다 오래 기억된다. 힘들 때 함께한 사람이 기억에 오래 남는 법이다. 상대방의 기억에 오래 남고 싶다면 슬플 때를 놓치면 안 된다.

장례식장에 조화를 보내는 일은 누구나 할 수 있다. 나는 조화도 보내지만 장례용품도 함께 보낸다. 일회용 컵이나 접시, 그릇 등 장례식장에서 쓸 수 있는 물건들까지 보내 장례를 돕는다. 반입이 안 되는 곳도 있지만 확인을 해보고 가능하다면 음료수나 주류를 보내주기도 한다. 누구나 보내는 조화는 기억하지 못해도 음료수용 컵이나 일회용 접시를 보낸 사람을 기억하지 못할 일은 없기 때문이다.

실제로 어느 여행사의 경우에는 장례식장에 자사 로고가 인쇄되어 있는 종이컵과 접시들을 보낸다. 장례식장을 찾은 사람들은 음식을 먹거나 음료수를 마시면서 자연스럽게 이 회사의 이름을 기억하게 되는 것이다.

생일 때도 특별하게 챙긴다. 나는 남자 고객들의 생일은 잊어도 여자 고객들의 생일은 반드시 챙긴다. 여자 고객의 생일에는 일반적으로 케이크나 꽃을 선물한다. 하지만 남들이 케이크를 보낼 때 나는 영화 티켓을 챙겨준다. 상대방의 취향에 따라 공연 티켓이나 콘서트 티켓을 보내주기도 한다. 케이크는 먹어버리면 그만인 데다가 생일이 되면 케이크 선물은 당연히 받는다. 그럴 때 영화 티켓은 남다른 선물이 될 수 있다.

나는 영화 티켓을 선물할 때도 한 단계 더 나아간다. 일반 티켓이 아닌 프리미엄 티켓을 선물하는 것이다. 가격은 조금 더 비싸지만 기억은 오래간다. 남들보다 좋은 자리에서 영화를 보고 나면 티켓을 보내준 사람에 대한 고마움을 오랫동안 잊지 못하게 된다.

선물도 진화한다. 누구나 하는 선물은 기억에서 쉽게 잊혀진다. 때 되면 누구나 하는 선물을 보내는 것은 목록에 이름 하나를 보태는 일이다. 쓰지 않는 애물단지를 하나 더 쌓아놓는 것뿐이다. 기억에 남는 선물을 기억에 남는 날에 하는 것이 좋다.

남자 고객에게 선물을 할 일이 있다면 일부러 그 부인에게 선물해보자. 선물을 받은 부인이 기뻐하면 남자 고객도 기뻐한다. 한 번의 선물로 두 사람 모두를 기쁘게 하는 일이다.

비아그라나 속옷처럼 강렬한(?) 선물을 해보는 것도 좋다. IMF 외환위기로 우리 경제가 어려웠던 1990년대 말은 대한민국 국민이라면 너 나 할 것 없이 모두 허리띠를 졸라매야 하는 힘겨운 때였다. 그 어려움은 은행도 예외가 아니었다. 은행을 찾아오는 고객들의 얼굴이 한없이 어두웠다. 때문에 고객에게 힘이 되는 은행이고 싶었던 나는 생뚱맞은 선물을 준비했다. 사랑의 묘약이라고 불리는 '비아그라'였다.

낮 뜨거울 수도 있는 선물이었지만, 실의에 빠져 있던 고객들에게 에너지와 활력을 주고 싶었다. 물론 비아그라 한 알씩을 그냥 선물한 것도 아니었다. 비아그라를 절반씩 잘라 청심환 캡슐에 담은 다음, 보기 좋게 포장을 하고 그 안에 메시지를 함께 담아 선물했다.

"선생님의 힘찬 앞날을 위해 2분의 1만 준비했습니다. 나머지 2분의 1은 저희 기업은행을 위한 힘이 되어주십시오."

선물을 받은 고객들의 반응은 매우 뜨거웠다. 선물은 이처럼 고정관념을 깨야 한다. 기혼 여성들에게도 비아그라를 선물했다. 비아그라는 남자들이 받아야 한다는 고정관념을 깨뜨리고 싶었다. 여성들에게 비아그라를 선물했을 때의 반응은 더 폭발적이었다.

선정적이라고 욕하는 이도, 이상한(?) 선물이라고 비웃는 이도 없었다. 나는 고객에게 색다른 희망을 선물했고, 내 마음을 표현했다. 고객을 향한 내 정성의 일부를 선물에 담아 보낸 것이다. 고객들도 그런 내 마음을 잘 이해해주었다.

현장을 뛰어다니던 시절, 내 가방과 트렁크 속에는 항상 여성용 속옷이 몇 세트씩 들어 있었다. 남자가 여성용 팬티와 브래지어를 들고 다닌다는 것이 다소 민망할 수도 있는 일이었지만, 나는 개의치 않았다. 그것들은 모두 고객에게 전해질 내 마음의 선물이었기 때문이다. 오랜 경험에 비추어볼 때, 선물은 남성용보다 여성용이 더 큰 효과를 발휘한다.

특히 신체에 직접 닿는 속옷은 여성들이 좋아하는 아이템이다. 내 가방 속에 들어 있던 여성용 속옷 세트는 그런 여성들에게 독특한 이벤트거리가 되곤 한다. 특히 선물을 여성 고객들에게 직접 주기보다 남성 고객들에게 많이 전하곤 했다. 남성 고객들에게 선물하면서 "집에 가셔서 사모님에게 선물하세요."라는 멘트도 잊지 않았다. 여성 고객에게 선물했을 때 던진 "안 맞으면 언제든지 말씀하세요."라는 짧은 멘트의 효과는 지금도 가슴이 뛸 정도다.

고객이 생각하지 못한 것을 해줘야 한다

고객은 기대한 것보다 기대 안 한 것에 감동받았을 때 열광한다.
군대에 가서도 고객들에게 안부편지를 보내자 반응은 뜨거웠다.

● 고객을 만족시키는 것은 이제 누구나 할 수 있다. 성공하려면 고객을 만족시키는 것으로는 부족하다. 고객을 감동시켜야 한다. 너무 감동한 나머지 나의 열광적인 팬이 될 정도로 만들어야 한다.

작은 보트를 가진 부자가 여름을 앞두고 칠이 벗겨진 보트를 도색하기 위해 수리를 맡겼다. 성실했던 수리기사는 덕지덕지 붙어 있는 녹을 닦아내고 벗겨진 칠을 긁어낸 다음 다시 페인트칠을 했다. 말끔해진 보트에 만족한 아버지는 아들에게 시운전을 맡겼다.

호수 한복판으로 달려가는 아들을 바라보던 아버지는 '아차' 싶었다. 작년 여름 보트에 작은 구멍이 나서 물이 샜다는 사실이 생각났던 것이다. 올 여름엔 고쳐야겠다고 미뤄뒀던 일인데 미처 생각을 못했던 것이다. 상황을 모르는 아들은 보트를 몰고 호수 깊숙한 곳까지 달려 나가고 있었다. 위험하다고 소리쳐도 아들에겐 들리지 않았다.

그런데 호수를 한 바퀴 돈 아들은 무사했다. 아버지는 돌아온 아들을 얼싸안았다. 그러고는 아들이 타고 온 보트를 유심히 살펴보았다. 분명 물이 새고 있어야 할 보트가 멀쩡했다. 참으로 이상한 일이었다. 부자는 달려가서 보트의 구멍 난 부위를 살펴봤다. 놀라운 일이었다. 분명 작년에 구멍 났던 부위가 감쪽같이 메워져 있었던 것이다. 수리기사를 불러 이에 대해 물어봤더니 그는 구멍이 나 있기에 고쳤다고 대수롭지 않게 대답했다.

수리기사처럼 고객이 요청하지 않은 사항까지 꼼꼼히 살피는 것, 이것이 비즈니스 현장에서 필요한 일이다. 고객이 의뢰하고 부탁하는 것만 해주어서는 안 된다. 고객이 원하는 것 이상, 고객이 생각하지 못한 것을 해줘야 한다. 고객의 생각보다 앞서 나갈 때 비로소 고객은 몸에 걸치는 옷보다 더 깊숙한 마음의 옷을 벗어젖힌다.

기대하지 않은 감동은
힘이 세다

　　　　　　은행에 입사한 후 첫 부임지는 재래시장에 있는 지점이었다. 고객 역시 그곳에서 장사를 하던 상인들이 많았다. 그들은 예금하러 오면서도 사과 하나를 건네던 정이 많은 분들이셨다. 사회라는 냉혹한 현장에 나와서도 나는 그분들 때문에 하루하루가 즐거웠다. 일부러 힘든 객장 근무를 자원했지만 한 번도 후회한 적이 없다. 그러다가 나라의 부름을 받아 현역병으로 입대했다.

　영장을 받은 다음 날 사무실에 출근해 차장님에게 입대 소식을 전했다. 차장님은 아까운 인재를 보내게 되었다며 안타까워했다. 전에는 당돌하다고 그렇게 구박하던 차장님이었다. 차장님은 나의 군 입대를 지점장님께 보고했다. 지점장님 역시 헤어짐을 못내 아쉬워하며 전격적으로 야유회를 결정했다. 지점의 천덕꾸러기가 나라의 부름도 안타까운 알짜 직원이 되어 있었던 것이다.

　군에 입대한 뒤에도 몸은 군대에 있었지만 마음은 늘 지점에 있었다. 내게 사과를 건네던 그분들이 생각났다. 주머니 속에서 꼬깃꼬깃한 지폐를 꺼내던 그분들의 소박함이 그리웠다. 그래서 은행에 근무했을 때 만났던 고객들에게 편지를 보내기 시작했다. 비록 몸은 은행을 떠나 있지만 마음은 계속 함께 있다는 내 군사우편은 그들을 감동시켰다.

 위문품을 보내주시는 분도 있었고, 건강하게 돌아오기를 기다린다며 위로하시는 분도 있었다. 나는 휴가는 물론이거니와 외출·외박 때에도 금쪽같은 시간을 쪼개 시장을 돌면서 인사드리는 일을 잊지 않았다. 군대에 가버린 어린 직원이 예전 고객에게 안부편지를 보냈던 데에 감동했던 것처럼 말이다. 고객은 기대했던 것보다 기대하지 않은 것에 감동받았을 때 더 열광한다.

감동의 여운은
오래, 멀리 간다

 감동은 파도처럼 퍼진다. 좋은 소식은 나쁜 소식보다 전파 속도는 더디지만 여운은 오래가는 법이다. 좋은 일을 하고 나면 받는 사람 이상으로 주는 사람이 더 기쁘다. 그런 의미에서 약수동 할머니와의 일은 오랫동안 기억에 남아 있다.

 내가 초임지 지점장으로 근무하던 1998년, 문 닫을 무렵이면 은행에 오시는 고객이 계셨다. 허리에 돈을 넣는 행주치마를 두른 할머니는 인근 지하철역 근처에서 노점상을 하는 분이셨다. 그날 장사한 돈을 알뜰히 모아 매일매일 저축을 하셨는데, 그 정성이 대단하셨다. 하루라도 은행에 오시지 않는 날에는 은행 직원들이 걱정하고 궁금해할 정도였다. 추운 겨울날 추위에 떨며 점심식사를 하시는 것을 본 우리 직원들은 할머니를 직원식당에 오시도록 했다.

그런 일이 있은 후, 할머니는 자신의 신분을 우리에게 밝히기 시작했다. 6·25 때 남편과 함께 젖먹이 두 딸을 데리고 피난나왔고, 남편은 15년 전에 돌아가셨으며 두 딸은 미국에서 살고 있다고 말씀하셨다. 약수동에서 살고 있고 나와 띠동갑이란 말도 하셨다. 내가 다른 지점으로 전출을 갈 무렵, 집 근처 약수시장에 작은 가게를 마련하셨다는 소식도 듣게 되었다. 그해 여든 살이셨던 할머니는 유난히 외로움을 많이 타셔서 내가 그동안 생신을 챙겨 드렸는데, 발령으로 헤어지고 나선 좀처럼 기회가 없었다. 인사치레로 꽃을 보내드리는 것이 고작이었다. 2001년 가을, 업무일지를 읽다가 할머니 생신이 머지않은 것을 알게 되었다.

마침 미국에 있는 할머니 큰딸의 전화번호가 남아 있었다. 생신을 일주일 앞두고 나는 큰딸에게 전화를 해서 할머니의 생신 날짜를 알려주었다. 딸은 사는 일에 바빠 잊고 있었다며 고마워했다. 그리고 생신날 저녁, 업무를 마치고 약수동 산동네를 찾아갔다. 유난히 초콜릿을 좋아하시던 할머니 생각이 나서 꽃과 초콜릿으로 만든 케이크, 그리고 큰 통에 들어 있는 초콜릿을 사들고 할머니 댁을 찾았다. 밤 11시였다. 혼자 사시던 할머니 댁에는 시장에서 장사를 하시는 친구 할머니 두 분이 생일을 축하하기 위해 와 계셨다.

할머니는 한밤중에 불쑥 나타난 나를 "밤도깨비 같다."고 놀리셨다. 그리고 생일을 축하하러 왔다는 내 말에 눈물을 글썽이셨다. 할머니들과 케이크를 자르고 초콜릿을 나눠 먹으면서 그날 조촐한 생일 파티를 치렀다. 그리고 '모자의 연'을 맺었다. 내가 할머니의 아들이 되기로 했다.

다음 날 미국에 있는 할머니 딸들이 전화를 해왔다. 고맙다는 말과 함께 기업은행 뉴욕지점과 거래를 하겠으니 소개해달라고 했다. 오후에는 할머니 가게 인근의 기업은행 지점에서 전화가 걸려왔다. 시장 상인들이 갑자기 몰려와 거래를 하겠다고 하더라며 고마워했다. 어제의 일을 같이 있던 할머니들이 다른 상인들에게 전했던 것이다. 고마우면서도 조금은 쑥스러운 경험이었다.

그 후 돌아가실 때까지 할머니 생신 차림은 나의 귀중한 연례행사가 되었다. 내가 상주가 되어 장례식을 마친 후 며칠이 지나 나의 사무실에 변호사가 방문했다. "할머니의 재산을 현병택에게 준다."라는 유언장을 가지고.

간판 수리를 하는 사람이 있다. 그 사람은 고객을 기대 이상으로 만족시킬 줄 아는 사람이다. 정성 들여 만든 간판은 비싸다. 당연한 이야기지만 크기가 클수록 더 그렇다. 그런데 비싼 돈을 들였지만 글자 하나가 떨어져버리면 제 역할을 못하는 것이 간판이다. 전화번호 한 자, 상호로 쓰인 글자의 받침 하나가 떨어져도 그렇게 흉물스러울 수 없는 것이 간판이다.

   그 불편함을 해소해준 이가 간판을 수리해주는 사람이다. 간판을 새로 달지 않더라도 떨어진 글자 하나, 받침 하나만 고치면 금액도 저렴하고 수리 기간도 짧아진다. 이 사람이 없으면 간판 전체를 새로 달아야 하는데, 금액도 금액이려니와 며칠간은 간판 없이 영업을 해야 하지 않겠는가? 현명하게 간판을 수리하는 사람은 고객이 필요로 하는 것이 무엇인가를 정확하게 알고 있다. 세일즈맨은 고객의 비용과 시간을 줄여주어야 한다. 비즈니스맨의 십계명 중 하나다.

악수하면서 손으로 말하고 눈으로 느끼자

손에는 삶의 궤적이 담겨 있어 어떤 삶을 살아왔는지 알 수 있다.
나는 손이 불편한 고객들을 만나면 무조건 진심으로 신뢰했다.

● 악수하는 단순한 행위. 그것은 짧은 순간이지만 상대방과의 첫 번째 스킨십이다. 낯선 사람이라도 처음 만나면 먼저 손을 내밀고 서로의 손을 맞잡게 된다. 이 단순한 행위는 상대방을 알게 되는 첫 번째 창구인 동시에 상대방과 나의 관계를 예감하게 만드는 행위다. 손은 말보다 깊은 말을 한다.

잡은 손이 따뜻한 사람, 맞잡은 손에서 향기가 나는 사람, 잡은 손에 힘이 들어가는 사람, 그런 사람이라면 만나볼 만하다. 따뜻한 손으로는 그 사람의 따뜻함이 느껴지고, 힘주어 잡은 손에서는 왠지 모를 믿음이 솟아난다.

　나는 악수를 하면서 슬쩍 상대방의 손등은 물론 손금까지 보는 버릇이 있다. 손에는 삶의 궤적이 담겨 있다. 손은 어떤 삶을 살아왔는지, 그 손으로 무엇을 하고 살았는지를 거짓 없이 보여준다.

노력으로 자신의
손금까지 바꾼 고객

　　　　　　살다 보면 팔자 타령을 하는 사람을 자주 만난다. 자조적인 목소리로 "내 팔자에 무슨…."을 외치는 사람들을 만나면 조금 안타깝다. 팔자는 바꾸라고 있는 것이다.

　은행에 취직하면서부터 수상, 관상, 족상 등에 관심을 갖게 되었다. 고객과 악수를 하면서 슬쩍 그 사람의 손을 본다. 그리고 조금 친해지면 손바닥을 유심히 보는 버릇이 있다. 즉 손금을 보는 것이다. 사람은 손금대로 살게 되어 있고, 손 안에는 그 사람의 모든 것이 담겨 있다고 나는 믿었다. 재복이 많은 손금을 가진 사람은 실제로도 돈이 많은 경우가 많다. 그런데 어느 날, 그런 내 믿음을 뒤흔든 일이 있었다.

　지점장으로 근무하던 시절, 경영난에 허덕이다가 결국은 회사 문을 닮은 김 사장이 있었다. 처음 그와 악수를 하면서 나는 슬쩍 손금을 봤다. 당시 그는 그다지 좋은 손금을 가지고 있지 않았다. 손금에 대한 믿음이 확고하던 때라 거래가 조심스러웠다. 결국 얼마 지나지 않아 그 회사가 문을 닫았다. 손금을 믿고 거래에 신중을 기했던 나는 스스로 대견해했다.

5년쯤 세월이 지난 후, 명함첩을 뒤적이다가 그 김 사장의 명함을 발견했다. 지금쯤 그 고객은 어떻게 되었을까 궁금했다. 여러 경로를 통해 물어물어 그 고객을 수소문해봤다. 그런데 놀라운 사실을 알게 되었다. 그때 그는 꽤 건실한 회사를 경영하고 있었던 것이다.

기회가 되어 그를 만났다. 반갑게 악수를 건네는 김 사장의 손을 잡는데 뭔가 이상했다. 예전에 악수했던 그 느낌이 아니었다. 슬쩍 손금을 봤는데, 신기하게도 손금이 바뀌어 있었다. 관상도 변해 있었다. 예전에 내가 보았던 그 손금과 관상이 아니었다. 사업을 접으면서 나로 인해 피해를 보는 사람이 있으면 안 되겠다고 다짐했다는 사장의 마음 씀씀이가 인생을 바꾼 것이다. 관계가 회복되면서 도와주는 사람이 많았다고 한다. 결국 사장은 스스로의 노력으로 인생을 바꾼 것이다. 그리고 그 노력이 자신의 손금마저 바꾼 것이다.

손이 불편한 고객을 만나면
무조건 신뢰한다

두 번째 지점장으로 부임한 지점은 공장지대였다. 특히 그 지역은 소규모 사업장이 대부분이었고, 금형이나 판금 등 철제 제품들을 다루는 일을 주업으로 하는 개인사업장이 많았다. 그들은 무거운 철근들을 엿가락 주무르듯 했으며 무엇이건 자기가 만들고 싶은 것이 있으면 뚝딱거리며 만들어냈다. 자기 덩치의 서너 배쯤 되는 기계들을 떡 주무르듯 하는 모습들을 지켜보노라면, 텔레비전에서 보던 달인을 만난 느낌이었다. 그런 그들도 한순간의 실수로 큰 상처를 입는다. 커팅기의 날카로운 칼날에 손가락이 절단되거나, 프레스기의 거대한 압력에 손 하나가 흔적도 없이 사라지는 불행을 겪기도 한다.

그런 사람들을 유난히 자주 만났다. 악수를 하려고 내민 그들의 손이 온전치 못함을 느끼는 것은 당황스러운 일도 아닐 정도였다. 그런데 손에 큰 상처를 입은 것이 오히려 '훈장'이라 생각하는 사람들이 많았다. 기름때 찌든 장갑 속에는 그들의 아픔과 상처가 고스란히 들어 있었던 것이다. 그럼에도 그들은 그 자리를 떠나지 않았다. 소중한 손가락을 잃은 것으로는 일에 대한 그들의 열정을 빼앗지 못했기 때문이다. 모두가 외면하는 중소기업이었지만 그들에겐 천직이었고, 땀과 눈물이 배어 있는 일터였다.

그런 노동의 신성함을 아는 사람이라면 왠지 믿음이 갔다. 일터에서 흘린 땀과 운동하며 흘린 땀은 다르지 않은가? 손이 불편한 고객들과 기름때가 찌든 손을 가진 고객들을 만나면 그들의 요청을 대부분 들어주려 노력했다.

뼈와 살이 찢어지는 고통을 경험한 분들이다. 그 기억하기 싫은 고통을 겪고도 그들은 그곳을 떠나지 못한다. 오랫동안 해왔던 일이고 가장 잘하는 일이었기 때문이다. 비록 손이 불편하더라도 그들이 가장 잘할 수 있는 일이었다. 그런 사람이라면 어떤 상황이 와도 자기 일에 최선을 다할 거라는 믿음이 있었다.

다친 손가락이 아물 때까지 그 고통스러운 시간을 견디면서도 자기 일에 대한 애정을 버리지 않는 사람이라면 언젠가는 반드시 성공하게 되어 있다. 예로부터 "한 우물만 파라."는 말이 지금까지 전해져 내려온다. 한 우물을 파다 보면 석유가 나오든 물이 나오든 반드시 무엇인가는 나오게 되어 있다. 한 가지 일에 목숨을 걸다시피 노력한다면 그 사람은 반드시 성공한다. 그런 집념을 가진 사람이라면 믿어도 된다. 배고프다고 흙을 먹으면 죽지만 굶으면 살기 때문이다.

고등학교 1학년 첫날, 담임선생님께서 액자를 들고 교실에 들어오셨다. 일 년간 우리가 마음에 새겨야 할 급훈이라며 보여주신 액자 속에는 '수적천석水滴穿石'이라는 한자가 쓰여 있었다. 물방울 하나가 떨어지고 떨어지면 결국 바위를 뚫는다는 말이었다. 계란으로 바위를 치는 것은 무모한 일이다. 하지만 계란을 던지고 또 던지면 바위도 깨어지게 되어 있다. 물방울이 바위를 뚫는 것은 강함이 아니라 잦음에 있다.

사람을 만나고 판단할 때마다 그때 담임선생님께서 가르쳐주셨던 사자성어를 떠올려본다. 그 사람이 얼마나 진실한지, 그 사람의 중심에 무엇이 있는지를 보려는 것이다. 자기 분야를 집요하게 파고들 줄 아는 사람이라면 반드시 그 분야의 달인이 될 수 있다. 그런 사람이라면 믿을 수 있다. 이를 보여주는 것 중 하나가 그 사람의 손이다.

악수는 상대방과 내 손을 맞잡는 데에 지나지 않는 단순한 행위지만, 그것만으로도 그 사람의 내면을 알 수 있다. 그 사람이 가진 진정성을 확인할 수 있어야 한다. 가장 짧은 순간 가장 많은 것을 확인할 수 있는 때가 그 사람과 악수하는 바로 그 순간이다.

악수하면서 상대방의 눈을 똑바로 쳐다봐야 한다. 그 사람과 눈을 맞추고 맑게 웃어야 한다. 그 사람의 눈을 통해 그 사람의 모든 것을 꿰뚫어보겠다는 심정으로 그 사람의 손을 잡고 이목구비를 봐야 한다. 손으로 말하고 눈으로 느껴야 한다. 맑게 웃는 그 웃음으로 좋은 인상을 전하면서 당신의 도움이 필요하다는 간절한 마음을 담아야 한다.

헤어질 때 좋은 기억을 남기는 사람이 되자

사람은 만날 때도 잘 만나야 하지만 떠날 때도 잘 헤어져야 한다. 거래가 이루어지지 않았더라도 좋은 기억으로 헤어져야 한다.

● "가야 할 때가 언제인가를 분명히 알고 가는 이의 뒷모습은 얼마나 아름다운가."라는 유명한 시구(詩句)가 있다. 사람은 자기가 있어야 할 곳과 떠나야 할 시기를 분명히 알아야 한다. 욕심이 지나치면 안 된다. 헤어져서도 기억에 남는 사람이 되어야 한다. 비즈니스의 세계에서는 더 그렇다. 사람은 반드시 다시 만나게 되어 있다.

선배에게 꽤 많은 돈을 빌려줬다가 받지 못한 직원이 있었다. 그는 돈을 빌린 지 한 달 만에 연락을 끊어버린 선배 때문에 마음고생이 심했다. 해가 바뀌도록 연락이 되지 않아 결국은 포기했을 무렵이었다. 우연히 필리핀으로 여름휴가를 갔던 직원은 그곳에서 사업을 하고 있던 선배와 마주쳤다. 상상이나 했을까? 그렇게 두 사람이 그 먼 나라에서 다시 만날 줄을.

만나는 것보다 헤어지는 것을
더 잘해야 한다

나는 딸깍발이란 말을 좋아한다. 어떤 때는 사람을 직선적으로 대하기도 한다. 옳고 그름에 정확하다. 아닌 일은 절대 아니라고 말한다. 하지만 그 대쪽 같은 성격도 헤어질 때는 예외다. 사람은 만날 때보다 헤어질 때가 더 중요하다는 믿음이 있기 때문이다. 헤어질 때는 가능한 한 부드러운 이미지를 남기려고 노력한다.

지점장 시절 대출을 했던 업체가 연체를 하기 시작했다. 성격이 호탕하고 뛰어난 마케팅 덕에 잘나가던 업체였기에 당혹스러웠다. 업체 사장이 회생하고 싶다며 추가 대출해줄 것을 내게 요청해왔다.

그러나 아무리 분석을 해도 살아날 업체가 아니었다. 대출을 해줘봐야 대출금액만 늘어날 상황이었다. 사장은 이런저런 사정들을 내세우며 끈질기게 부탁을 해왔다. 심지어 대출을 안 해주면 민원을 제기하겠다며 반 협박조였다.

고심하던 나는 쌀을 한 가마 싣고 회사 사장 집에 찾아갔다. 나는 그 사장과 마주 앉았다.

"사장님! 은행 돈이 모두 제 돈이라면 더 대출해드릴 수 있습니다. 하지만 아무리 봐도 사장님 회사는 지금 상태로는 대출을 더 해드려도 은행 빚만 늘어납니다."

나는 가져온 쌀을 앞으로 내밀었다.

"제가 어렸을 때는 집에 쌀 한 가마만 있어도 부자라는 소리를 들었습니다. 제가 쌀을 매달 드리겠습니다. 힘내십시오."

사장은 내 말을 받아들였다. 나는 약속한 대로 3개월 동안 쌀을 제공했다. 하지만 안타깝게도 그 업체는 3개월 뒤 부도처리되었다.

그 일이 있고 얼마 지나지 않아 그 업체 사장은 거래 은행들을 상대로 민원을 제기했다. 돈이 필요할 때 대출을 안 해줬기 때문에 부도가 났다며, 모든 것이 은행 책임이라는 억지를 부렸다. 하지만 기업은행에는 아무 시비가 없었다. 며칠 후 사장에게서 이런 전화가 걸려왔다.

"그동안 기업은행의 배려를 잊지 않겠습니다. 반드시 재기해 어떻게 해서든 기업은행의 빚을 갚도록 하겠습니다."

사람은 언젠가는
다시 만나게 되어 있다

　　　　　　사람은 만날 때 잘 만나야 하지만 떠날 때도 잘 헤어져야 한다. 처음 만난 순간처럼 마지막 순간도 깔끔하게 마무리해야 한다. 내가 오늘 만난 고객이 영영 나의 고객이 되지 않을지라도, 사람은 언젠가는 다시 만나게 되어 있기 때문이다.

　헤어질 때 좋은 기억을 남긴 사람은 다시 만나고 싶어진다. 거래가 이루어지지 않았더라도 좋은 기억으로 헤어졌다면 다시 만났을 땐 거래가 성사될 수 있도록 서로 노력하게 된다.

　살아가다 보면 처음과 끝이 다른 사람들을 자주 보게 된다. 처음에는 좋은 느낌이었지만 만날수록 그 느낌이 달라지는 사람이 있는가 하면, 처음에는 별로였지만 점점 더 좋아지는 사람이 있다.

　"성공하더니 변했다."라는 소리를 듣는 사람들이 있다. 문제는 어떻게 변했느냐다. 변하더라도 좋은 쪽으로 변해야 한다. 그런데 성공하더니 변했다는 소리를 듣는 사람은 대부분 좋지 않은 쪽으로 변했다는 말이다. 사람들의 구설에 오르는 사연들은 나쁜 쪽이 더 많다. 나쁘게 변하면 사람이 떠난다.

　나는 한 번 인연을 맺은 고객과는 웬만하면 끝까지 함께 가려고 노력한다. 먼 기억 속으로 떠나버린 고객이 얼마나 되는지 한번쯤 생각해봐야 한다.

나는 지금도 고객과의 인연을 오래 지속하기 위해 연락하며 지낸다. 일 년에 4차례, 거래 관계가 없는 고객이라도 알뜰히 챙긴다. 편지에는 기억에 남을 만한 글귀도 넣고, 살아가면서 도움이 되는 이야기도 넣는다. 고객의 기억 속에 잊혀지지 않으려는 나만의 방법이다.

사업을 하는 사람들은 잘되면 옛사람이 생각난다고 한다. 삶이 넉넉해지고 주변을 돌아볼 여유가 생겨서 그럴 것이다. 하지만 그때가 되면 이미 연락이 두절되고 소식마저 끊어져 있다.

반도체 사업으로 성공한 사장으로부터 연락이 왔다. 사업 초기 자금 사정이 좋지 않아 내가 있던 지점에 대출 요청을 했던 고객이었다. 하지만 요청한 금액이 커서 대출이 쉽지 않았다. 고객도 그 사정은 이해했겠지만 서운한 마음이 들었을 것이다. 그 일로 서로 연락하는 일도 줄었다. 하지만 나는 그 이후에도 꾸준히 그 고객에게 편지를 보냈다. 고객은 힘든 시기를 보내고 결국 사업에 성공했다.

어느 날 그 고객은 내게 전화를 해 끊어지지 않은 인연을 고마워했다. 어려운 시절의 서운함은 지나간 추억이 되어 있었고, 그래도 옆을 든든히 지켜봐줘서 고맙다는 인사를 전해왔다. 나와의 인연이 고맙다며 기업은행과 다시 거래하기를 원했다. 나는 그 고객과 가까운 곳에 있는 기업은행 지점을 연결해주었다.

내가 보낸 편지는 잊혀질 만하면 나를 생각나게 하는 것 같다. 절대 나를 잊을 수 없다고 애정공세(?)를 해오는 고객도 있다. 나는 편지를 보내는 것으로 그치지 않는다. 반송되어 오는 편지가 있으면 반드시 다시 확인해 새로운 주소로 업데이트한다. 그걸 빌미로 고객과 전화통화를 하면서 그간의 안부도 묻고 새로운 정보도 교환한다. 서운했던 사람들과도 그런 과정을 통해 다시 인연의 끈이 단단해진다. 사람 마음이란 닿고 어루만지고 감싸주면 자연히 열리게 되어 있다.

무슨 일을 하건 처음보다 중요한 것이 마무리다. 어떻게 끝을 맺느냐가 고객과의 관계를 얼마나 성공적으로 만들었느냐를 결정짓는다. 우리가 기억하는 대부분의 사람들은 시작이 화려했던 사람들이 아니다. 시작은 작고 초라했을지 모르지만 끝이 훌륭했던 사람, 마무리가 깔끔했던 사람을 더 기억하게 된다.

헤어지고 나서도 오랫동안 기억에 남는 사람, 헤어진 뒤에 아쉬움이 남는 사람, 오히려 헤어진 뒤에 고객이 먼저 찾는 그런 사람이 되어야 한다. 비즈니스 세계에서 성공한 사람 뒤에는 돈보다 사람이 더 많다. 보험 업계에서 1등을 한 사람들을 가만히 보면 그렇다. 아름다운 사람은 떠난 뒤에도 향기가 난다. 빈자리가 표 나는 사람이 되어야 한다. 함께하지 못해 아쉬운 사람이어야 한다.

있을 때 존재감이 큰 사람보다 없을 때 아쉬움이 남는 사람이 비즈니스에선 성공할 가능성이 더 크다. 그런 사람에게는 비즈니스 후원자가 많다. 좋은 일로 남들의 입에 자주 오르내리는 사람이 되어야 한다. 옛말에 있지 않은가? "술 향기는 백 리, 꽃향기는 천 리 가지만, 좋은 사람 향기는 만 리 간다."라고….

인연을 맺은 사람을 위해 진심을 다한다

어느 고객이건 쉽게 만난 고객이 없고 추억이 없는 고객이 없다.
자신과 인연을 맺은 사람을 위해 진심으로 마음을 써야 한다.

● 불교에서는 한 번 옷깃이 스치는 인연을 위해서는 500겁의 시간이 필요하다고 말한다. 1겁이 4억 3,200만 년이니 계산해보면 2천억 년의 시간이 필요하다는 소리다. 그런데 옷깃을 스치는 정도가 아니라 같은 일을 하기 위해 서로 만나 이야기를 나누고 정보를 교환하는 사이라면 얼마나 많은 시간이 필요한 인연이었을까?

사람이 서로 만나 인연을 맺는다는 것은 굳이 불교의 정신을 들지 않더라도 대단한 일이다. 하필이면 그 많은 사람들 중에 내가, 그리고 그 많은 사람들 중에 그 사람을 고객으로 만난 것일까? 무슨 인연이 있어서?

그런 생각을 하면 고객 하나하나가 소중해진다. 어느 고객이건 쉽게 만난 고객이 없고 추억이 없는 고객이 없기 때문이다.

나는 아직도 입행 초기에 만난 고객들과 연락을 한다. 은행에 입사하던 시절 내가 일하던 곳은 재래시장 근처였다. 손님들로부터 받은 꼬깃꼬깃한 지폐를 한 푼 두 푼 모아 은행으로 가져 오시던 그 분들을 생각하면 천 원짜리 한 장도 소중히 다루게 된다. 신입행원으로 근무하던 그 시절엔 오히려 고객들이 나를 격려해줬다. 더운 여름 고생한다며 주스를 건네는 분도 있었고 과일을 들고 오시는 분도 있었다. 그런 분들의 마음을 어찌 잊을 수 있겠는가.

은행에 근무하다가 영장이 나와 군대를 가게 된 뒤에도 나는 그분들을 잊지 못했다. 힘든 군생활 틈틈이 나는 시장에 계신 분들에게 편지를 썼다. 파란 군사우편 도장이 찍힌 편지를 받으신 분들은 군에 가서도 당신들을 잊지 않은 나를 고마워했다. 외출이나 휴가를 나왔을 때에도 부모님이나 친구들을 만나기 전에 먼저 찾아뵈었다. 1979년 4월 어느 일요일, 나는 내무반에서 쉬고 있었다. 당직대로부터 "현 일병, 면회가 있으니 내려오라."는 전갈을 받았다. 아니, 이럴 수가! 연병장에 대형버스가 있는 게 아닌가? '육군 일병 현병택 위문단, 시장 상인 일동'이란 플래카드가 걸려 있었다. 신입은행원으로 8개월 근무하며 교류했었던 분들이 단체로 나를 면회 온 것이었다. 그날 밤, 나는 군생활을 하며 틈틈이 읽고 있었던 고시책들을 버렸다. 은행에서 인생을 걸어보자는 결기가 생겼기 때문이다. 이들의 위문은 그 이듬해에도 계속되었다.

7m짜리
붉은 노끈

새로운 인연도 소중하지만 오랫동안 인연을 맺어온 사람들에 대한 애정은 더욱 각별하다. 그래서 사람들은 오랜 인연을 간직해온 사람과 오해가 생기거나 갑자기 헤어지고 나면 며칠 동안 잠을 이루지 못한다.

비즈니스 현장에서 일을 하다 보면 새로운 인연을 만나는 일도 많지만, 맺은 인연을 가위로 잘라버리듯이 결별하게 될 때도 많다. 그런 고객들을 생각하면 안타깝다. 오랫동안 인연을 간직했던 고객이 다른 은행으로 주거래 은행을 바꾸면서 인연의 고리가 끊어지는 것만큼 속상한 일도 없다. 나는 그런 고객들을 다시 내 고객으로 되돌리는 일이라면 만사를 제치고 앞장섰다.

지점장 생활을 마치고 임원이 되어 본점에서 기업고객본부장으로 재직하던 시절에는 그런 고객들을 일부러 찾아다녔다. 한 번 맺은 인연의 고리를 다시 연결하기 위해서였다. 그런 고객에게 기업은행과의 옛 인연을 다시 맺자고 설득했다. 그 무렵 내 차 트렁크에는 붉은 노끈이 여러 다발 실려 있었다. 한 다발의 붉은 노끈은 그들과의 인연을 다시 연결하려는 내 의지의 표현이었다.

나는 기업은행을 떠나간 고객들 중 다시 기업은행으로 돌아오게 만들고 싶은 고객들을 따로 분류했다. 은행 간 경쟁이 치열해지면서 고객들의 이탈이 많아지던 시기였다. 인연의 고리가 끊어졌거나 느슨해진 고객이 의외로 많았다. 고객을 확보하기 위해 높은 예금 이자나 낮은 수수료를 무기로 고객들을 유혹하는 은행이 늘어났다. 야속하게도 고객들은 이런저런 이유로 기업은행을 떠났다. 그들에게 예전에 맺은 인연의 소중함을 되새기면서 다시 인연의 끈을 맺자고 읍소하는 방법을 택하기로 했다.

붉은 노끈을 7m로 잘라 들고 고객을 찾아다녔다. 7m의 노끈에는 '꿈(목표)·끼(재능)·꾀(기획)·끈(인맥·네트워크)·깡(추진력)·꼴(이미지)·꾼(프로페셔널)'이라는 감칠맛 나는 7가지 마음을 담았다. 붉은색은 지금의 변하지 않는 마음에서, 노끈은 한 번 맺은 인연은 끊어지지 않고 영원하리라는 믿음에서 비롯되었다. 이야기 있는 마케팅이 훨씬 효과가 있는 법이다.

오랜만에 만나 반가워하는 고객 앞에 '7m짜리 붉은 노끈'을 꺼내놓았다. 붉은 노끈 2개를 꺼내놓는 내 모습에 의아해하는 고객들에게 나는 "인연의 끈을 다시 묶고 평생을 이어가자는 의미다." 하며 2개의 노끈을 단단히 묶어보였다. 처음에 당황했던 그들도 금세 내 마음을 읽었다. 효과는 예상 밖으로 좋았다. '집으로Home Coming 마케팅' 덕분에 떠났던 고객들이 다시 돌아왔다.

거기서 그치지 않고, 아버지 대에 맺은 인연을 아들 대에까지 이어가는 전략을 세웠다. 아버지에게 경영권을 물려받은 2세 기업인들과도 인연을 맺어나간 것이다. 아버지가 그랬던 것처럼 미래의 주역인 아들도 기업은행 고객으로 남아 있게 하려는 의도였다.

2세들의 경영 수업을 돕는 '에버비즈Ever-Biz 클럽'과 창업주의 사업을 대물림하는 고객들을 위한 '기업승계 컨설팅' 등의 프로그램을 만들어 그들과의 인연의 끈을 더 단단히 조였다. 좋은 프로그램이라는 소문이 나면서 자청해서 찾아오는 2세 기업인들도 늘어났다. 아들을 소개하는 연로하신 아버지 경영자들도 늘어났다.

덕분에 기업은행의 '에버비즈 클럽'은 우리나라의 대표적인 2세 경영자들이 친목을 다지는 모임으로 자리를 잡아갔다. 서로 간에 교류가 늘어나면서 그 안에서 서로 도움을 주고받는 일도 많아졌다. 매우 특이한 이업종異業種 교류회가 탄생한 것이다. 그리고 그 안에서 납품계약까지 체결되는 실속 있는 비즈니스의 장으로 더욱 발전해나가고 있다.

인연을 맺은 사람을 위해
마음을 써야 한다

지점장 시절에는 소규모 사업을 하는 사장들을 자주 만났다. 직원 10여 명을 두고 있는 회사는 큰 축에 들었다. 부부나 가족끼리 운영하는 회사도 많았다. 20평 남짓한 작은 가게에 기계 서너 대를 두고 하청을 받아 운영하는 회사가 대부분이었다. 유명 의류 업체에 양말이나 셔츠를 납품하는 회사도 있었고, 이름난 자동차 협력기업에 부품을 납품하는 회사도 있었다. 단가가 10원도 안 되는 플라스틱 제품을 만들면서 희망의 끈을 놓지 않는 회사도 있었다.

나는 직조기 3대를 두고 의류원단을 만드는 작은 업체에 자주 들르곤 했다. 지하 2층의 작은 공간에 있던 그 회사는 원단을 만드는 회사라 늘 먼지가 가득했다. 직조기에서는 소음이 끊이지 않았다. 그런데 그 작은 공간은 놀랍고 가슴 찡하게도 살림집까지 겸하고 있었다. 공장 구석에 커튼을 친 곳이 침실이자 식당, 그리고 아이들의 공부방이었다.

게다가 그 30대 부부는 그곳에서 두 자녀와 함께 살고 있었다. 초등학교에 다니는 남자아이와 여자아이였다. 부인은 해남 땅끝마을이 고향이었고, 사장은 경북 상주 사람이었다. 영호남의 아름다운 만남이니 반드시 성공할 거라고 만날 때마다 격려했다. 서로 다른 섬유 공장에서 일하다가 인연이 된 두 사람은 기계 3대를 가지고 사업을 시작한 것이다.

아이들은 그 시끄럽고 열악한 환경에서도 열심히 공부하고 있었다. 부부는 늘 피곤한 듯했지만 일에 대한 열정만은 대단했다. 그런 부부와 만날수록 정이 들었다. 아이들을 훌륭하게 키우고 싶은 마음에 밤잠도 줄여가며 일하는 기색이 역력했다. 도와주고 싶었다. 거기서 힘들게 공부하는 아이들이 기특했다.

그 마음이면 실패하지 않을 거라는 확신이 있었다. 나는 그 사장에게 대출을 해줄 테니 집을 구하라고 권했다. 아이들과 함께 편하게 지낼 수 있는 집을, 편히 쉴 수 있는 방을 구하라고 말했다. IMF 외환위기 시절이었다. 사업을 갓 시작한 개인사업자가 돈을 빌리기란 쉬운 일이 아니었던 때였다. 사장은 반신반의하는 눈빛이었다. 은행에 돌아온 나는 직원들에게 그곳 사정을 설명하며 신용으로 3천만 원을 대출해주는 쪽으로 일을 추진해보면 어떻겠느냐고 내 의견을 전달했다.

직원들은 그 업체를 방문해보고는 망설이고 있었다. 담보 없이 신용으로 3천만 원을 대출하는 것은 과하다는 의견이 지배적이었다. 나는 직원들을 설득했다. 부부가 함께 있어야 할 방도 필요하니 2칸짜리는 얻어야 한다며, 열정으로 가득 찬 부부는 절대로 실수하지 않을 거라는 믿음을 그들에게 확신시켰다.

어렵사리 3천만 원 대출을 받은 고객은 집을 옮겼다. 근처 옥탑에 있는 방 2칸짜리 집으로 이사를 가자 생활이 안정되기 시작했다. 아이들도 편안하게 지냈고, 부부도 일을 더 열심히 할 수 있었다. 지하 2층에 있던 그 작은 공장은 그때부터 번창하기 시작했다. 돈이 모이자 공장은 지하 2층에서 지하 1층으로, 그리고 지상으로 이사를 거듭하더니 결국 의정부 쪽에 공장을 지어 정착하기에 이르렀다.

지금도 그 업체는 성장을 거듭하고 있다. 그때 초등학생이던 아이들은 장성해 회사 직원으로 근무중이다. 딸은 경리 업무를, 아들은 영업과 무역 업무를 본다. 지하 2층에 커튼을 치고 살았던 그들의 성공은 내게도 흐뭇한 기억으로 남아 있다. 그 후 얼마 지나지 않아 수출탑을 받았다며 기쁜 소식을 전해왔고, 지금도 명절이면 서로를 잊지 않고 덕담을 주고받는다. 내가 그곳에 갈 때마다 우리는 가족처럼 서로의 성공을 즐거워한다.

이제 아버지와 어머니는 만들기만 하면 된다. 만든 제품을 그의 아들이 판매하고 딸이 관리하고 있기 때문이다. 어느덧 50대 중년이 된 부부는 자기보다 어려운 사람들을 위해 기꺼이 가진 돈을 내놓으며 살고 있다.

법정 스님의 말씀 중에 볼펜에 대한 이야기가 있다. 쓰고 있는 볼펜이 한 자루 있었는데, 어느 날 누군가가 새로운 볼펜을 선물했다. 원래 가진 것보다 훨씬 더 좋은 볼펜이라 기분 좋게 받았는데 시간이 지나니 점점 불편해졌다. 볼펜을 한 자루만 가졌을 땐 그 볼펜만 쓰면 되었다. 한 자루만 있으니 찾을 일도 없었고 관리도 편했다. 그런데 두 자루가 되자 마음 쓸 일이 많아졌다. 한 자루에 쏟던 마음을 두 자루에 쏟으려니 2배 이상 마음이 쓰였다. 결국 그 중 한 자루를 다른 사람에게 주고 나서야 마음이 편해졌다.

볼펜 한 자루만을 향해 의미를 부여하고자 했던 법정 스님의 글이 주는 울림은 크다. 볼펜도 한 자루만이라는 법정 스님의 생활철학처럼 자신과 인연을 맺은 사람을 위해 흔들림 없는 마음을 가져야 한다. 임진왜란 때 진주 촉석루에서 일본군 장수를 끌어안고 남강에 투신한 논개처럼.

:: 에필로그 ::

나는 고객이 좋았고,
그렇기에 고객을 만나면 행복했다!

나에게 있어 세일즈는 나의 삶과 구별되는 것이 아니었다. 나는 스스로의 선택에 따라 은행에 들어왔다. 그리고 그곳에서 젊음을 보냈기에 기업으로서의 은행이 요구하는 세일즈 또는 비즈니스를 통해 나의 삶을 살 수밖에 없었다. 거기에서 나는 웃고 울고 분노하고 용서하고 사랑했다.

세일즈는 나에게 석기시대인들이 생계를 위해 사냥에 나서듯, 그러나 결국에는 수렵하는 것이 그들의 삶 전체가 되듯 그런 것이었다. 또한 내 인생에 중요한 일이 있으면 어떻게 해서든 끝을 보는 나의 성격처럼 나는 비즈니스가 생기면 석기인의 원시적 생명력을 가지고 나의 모든 감각과 지능을 총동원해 거기에 집중했다. 비즈니스에 유효하다면 또는 세일즈의 기회다 싶으면, 그 시간에는 나 자신은 물론이고 직원들의 화장실 출입마저 통제해 원성을 사기도 했다.

나는 고객이 좋았고 그렇기에 고객을 만나면 행복했다. 그래서 언제나 내 마음속에 애인을 기다리듯 새로운 고객을 그려보고 만날 날을 고대하곤 했다. 당연히 사무실에 앉아 있을 겨를이 없었다.
어디든 가서 어떤 고객이든 만나는 데 주저하지 않았다. 그리고 돌아오자마자 편지를 보냈다. 만난 지 100일이 지나면 어김없이 100일 기념 편지를 보냈다. 고객의 생일이 되면 고객에게 축하 선물을 보내고, 때에 따라서는 가족과 친지에게도 그의 생일이 다가오고 있음을 알려주곤 했다. 고객이 진정 받아야 할 곳에서 생일축하를 받게 하고픈 게 내 마음이었으니까, 그리고 그럴 때 나의 삶도 함께 행복해지는 것을 느꼈으니까.
나는 다름 아닌 나의 삶의 방식을 가지고 세일즈맨으로서의 공적 임무를 다하려고 노력했다. 따라서 세일즈맨으로서의 나와 한 인간으로서의 내가 달리 존재하지 않았다고 자부한다. 지나고 보니 비즈니스나 세일즈나 결국 내 인생의 중요한 부분인 만큼 세일즈 방식도 내 삶을 꾸려가는 방식과 다를 바 없음을 깨달았다.

나의 경험에 의하면 고객은 누구나 'VIP 고객'이거나 '잠재적 VIP 고객'이거나 둘 중의 하나다. 서로의 극적인 접점이 마련되어 교감이 생기면 고객은 스스로 'VIP 고객'이 되거나 다른 VIP 고객을 움직여 VIP 고객의 대리자격을 획득한다. 한국과 같이 한 다리 건너면 모두 아는 사회일수록 더욱 그렇다.

고객은 충성스런 세일즈맨을 절대로 배신하지 않는다. 세일즈맨이 고객을 배신했다는 이야기는 들어봤어도 충성스런 세일즈맨에게서 고객이 등 돌려버렸다는 이야기는 들어보지도, 내가 경험해보지도 못했다.

세일즈맨은 고객과의 접점을 찾기 위해서라면 고객의 입장에서 먼저 생각할 수 있어야 한다. 인간은 누구나 자기 울타리를 잘 벗어나려 하지 않는다. 그러므로 고객의 입장에서 생각한다는 것은 말처럼 쉬운 일이 아니다. 자기 중심에서 고객 중심으로 사고를 바꾸라는 것은 삶의 주인공을 바꿔야 하는 것이나 마찬가지이므로 역발

상의 진통 과정을 거치지 않고는 불가능한 일일지도 모른다. 고객은 나와 같으면서 때론 다르다. 생각도 다르고 환경도 다르고 취미도 다르다.

그런 면에서 고객은 매우 개성이 강한 복잡 미묘한 주체다. 상식적으로 접근하면 뻔한 장사꾼으로 무시당하거나 경계의 대상밖에 되지 않는다. 그러므로 세일즈맨은 이 까다롭고 변화무쌍한 나의 상대이자 피할 수 없는 영원한 동반자로서의 고객을 누구보다 잘 파악해야 한다.

개성 많고 까다로워 보이지만 알고 보면 의리와 인정으로 가득 찬 고객들을 위해 나는 충성스럽게 뛰었다. 나는 그게 즐거웠다. 사나이가 의리와 신뢰를 보내는 상대를 위해 기꺼이 목숨까지 바치듯 나는 그런 고객들을 위해 열심히 뛰고 챙기고 헌신했다.

1991년 일본 화장품회사 시세이도가 패션의 일번지 파리에 진출하면서 후쿠하라 요시하루 사장은 직원들에게 "우리는 이제 익숙한 대륙에서 벗어나 미지의 대륙으로 갑니다. 지도는 없습니다. 오직 별을 보고 갈 뿐입니다. 그 별은 바로 우리의 고객입니다."라고 이야기했다. 그는 예상을 뒤엎고 시세이도를 1990년대에 글로벌 명품으로 만들어 세계적인 기업으로 성장시켰다.

나 역시 고객을 가족보다도 소중하게 생각했다. 상대방이 거래 파트너로 나라는 사람을 선정하기까지는 적어도 10번은 만나야 하고, 나아가 인간적 진심을 나누어야 한다. 고객의 마음을 움직이는 비법은 그리 특별하지 않다. 최상의 전략은 정직과 신의, 그리고 성실이라 믿는다.

신기하게도 고객들은 말하지 않아도 언제나 '실적'이라는 적지 않은 부산물로 내게 보답했다. 나는 한 번도 고객에게 대놓고 실적 이야기를 하거나 무언가를 사달라고 애원해본 적이 없지만, 고객은 언제나 나를 위해 준비했다며 '실적'이라는 선물을 챙겨줬다.

나는 이를 우리들 관계의 부산물 정도로 태연하게 말하지만, 그것은 눈물겨운 것이었다. 오랜 노력 끝에 고객과 내가 합일되는 극적 접점에서야 비로소 탄생되는 소중한 부산물이었기 때문이다.

나는 그것을 기꺼이 챙겼다. 아니, 부산물을 수확하는 그 순간은 젖 먹던 힘까지 다 써서 나의 모든 집중력과 온갖 능력을 총동원해 열정적으로, 그러나 겸허히 받았다. 나는 그때 비로소 부모님이 예산에서 사과를 따던 그 심정을 이해할 수 있었다. 동시에 나는 그것을 고객의 더할 수 없는 정표로 생각했다. 그것을 통해 고객은 물론, 나와 우리 회사가 잘되는 것이 개성 강한 고객에 대해 나 역시 개성 강한 세일즈맨으로서 보답하는 사나이다운 방식이라고 생각했으니까 말이다.

전공분야를 바꾸어 머니투데이방송에서 게임을 즐기듯 재미있게 새로운 길을 만들고 있는 것도 나의 운명이라 여기며 살고 있다.

현병택

『길을 찾아라. 아니면 만들어라』
저자와의 인터뷰

Q. 『길을 찾아라. 아니면 만들어라』를 소개해주시고, 이 책을 통해 독자들에게 전하고 싶은 메시지는 무엇인지 말씀해주세요.

A. 2008년 11월, IBK기업은행에서 퇴직하고 IBK캐피탈 대표로 자리를 옮기면서 자료를 정리하다 보니, 업무노트들이 눈에 띄었습니다. 30년간 틈틈이 기록해놓은 것들이었습니다. 문득 '이것들은 내 것이 아니고 오늘의 나를 만들어준 기업은행 소유물이다.'라는 생각이 들었습니다. 일목요연하게 정리해 후배들에게 나누어주려는 생각으로 이듬해 1월부터 주말마다 오전 9시부터 오후 3시까지 사무실에 나와 컴퓨터와 씨름하기 시작했습니다. 5개월이 지나니 제법 두툼한 분량이 되었습니다.

제 원고를 읽어본 출판사로부터 기업은행 직원들만 대상으로 할 것이 아니라, 여러 사람들이 읽을 수 있도록 출간해보자는 제안을 받고 2009년 9월 『세상에 온몸으로 부딪쳐라』를 발간하게 되었습니다. 독자들에게 제법 많은 사랑을 받으면서 여러 곳에서 책 이야기를 했습니다. 벌써 5년이 지난 사이, 저는 IBK캐피탈을 떠나 종합경제채널 머니투데이방송 대표로 새로운 삶을 개척하고 있습니다. 언론시장에서 좌충우돌하며 겪은 이야기들을 한 데 모아 『길을 찾아라. 아니면 만들어라』를 출간하게 되었습니다.

Q. "길을 찾아라. 아니면 만들어라."는 말은 알프스산맥을 넘어 로마를 공격한 한니발 장군의 말로도 유명하고, 고 정주영 회장의 평소 신조로도 유명합니다. 대표님에게 어떤 의미를 가지는 말인가요?

A. "길이 없으면 길을 찾아야 하며, 찾아도 없으면 길을 닦아 나아가야 한다."라는 말은 현대그룹을 창업한 고 정주영 회장이 남기신 말씀입니다. 프랑스의 철학자이며 작가 장 폴 사르트르는 "인생은 알파벳 B와 D 사이의 C다."라는 말을 남겼습니다. 모든 사람들은 태어나는 순간부터 한시도 멈추지 않고 죽음을 향해 돌진하는데, 이 과정에서 원하든 원치 않든 수많은 선택을 하게 되고 인생은 선택에 따라 달라진다는 이야기입니다. B$^{Birth, 탄생}$와

D^{Death, 죽음} 사이의 C^{Choice, 선택}가 다루어야 할 행동유형을 제시하고자 합니다. 변화^{Change} · 도전^{Challenge} · 창조^{Creation} · 협조^{Cooperation} · 협업^{Collaboration} 등이 그것입니다.

이른바 마케팅 4.0시대에 살고 있음에도 뭔가를 하기도 전에 "안 된다." "못하겠다."라는 말을 자주 하는 사람들을 볼 수 있습니다. 저는 이들이 '해보긴 해봤어?'라는 정주영 회장의 정신을 지필 수 있는 데 일조해, D가 죽음^{Death}이 아닌 희망^{Dream}으로 승화했으면 하는 바람을 갖고 있습니다.

Q. 기업은행 부행장에서 IBK캐피탈 대표로, 그리고 머니투데이방송 대표에 이르기까지 놀라운 변신을 거듭하고 계십니다. 그러한 변신에도 본질은 변한 것이 없다고 하셨는데 무슨 뜻인지요?

A. 저는 현재 머니투데이방송 대표로 재직하고 있습니다. 전공분야를 360° 바꾼 셈입니다. 이곳에 올 때 많은 분들이 염려했습니다. 그러나 저는 이곳에서도 게임을 즐기듯 재미있게 길을 만들어가고 있습니다.

저희 방송이 빠른 시간 내에 이처럼 성장할 수 있었던 것은 성공한 다른 기업들이 가진 장점들을 가지고 있었기 때문입니다. 업종이나 취급 품목은 다를 수 있어도 구성원들은 똑같은 사람들입니다.

미국 카네기공대 졸업생 추적조사 결과가 생각납니다. 성공하는 데 영향을 준 비율 중 전문적인 지식이나 기술은 15%에 불과하고 85%가 인간관계였다는 것입니다. 또한 그들은 '3가지 방문'을 잘했습니다. 상대가 곤경에 처했을 때 찾아가 위로하는 발足 방문, 전화나 대화로 사람을 부드럽게 하고 칭찬하며 용기를 주는 입口 방문, 편지나 이메일 등으로 상대에게 진솔한 마음을 전달하는 손手 방문 등이 그것입니다.

Q. 임원과 CEO가 되어서도 "나는 지금까지 하사관처럼 살아왔고 앞으로도 그러할 것입니다."라고 말씀하셨습니다. 하사관처럼 산다는 것은 어떤 의미인지 말씀해주세요.

A. 최근 우리나라에 프란치스코 교황이 방문했습니다. 종교를 초월해 전 세계 사람들이 왜 그분을 좋아하고 존경할까요? 몸과 마음을 낮추어 낮은 곳을 보시기 때문이 아닐까 생각해봅니다. "사제는 양의 냄새가 나야 한다."라고 말씀하셨습니다. 사제는 목자입니다. 양의 냄새가 나지 않는 목자는 종교인이지 신앙인이 아니라는 말씀이지요.

군대에서 하사관은 조명을 받지 못하는 계급입니다. 나이 어린 장교에게 연신 경례해야 합니다. 장교는 부대를 자주 옮기지만 하사관은 비교적 오랜 기간 한곳에 머물며 궂은일도 마다하지 않습니다. 상대적으로 덜 빛나는 곳에서 맡은 바를 묵묵히 해나가는 하사관들이 많은 군부대는 사고가 나지 않습니다. 이처럼 저도 하사관처럼 한곳에 머무르며 맡은 바 직무에 최선을 다하고, 책임을 다하려는 의지를 표현한 말입니다.

Q. 한 번 맺은 인연을 고객으로 만드는 준비된 장사꾼이라는 평가를 받고 계십니다. 고객과의 인연이 계속 이어지게 하는 비결은 무엇인가요?

A. "술 향기는 백 리, 꽃향기는 천 리 가지만 사람 향기는 만 리 간다."라는 말이 있습니다. 저는 고객이 좋았기에 고객을 만나면 늘 행복했습니다. 그래서 언제나 내 마음속의 애인을 기다리듯, 새로운 고객을 그려보고 만날 날을 고대하곤 했습니다. 그런 만큼 사무실에 앉아 있을 겨를이 없었습니다. 언제나 고객의 입장에 서서 공감하려고 노력했고, 진실된 마음으로 다가가려고 노력했습니다. 이러한 점이 고객에게 감동과 큰 울림을 주게 되어 인연이 끊어지지 않고 이어졌다고 생각합니다.

링컨이 한 말 중에 "사람들은 40세가 지나면 자신의 얼굴에 책임을 져야 한다."라는 유명한 말이 있습니다. 엉덩이에 땀이 나면 엉덩이만 커지고, 발바닥에 땀이 나면 인간관계가 신실하게 넓어지고 실적이 상승하게 됨을 잊어서는 안 됩니다. 그만큼 발로 뛰면서 고객을 만나야 성과가 좋아지고 인간관계가 오랫동안 유지되는 것이지요. "비가 올 때 우산을 빼앗지 않는다."라는 이 말이 한 은행을 갑자기 스타은행으로 만들었음을 알아야 합니다.

Q. 한 번도 고객에게 대놓고 실적 이야기를 하거나 무언가를 사달라고 애원해본 적이 없다고 하셨지만, 실적은 항상 빛났습니다. 그 비결은 무엇인가요?

A. 저는 "수양산 그늘이 강동 80리를 간다."는 말을 매우 좋아합니다. 이 말은 곧 어떠한 사람이 크게 되면 주변 사람들이 덕을 입게 된다는 뜻이지요. 최근 우리 사회가 배척해야 할 과제로 지목하고 있는 '~피아'와는 다른 차원입니다. 제 명함을 받아본 고객은 제가 원하는 것을 금방 알아차리게 됩니다. 프로필을 인쇄해 가지고 다니다 저에 대해 더 알고 싶어하는 사람들에게 보여줍니다. 생년월일, 본적, 학력, 경력, 자격증, 표창, 취미와 저서 등 신상털기 수준의 제 인생 프로필을 알게 된 그들은 금세 마음의 옷을 벗어 던지게 됩니다.

인간관계는 성급할 필요가 없습니다. 고객을 감동시키고 신뢰를 심어주는 일, 그 일은 밥에 뜸을 들이듯 참고 기다려야 합니다. 상대방이 스스로 마음의 옷을 벗을 때까지 말이지요.

Q. 고객을 향한 마음으로 수많은 마케팅을 하셨습니다. 고객에게 필요한 것이 무엇인지를 알기 위해서는 어떤 노력이 필요할까요?

A. 우리는 혈연·지연·학연이 거미줄처럼 얽혀 있는 네트워크사회에서 살고 있습니다. 만일 내가 어떤 사람에 대해 알고자 한다면 5명 정도만 거쳐도 그 사람에 대한 정보를 알아낼 수 있습니다. 인터넷만 활용해도 기본적인 사항들을 대략 알 수 있지요. 모든 직원들이 거래하기 힘든 업체라고 포기할 때, 저는 포기하지 않았습니다. "농작물은 농부의 발소리를 들으며 자란다."는 말이 있습니다. 아무리 어려운 상대라도 노력하면 됩니다. 세상에 못 만날 사람은 아무도 없습니다. 내가 노력하지 않기 때문이고 내가 먼저 포기하기 때문입니다. 열 번 찍어 안 넘어가는 나무는 열한 번 찍고, 그래도 안 된다면 전기톱으로 잘라내면 됩니다. 그러면 반드시 넘어가게 되어 있습니다. 될 때까지 부딪치고 또 부딪친다면 충분히 성공할 수 있습니다. 절실해야만 고객의 영혼을 20초 이내에 춤추게 할 수 있습니다.

Q. 고객을 만날 때는 미리 전략을 세우고 만난다고 하셨습니다. 고객과 만나기 전에 어떤 전략을 어떻게 세워야 하나요?

A. 1991년 일본 화장품회사 시세이도가 패션의 일번지 파리에 진출하면서 후쿠하라 요시하루 사장은 직원들에게 이렇게 말합니

다. "우리는 이제 익숙한 대륙에서 벗어나 미지의 대륙으로 갑니다. 지도는 없습니다. 오직 별을 보고 갈 뿐입니다. 그 별은 바로 우리의 고객입니다."라고 말이지요. 그는 예상을 뒤엎고 시세이도를 1990년대에 글로벌 명품으로 만들어 세계적인 기업으로 성장시켰습니다.

저 역시 고객을 가족보다도 소중하게 생각했습니다. 상대방의 눈높이보다 조금 낮추는 행동이 필요합니다. 상대방으로 하여금 도와주고 싶은 측은지심을 유발할 수 있게 하는 것이 필요하기 때문입니다. 옷차림도 고객과 같아야 함은 물론입니다. 제 사무실에는 양복과 평상복, 그리고 작업복 등 3가지 종류의 옷이 있습니다. 신발도 여러 종류입니다. 그리고 빈손보다는 조그마한 물건을 가지고 가는 것이 기본이며, 상대방이 거래의 파트너로 나를 선정하기까지는 적어도 10번은 만나야 된다는 사실을 알아야 합니다. 최상의 전략은 정직과 신의, 그리고 성실이라 믿습니다.

Q. 2002년 태풍 루사가 한반도에 상륙했을 때 기업은행에 재직중이셨는데, 그때의 활약상이 지금도 회자됩니다. 자세한 소개 부탁드립니다.

A. 제가 기업은행의 기업고객부장으로 근무할 때의 일입니다. 2002년 8월 31일, 태풍 루사가 우리나라에 상륙하면서 많은 인

명과 재산에 피해를 주었습니다. 특히 부산·김해지역에 강물이 범람해 많은 중소기업 공장이 침수되었다는 소식이 들려왔지요. 9월 1일 일요일 아침, 서둘러 기차를 타고 현장에 달려갔습니다. 인근 영업점 직원들과 만나 상황을 파악한 결과, 피해를 입은 기업들이 많음에도 불구하고 일요일이라 구조활동이 전혀 이루어지지 않음을 확인했습니다. 이때야말로 중소기업 전담 금융기관으로서 기업은행이 이 역할을 수행하는 것이 당연하다고 판단했고, 경영진에게 보고했습니다.

당시 김종창 은행장께서 인근 영업점 직원들을 비상근무하게 하고 본점 대출관련 직원들을 현장에 급파하도록 하는 한편, 신용보증기금과 중소기업진흥공단에 '합동 대출신속 처리사무소'를 피해현장에 설치하자는 제안을 하게 됩니다. 금융기관 직원들이 신속히 피해상황을 확인하면서 적절한 대응을 할 수 있었습니다. 꽤 시간이 지난 지금도 작업복에 장화를 신고 땀을 흘리던 직원들의 모습이 눈에 선합니다.

Q. 기업은행의 잡월드는 회사와 구직자 간의 중매사이트로 알려져 있는데, 이 과정에서 대표님께서 큰 역할을 하신 것으로 알려져 있습니다. 이에 대해 구체적인 설명 부탁드립니다.

A. 현재 기업은행은 24만 개의 중소기업과 대출거래중에 있고, 예

금거래만 하는 중소기업을 포함하면 107만 개의 기업을 고객으로 확보하고 있습니다. 2007년 12월 부임한 윤용로 은행장은 중소기업과 적극적으로 소통하기 위해 타운미팅 등을 여러 곳에서 수시로 진행했습니다. 현장의 목소리를 확인한 그는 이듬해 2008년 1월 중순, 임원회의에서 중소기업의 인력난 해소가 가장 시급한 문제인데 이 일은 중소기업 전담은행인 기업은행이 앞장서서 해결해야 할 사회적 책무라고 설명했습니다. 평소 경영진들도 같은 생각을 가지고 있었기에 기업과 구직자를 연결하는 프로젝트는 쉽사리 역점사업으로 결정되었습니다. 기업고객 본부장으로이 일을 맡게 된 저는, 말이 중소기업일 뿐 대기업 못지않은 근무환경과 복지수준을 가지고 있음에도 구직자들이 이를 정확히 알지 못하고 있다는 점을 해결하는 것부터 시작해야 한다고 생각했습니다.

2008년 4월 은행권 최초, 그리고 은행 단독으로 'IBK우수기업 채용박람회'를 서울과 부산에서 개최했습니다. 예상을 크게 넘어 400개 기업과 2만 명의 구직자가 참여하는 것을 본 우리는, 8월 청년일자리창출 TF팀을 결성하고 10월에 중소기업중앙회와 공동으로 '대한민국 일자리 박람회'를 서울광장과 청계천 일대에서 개최했습니다. 이명박 대통령과 국회의원, 그리고 각 부처 장관들의 격려방문이 이어졌습니다.

한편 TF팀은 외부 전문가를 포함한 4명이 복도 휴게실을 개조한 열악한 곳에서 작업을 수행했습니다. 일자리 창출 업무에 대해 별다른 지식이 없던 그들은 취업 유관기관을 방문해 업무 노하우를 벤치마킹하고 1만 3천여 개 중소기업에 구인 수요조사를 실시했습니다. 그 후 제게 "중소기업은 일할 사람이 부족한데도 청년 구직자들은 중소기업에 대한 믿을 만한 정보가 없어 중소기업을 막연히 기피한다. 그래서 취업 미스매칭이 발생되는 것이기 때문에 중소기업 전문 취업포털 사이트를 개설해야겠다."라고 보고합니다. 5억 원의 전산비용을 투입하며 밤낮없이 연구한 결과 '기업은행 잡월드'가 10월 탄생하게 됩니다. 제가 IBK캐피탈 대표로 자리를 옮긴 지 3개월이 지난 2009년 2월, '청년취업 1만 명 프로젝트'가 출범하게 되는데 불과 8개월 만에 취업자 수 1만 명을 달성하고 지금은 10만 명 프로젝트를 진행한다고 하니 감사할 따름입니다.

Q. 지난 40년간 고객과 함께해오셨습니다. 그간 만난 수많은 고객 중에서도 제일 기억나는 고객이 있다면 에피소드를 소개해주시기 바랍니다.

A. 제가 기업은행에 입행해 8개월간 근무했던 남대문지점의 이야기를 소개하고 싶습니다. 당시 남대문지점은 인근 남대문시장 상인이 주 고객이었습니다. 저는 예금계에 배치받아 근무했는

데, 은행 셔터가 내려지더라도 직원들의 퇴근시간은 보통 10시 이후가 된다는 것을 입행 후 알게 되었습니다. 비록 자기가 맡은 업무가 끝나더라도 다른 직원들이 일을 마칠 때까지 기다려주는 기업문화가 지배하던 시절이었지요.

당시 배치받은 예금계는 주산과 암산에 능숙한 여직원들이 근무하고 있었습니다. 단순업무이고 밀린 일이 생기지만 않는다면, 예금계는 4시 30분에 은행문이 닫히면 곧바로 일일마감을 합니다.

할 일을 다해놓으면 책상에 앉아 있는 게 여간 힘든 일이 아니었습니다. 그래서 저는 직원들에게 제안을 했습니다. 업무가 끝난 후 짝을 지어 점주섭외 마케팅을 하자고 했지요. 지점장님께 말씀드려 손수레를 마련하고 남대문시장과 염천교시장 등을 파출수납 중심으로 아웃바운드 영업을 시작했습니다. '기업은행 남대문지점 이동점포'라는 안내판을 붙이고 당시 유행가를 틀고 다니는 우리들을 시장 상인들은 환영해주었습니다.

이분들과 친해진 후 저는 군에 입대했습니다. 입대 후에도 군사우편으로 소식을 전해드렸습니다. 외출이나 외박을 나왔을 때는 부모님보다 먼저 찾아뵈었을 정도입니다. 일병 계급장을 겨우 달았던 1979년 4월 8일 일요일, 당직사관으로부터 면회 통보를 받았습니다. 설레는 마음으로 당직대에 도착하니 대형버스가 연병장에 도착해 있었습니다. '육군 일병 현병택 위문단. 남대문시장 상인 일동'이란 현수막이 차에 걸려 있었지요. 그날 밤 저는 틈틈이 보고 있던 고시 책들을 버렸습니다. 기업은행에 뼈를 묻어야겠다고 생각했습니다. 이듬해에도 그분들은 저를 찾아오셨고, 지금까지 든든한 후원자로서 변함없이 저를 응원하고 계십니다.

 스마트폰에서 이 QR코드를 읽으시면
저자 인터뷰 동영상을 보실 수 있습니다.

* 원앤원북스 홈페이지(www.1n1books.com)에서 상단의 '미디어북스'를 클릭하시면 이 책에 대한 더욱 심층적인 내용을 담은 '저자 동영상'과 '원앤원스터디'를 무료로 보실 수 있습니다.
* 이 인터뷰 동영상 대본 내용을 다운로드하고 싶으시다면 원앤원북스 홈페이지에 회원으로 가입하시면 됩니다. 홈페이지 상단의 '자료실-저자 동영상 대본'을 클릭하셔서 다운로드하시면 됩니다.

『길을 찾아라. 아니면 만들어라』 저자와의 인터뷰

★ 원앤원북스는 독자의 꿈을 사랑합니다.

매력적인 한 줄을 발견하기 위한 45가지 방법
마음을 움직이는 한 줄의 카피 쓰기
박상훈 지음 | 값 15,000원

많은 사람들이 누군가를, 어떤 조직을 설득하기 위한 최종병기를 찾고 있다. 이 책은 이러한 높은 관심에 부응해 매력적인 한 줄 쓰기 방법을 다룬다. 광고카피 초창기 시절부터 유명한 카피를 만들어냈던 저자의 실전 경험이 책 속에 잘 녹아들어 있다. 현 시대는 장황한 설명보다는 핵심을 꿰뚫고 정곡을 찌르는 한 줄의 카피가 필요하다. 톡톡 튀는 아이디어와 감각적인 사례를 통해 흥미롭게 접근하고 있다.

측정할 수 없으면 개선할 수 없다
서울대 최종학 교수의 숫자로 경영하라 3
최종학 지음 | 값 19,500원

서울대학교 교수이자 손꼽히는 대한민국 경영대가 최종학 교수의 세 번째 역작이다. 전작에서 전략적 이슈와 관련된 회계 전문 지식으로 큰 반향을 불러일으킨 후 2년 만에 내놓는 신작이다. 과학적 발견과 논리에 근거해 여러 기업 사례의 핵심을 파악하고 대안점을 제시했던 최종학 교수는, 이번 책에서 더 날카로운 시각과 시대적 흐름을 읽는 혜안으로 경영의 핵심을 파고든다.

아나운서 이서영의 매력 스피치!
예스를 이끌어내는 설득 대화법 52
이서영 지음 | 값 15,000원

스피치 커뮤니케이션 전문가이자 프리랜서 아나운서인 저자가 그동안 쌓아온 강력한 설득 대화법 노하우를 공개한다. 저자는 그동안 각종 스피치 현장에서 몸소 느끼고 뼈저리게 체험하며 진솔한 휴먼 커뮤니케이션 방법을 체득할 수 있었다. 저자는 이 책을 통해 얄팍한 대화술에서 벗어나 완전한 공감을 이루어 승승장구할 수 있는 비결을 알려준다.

보험을 100% 활용하기 위한 41가지 비법!
보험 가입 전에 꼭 알아야 할 모든 것
박한석·김명규 지음 | 값 17,000원

스마트화재특종자동차손해사정(주) 박한석 대표와 목원대학교 금융보험부동산학과 김명규 교수가 현장에서 직접 체득한 손해사정과 보험에 대한 노하우를 모아 출간했다. 무턱대고 아무 보험에나 가입했다간 금전적 손실까지 입을 수 있다. 이 책은 손해사정사가 직접 전하는 보험을 경제적으로 이용할 수 있는 방법과 보험의 가입부터 이용과 해약에 이르기까지의 명확한 가이드라인을 제시한다.

One Concept, One Book

돈 걱정 없는 인생 프로젝트
경제적 자유에 이르는 6단계
김선화 지음 | 값 15,000원

집을 지을 때 설계도가 필요한 것처럼 돈을 관리할 때도 전략이 필요하다. 이 책은 인생을 길게 보고 경제적으로 자유로운 삶을 살기 위해 왜, 무엇을, 어떻게 준비해야 하는지 인생 전반에 걸친 6단계 돈 관리 방법을 소개한다. 이미 많은 성공적인 사례로 검증된 '경제적 자유에 이르는 6단계' 방법을 체계적으로 정리한 책으로 6단계 비법을 따라 하다 보면 미래를 위해 현재의 만족을 포기할 수 있는 힘을 얻을 수 있을 것이다.

경영은 분석하는 것이 아니라 통찰하는 것이다!
딜로이트 컨설팅 김경준 대표의 통찰로 경영하라
김경준 지음 | 값 19,000원

사회생활 선배이자 CEO인 저자가 후배들을 위해 다년간의 경험 노하우를 아낌없이 풀어놓았다. 역사·문화·예술 등 다양한 사회 면면을 관찰하고 성찰해, 기업조직과 경영 활동에 필요한 시사점을 자신만의 시각으로 정리했다. 뻔히 답이 보이는 형식적인 접근과 내용이 아니라 저자 자신의 삶과 경험, 그리고 인생관과 가치관을 솔직하게 담아냈기 때문에 사회 초년생은 물론 CEO까지 누구나 읽고 공감하기에 부족함이 없다.

국내 최초의 보이스코치 임유정의
목소리 트레이닝북
임유정 지음 | 값 16,000원

아나운서와 쇼핑호스트를 거쳐 스피치 아카데미를 운영하고 있는 저자가 목소리 트레이닝 노하우를 공개했다. 저자는 전작 『성공을 부르는 목소리 코칭』『성공을 부르는 스피치 코칭』 등을 통해 당당한 목소리로 자유로운 스피치를 할 수 있는 기법을 전했다. 이 책은 저자가 "그동안 쌓아온 모든 노하우를 담아 강사 생명의 위험을 무릅쓰고 출간한다."라고 선언할 만큼 풍부한 예문과 상세한 훈련 방법을 엄선한 실전 트레이닝북이다.

청년창업에 성공하기 위해 반드시 알아야 할 것들!
20대, 창업으로 세상에 뛰어들어라
유연호 지음 | 값 15,000원

구체적인 창업지원프로그램 정보와 창업지원자금을 어떻게 하면 잘 받을 수 있을지 등의 많은 정보를 제공하고 있다. 창업을 준비하는 청년들이 이 책을 보면서 창업에 대한 방향을 잡고, 창업에 대한 아이디어를 얻고, 실패를 두려워하지 않을 수 있을 것이다. 또한 그들이 어떠한 두려움에 휩싸여 있는지, 그 두려움을 극복하기 위해서는 어떻게 준비하고 도전해야 하는지를 이 책에서 잘 보여준다.

★ 원앤원북스는 독자의 꿈을 사랑합니다.

협동조합을 위한 최고의 실무 매뉴얼
협동조합이 꼭 알아야 할 회계·세무·경리의 모든 것
김정호·김석호 지음 | 값 15,000원

협동조합을 제대로 알고 운영한다면 상생하고 협동하며 더불어 살아가는 가장 좋은 방법일 수 있지만, 올바르게 알지 않고 시작하면 자칫 큰 어려움을 겪을 수 있다. 협동조합 설립 방법, 회계처리 방법, 원천세 신고 절차 등 협동조합 운영 실무에 있어 반드시 필요한 점들을 알기 쉽게 풀어낸 이 책을 잘 읽고 실천한다면 새로운 길이 열릴 것이다.

100세 인생을 즐길까? 100년 가난에 시달릴까?
당신의 가난을 경영하라
김광주 지음 | 값 14,000원

우리는 아무리 열심히 일해도 노후를 보장받지 못하는 시대에 살고 있다. 이는 우리에게 닥친 가난이 과거의 가난과는 달리 사회구조적인 문제이며 개인의 능력만으로는 극복하기 힘든 문제라는 뜻이기도 하다. 물론 그렇다고 포기해서는 안 된다. 오히려 가난을 인정하고 적극적으로 경영해야 한다. 이 책에서는 가난을 경영하는 것만이 가난을 벗어날 수 있는 유일한 방법이라고 제시한다.

돈의 복잡한 시스템을 한 권으로 이해한다!
돈의 거의 모든 것
대니얼 코나한·댄 스미스 지음 | 김대중 감수 | 박수철 옮김 | 값 19,500원

금융 세계를 이토록 상세히 조명하고 복잡한 시스템을 간단한 용어로 설명한 책은 지금까지 없었다. 개인 재무관리에서부터 세계경제까지 종횡무진하면서 세금, 은행업, 투자회사, 주식시장, 헤지펀드, 인플레이션, 연금, 통화제도, 금융문화 등을 둘러싼 모든 의문점을 명쾌하게 해결해준다. 최근의 급변하는 금융상황을 이해하는 데 도움을 주는 책이 될 것이다.

정말 연애하고 싶다, 사랑하고 싶다
연애하면 왜 아픈 걸까
허유선 지음 | 값 15,000원

연애가 쉽지 않아 고민과 생각이 깊어질 때는 생각의 함정을 돌아보는 시간이 필요하다. 이 책은 연애를 어렵게 만드는 내 안의 특징을 찾고, 사랑에 관해 잘못 생각하는 부분을 발견해 문제 해결 방법을 모색하도록 이끈다. 이미 사랑에 뛰어든 사람에게는 연인을 이해하는 지침서가 될 것이고, 연애 한번 제대로 해보고 싶은 사람에게는 달콤한 연애의 시작을 울리는 책이 될 것이다.

One Concept, One Book

이재술 딜로이트 대표가 들려주는 경영이야기
CEO처럼 생각하고 행동하라
이재술 지음 | 값 15,000원

기업을 이끌어야 하는 CEO와 정책을 입안해야 하는 정부 관계자에게 우리나라의 사회와 경제에 대한 비전과 혜안을 제시하는 책이다. 기업의 CEO에게는 글로벌 기업으로 성장하기 위한 전략을 제시하고, 정부 관계자에게는 정책의 방향을 조언한다. 또한 개인에게는 한국 사회와 경제를 좀더 넓게 바라볼 수 있도록 안목을 길러준다. 이 책을 읽고 나면 한국 사회와 경제에 대해 체계적인 사고의 틀이 잡힐 것이다.

솔직하게 자신을 드러낼 때 행복이 찾아온다
원하는 것을 당당하게 말하라
로버트 알버티·마이클 에몬스 지음 | 박미경 옮김 | 값 15,000원

전 세계에서 20여 개의 언어로 번역 출간되어 200만 부 이상 판매된 이 책은 자기주장을 통해 만족스러운 삶으로 가는 길을 안내한다. 이 책의 공저자 로버트 알버티와 마이클 에몬스는 미국의 저명한 심리학자로 40년 전부터 자기주장에 대해 연구해왔다. 2명의 심리학자가 오랜 세월 축적한 연구 결과가 이 한 권의 책에 모두 담겨 있다. 자기주장은 개인의 무력감이나 타인의 조종에 대응하는 하나의 대안이다.

우리 모두를 위한 한마디, "괜찮아!"
걱정하지 마, 잘될 거야
설기문 지음 | 값 15,000원

누군가에게 듣는 "괜찮아!" "걱정하지 마!"라는 말은 마른 땅의 단비처럼 메마른 가슴을 적셔준다. 이것은 그만큼 사람들이 삶에서 지치고 상처받았음을 단적으로 보여준다. 이 책은 지금까지 돌보지 못했던 자신의 마음을 들여다보도록 하고, 아픈 마음과 상처받은 영혼을 위로해주며 용기를 북돋아주는 아름다운 책이다. 아픈 삶을 어루만져주고 위로해주는 105가지 아름다운 이야기를 이 책에서 만날 수 있을 것이다.

스마트폰에서 이 QR코드를 읽으면
'원앤원북스 도서목록'과 바로 연결됩니다.

독자 여러분의
소중한 원고를 기다립니다

★ 원앤원북스는 독자 여러분의 소중한 원고를 기다리고 있습니다. 집필을 끝냈거나 혹은 집필중인 원고가 있으신 분은 khg0109@hanmail.net으로 원고의 간단한 기획의도와 개요, 연락처 등과 함께 보내주시면 최대한 빨리 검토한 후에 연락드리겠습니다. 머뭇거리지 마시고 언제라도 원앤원북스의 문을 두드리시면 반갑게 맞이하겠습니다.